Netzwerk neu

B1 | Kursbuch
mit Audios und Videos

Stefanie Dengler
Paul Rusch
Helen Schmitz
Tanja Sieber

 Alles Digitale zu diesem Buch kann auf der Lernplattform **allango** von Ernst Klett Sprachen abgerufen werden. So geht's:

 QR-Code scannen
oder **www.allango.net** aufrufen

Zur Aktivierung zusätzlicher Komponenten geben Sie bitte folgenden Lizenzschlüssel ein:
EKS-607288-dfcb-95a3-adf8

Weitere Informationen dazu finden Sie unter:
www.allango.net

Ernst Klett Sprachen
Stuttgart

Autoren: Stefanie Dengler, Paul Rusch, Helen Schmitz, Tanja Sieber
Beratung und Gutachten: Henriette Bilzer (Jena), Foelke Feenders (Barcelona), Jelena Jovanović (München), Uschi Koethe (München), Priscilla Nascimento (São Paolo), Annegret Schmidjell (Seehausen), Esther Siregar (Depok), Annekatrin Weiß (Jena)

Redaktion: Annerose Remus und Felice Lembeck
Herstellung: Alexandra Veigel
Gestaltungskonzept: Petra Zimmerer, Nürnberg; Anna Wanner; Alexandra Veigel
Layoutkonzeption: Petra Zimmerer, Nürnberg
Umschlaggestaltung: Anna Wanner

Illustrationen: Florence Dailleux, Frankfurt
Satz: Holger Müller, Satzkasten, Stuttgart
Reproduktion: Meyle + Müller GmbH + Co. KG, Pforzheim
Titelbild: Dieter Mayr, München

Informationen und zu diesem Titel passende Produkte finden Sie auf www.klett-sprachen.de/netzwerk-neu

In einigen Ländern ist es nicht erlaubt, in das Kursbuch hineinzuschreiben. Wir weisen darauf hin, dass die in den Arbeitsanweisungen formulierten Schreibaufforderungen immer auch im separaten Schulheft erledigt werden können.

1. Auflage 1 4 3 | 2027 26 25

© Ernst Klett Sprachen GmbH, Rotebühlstraße 77, 70178 Stuttgart, 2024.
Erstausgabe erschienen bei der Ernst Klett Sprachen GmbH, 2021
Alle Rechte vorbehalten. Die Nutzung der Inhalte für Text- und Data-Mining ist ausdrücklich vorbehalten und daher untersagt.
www.klett-sprachen.de

Das Werk und seine Teile sind urheberrechtlich geschützt. Jede Nutzung in anderen als den gesetzlich zugelassenen Fällen bedarf der vorherigen schriftlichen Einwilligung des Verlags.

Druck und Bindung: www.longo.media

ISBN 978-3-12-607288-5

1 Gute Reise! — 8

über Vorlieben und Abneigungen sprechen | Gespräche über die Reiseplanung verstehen und führen | Informationen zu Reisezielen verstehen | eine Urlaubsgeschichte schreiben | Durchsagen verstehen | einen Blogeintrag verstehen

Wortschatz	Urlaubsarten	Reiseangebote
Grammatik	Infinitiv mit *zu*	Nebensatz mit *da/weil*	Nebensatz mit *obwohl*
Aussprache	n, ng, nk
Strategie	Durchsagen verstehen
Landeskunde	Arbeiten auf der Alm
Film	Ranger im Nationalpark Schwarzwald

2 Das ist ja praktisch! — 18

über Kaufverhalten und Dienstleistungen sprechen | Folgen ausdrücken | etwas reklamieren | Informationen über neue Technik verstehen | Gründe und Gegengründe ausdrücken | einen Kommentar schreiben | Werbeanzeigen vergleichen | die eigene Meinung zu Werbung äußern | über Werbestrategien sprechen

Wortschatz	Technik und Geräte	Reklamation	Werbung
Grammatik	Verb *lassen*	Folgen ausdrücken: *deshalb/deswegen/darum/daher, sodass / so … dass*	Genitiv	Präpositionen *wegen* und *trotz* + Genitiv
Aussprache	ts und tst
Strategie	Stichpunkte notieren
Landeskunde	Werbung in Deutschland
Die Netzwerk-WG	Zu Besuch im Repair Café

3 Veränderungen — 28

Berichte über Veränderungen im Leben verstehen | über Vergangenes berichten | über Glück sprechen | Zeitangaben machen | eine Radiosendung verstehen | von Veränderungen erzählen | einen Gegenstand oder ein Ereignis beschreiben | über gutes Benehmen sprechen

Wortschatz	Ereignisse im Leben	Glück	Höflichkeit
Grammatik	Präteritum	Zeitangaben: Präpositionen mit Dativ und Genitiv
Aussprache	mehrere Konsonanten hintereinander
Strategie	eigene Texte nach einem Muster schreiben
Landeskunde	Höflichkeit in D-A-CH
Film	Boxen – mehr als nur ein Sport

Plattform 1: wiederholen und trainieren, Sprachmittlung, Landeskunde: Berlin und seine Geschichte — 38

Das sind wir

Schreiben Sie auf ein Blatt Papier Ihren Namen, Ihr Land und drei Hashtags, die zu Ihnen passen.

```
Paolo
Italien
#Yoga
#Irena
#Vanilleeis
```

```
Lena
Polen
#FCBayern
#Marketing
#Berge
```

Bilden Sie Gruppen. Zeigen Sie Ihr Papier. Die anderen aus der Gruppe stellen Sie vor. Sie korrigieren.

Du heißt Paolo und kommst aus Italien. Dein Hobby ist Yoga.

Nein, ich bin Yogalehrer.

Ah, okay. Deine Frau heißt Irena.

Nein, meine Freundin heißt Irena.

Okay, du liebst Vanilleeis.

Ja, genau!

Bilden Sie neue Gruppen und stellen Sie sich wieder gegenseitig vor.

1	Aufgabe im Kursbuch	„	Hier lernen Sie etwas über gesprochene Sprache.
1	passende Übung im Übungsbuch	✎	Schreiben Sie einen Text.
🔊	Hören Sie den Text.	💬	Vergleichen Sie Deutsch mit anderen Sprachen.
🔊💬	Hören Sie und üben Sie die Aussprache.	💬💬	Geben Sie Informationen in Ihrer oder anderen Sprachen weiter.
▶	Sehen Sie den Film.	👤⁺	Recherchieren Sie oder machen Sie ein Projekt.
▶ G	Sehen Sie den Film mit Erklärungen zu **G**rammatik, **R**edemitteln oder **P**honetik.	📋	Im Übungsbuch lernen Sie mehr Wörter zum Thema.
G	Hier lernen Sie Grammatik.	☐	Zu dieser Aufgabe finden Sie ein interaktives Tafelbild.
💬	Hier lernen Sie wichtige Ausdrücke und Sätze.		
❗	Hier lernen Sie eine Strategie oder bekommen Tipps.		

4 Arbeitswelt 44

Gespräche bei der Arbeit verstehen | Irreales ausdrücken | sich entschuldigen | auf Entschuldigungen reagieren | Bewerbungstipps verstehen | über Bewerbungen sprechen | am Telefon nach Informationen fragen | Informationen geben | einen Text strukturieren | Tipps austauschen

Wortschatz	Arbeit und Arbeitssuche	Stellenanzeigen	Bewerbung
Grammatik	Konjunktiv II	irreale Bedingungssätze mit Konjunktiv II	Pronomen und Pronominaladverbien	Verben mit Präposition und Nebensatz
Aussprache	freundlich oder unfreundlich?
Strategie	Texte strukturieren
Landeskunde	Bewerbung und Vorstellungsgespräch in Deutschland
Film	Arbeiten im Ausland

5 Umweltfreundlich? 54

etwas vergleichen | Texte über Start-ups verstehen | über Ideen sprechen | Ziele ausdrücken | Umwelttipps geben | über Ideen zum Umweltschutz diskutieren | über das Wetter sprechen | eine Umweltaktion vorstellen

Wortschatz	Umwelt und Umweltschutz	Wetter
Grammatik	Komparativ und Superlativ vor Nomen	Nebensatz mit *damit* und *um … zu*
Aussprache	lange Sätze sprechen
Strategie	Wörter in Wortfamilien lernen
Landeskunde	Das Wetter in D-A-CH	Engagement für Mensch und Natur
Film	Foodsharing

6 Blick nach vorn 64

über Pläne und Vorsätze sprechen | Ratschläge verstehen | einen längeren Zeitungstext verstehen | etwas genauer beschreiben | über Zukunftsvorstellungen sprechen und schreiben | über Erwartungen sprechen | ein Lied verstehen | über Lieder sprechen

Wortschatz	Zukunftsprognosen	Vorsätze	Erwartungen
Grammatik	Futur I	n-Deklination	Relativsätze im Dativ und mit Präposition
Aussprache	Vokallänge vor *ss/ß*
Strategie	Deutsch lernen mit Musik und Liedern
Landeskunde	Das Lied „Kaum erwarten"
Film	Wettersatelliten – ein Blick in die Zukunft

Plattform 2: wiederholen und trainieren, Sprachmittlung, Landeskunde: D-A-CH-Quiz 74

7 Zwischenmenschliches 80

Freundschaftsgeschichten verstehen | zeitliche Abfolgen ausdrücken | von Freundschaften erzählen | über Konflikte sprechen | Konfliktgespräche führen | kurzen Texten Informationen zuordnen | ein Paar vorstellen | über Fabeln sprechen | einen Text lebendig vorlesen

Wortschatz	Beziehungen	Freundschaft	Konflikte
Grammatik	Plusquamperfekt	temporale Nebensätze: *bevor, bis, nachdem, seit/seitdem, während*
Aussprache	Intonation bei Modalpartikeln
Strategie	Texte gut betonen
Landeskunde	Berühmte Paare
Film	Zusammenleben: WG 50+

8 Rund um Körper und Geist 90

Hilfe anbieten und annehmen/ablehnen | jemanden warnen | Gewohnheiten nennen | Informationen in einem Infotext finden | über Musik und Gefühle sprechen | wichtige Informationen aus einem Zeitungsartikel weitergeben | eine Diskussion im Radio verstehen | Lerntipps geben | besondere Orte vorstellen

Wortschatz	Gesundheit	Krankenhaus	Musik	Gedächtnis
Grammatik	*nicht/kein/nur* + *brauchen* + *zu* + Infinitiv	Reflexivpronomen im Akkusativ und Dativ	zweiteilige Konnektoren
Aussprache	Satzmelodie
Strategie	Wörter lernen
Landeskunde	Regeln im Krankenhaus	Sinnesorte in D-A-CH
Die Netzwerk-WG	Tanzen ist Leidenschaft

9 Kunststücke 100

Informationen aus Zeitungstexten weitergeben | nachfragen | etwas verneinen | über Bilder sprechen | sagen, wie einem etwas gefällt | ein Kursprogramm verstehen | Personen oder Dinge genauer beschreiben | Anzeigen verstehen und schreiben | ein Interview und eine Impro-Geschichte verstehen | improvisieren | über Singen und Volkslieder sprechen

Wortschatz	Kunst	Museum	Theater	Gesang
Grammatik	Stellung von *nicht* im Satz	Adjektive ohne Artikel
Aussprache	Vokal am Wortanfang
Strategie	improvisieren
Landeskunde	Kunst in Innsbruck	Volkslieder
Film	Im Theater – Wie entsteht ein Bühnenbild?

Plattform 3: wiederholen und trainieren, Sprachmittlung, Landeskunde: Märchen der Brüder Grimm 110

10 Miteinander — 116

über soziales Engagement sprechen | Vorgänge beschreiben | über ein soziales Projekt schreiben | einen Artikel über ein Projekt verstehen | über Institutionen in der Stadt sprechen | Informationen über die EU verstehen | eine kurze Präsentation halten

Wortschatz	Gesellschaftliche Werte	Europa	Politik
Grammatik	Passiv Präsens, Präteritum und Perfekt	Passiv mit Modalverb
Aussprache	Kontrastakzente in Fragen mit *oder*
Strategie	Tipps für eine Präsentation
Landeskunde	Mini-München	Europäische Union
Film	Interkulturelles Dolmetschen – Was ist das?

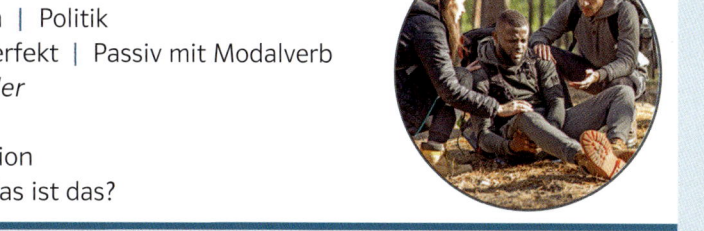

11 Stadt, Land, Fluss — 126

über das Leben in der Stadt sprechen | einen Magazintext verstehen | einen Bericht schreiben | über lebenswerte Städte diskutieren | etwas näher beschreiben | in einer Diskussion vermitteln | einen Blog über Zürich verstehen | verschiedenen Empfängern schreiben | ein Programm für einen Stadtbesuch erstellen

Wortschatz	Stadt	Verkehr
Grammatik	Artikelwörter als Pronomen	*irgendein/-eine/-welche*	Adjektive als Nomen	Relativsätze mit *was* und *wo*
Aussprache	Texte vorlesen – Satzzeichen helfen
Strategie	Briefe/E-Mails schreiben
Landeskunde	Leipzig	Zürich
Film	Tübingen – ein Stadtporträt

12 Geld regiert die Welt? — 136

Bankgespräche verstehen und führen | Informationen auf einer Webseite verstehen | nach Tätigkeiten fragen | Argumente verstehen und äußern | Personen, Dinge und Situationen genauer beschreiben | über Verhalten diskutieren | eine schwierige Situation beschreiben | einen informativen Text verstehen | über etwas berichten

Wortschatz	Bank	Geld	Globalisierung
Grammatik	Sätze mit *je …, desto/umso …*	Partizip II als Adjektiv	Partizip I als Adjektiv
Aussprache	Wortakzent
Strategie	in Diskussionen zu Wort kommen
Landeskunde	Die Fuggerei in Augsburg
Film	Tauschring

Plattform 4: wiederholen und trainieren, Sprachmittlung, Landeskunde: Gedichte — 146

Anhang Grammatikübersicht **152** | unregelmäßige Verben **170** | Verben mit Präposition **172** | reflexive Verben **174** | Quellenverzeichnis **175**

über Vorlieben und Abneigungen sprechen | Gespräche über die Reiseplanung verstehen und führen | Informationen zu Reisezielen verstehen | eine Urlaubsgeschichte schreiben | Durchsagen verstehen |

Gute Reise!

A
auf Rügen

B
im Thüringer Wald

C
an der Mosel

1 a Sehen Sie die Fotos an. Wo möchten Sie gern Urlaub machen? Warum? Erzählen Sie.

Ich möchte gern an der Mosel Urlaub machen, da kann ich …

b Arbeiten Sie zu zweit und notieren Sie zu jedem Foto fünf passende Wörter. Sammeln Sie dann im Kurs.

c Welche Wörter aus 1b sind in Ihrer oder einer anderen Sprache ähnlich?

2 Urlaubsgrüße. Welche Nachricht passt zu welchem Foto? Ordnen Sie zu.

1 Bin seit 2 Wochen unterwegs, ich liebe Städte. Der nächste Zug bringt mich nach Wien. Wahrscheinlich … 🙂

2 Dieser Blick ist Wahnsinn! Und im ganzen Ort kein Auto. So angenehm! Wie herrlich muss die Aussicht von dort drüben sein?

3 Wandern am Wasser, gutes Essen und nette Leute. Und die reifen Trauben: ein Genuss!

4 Wahnsinnig kalt, aber ein tolles Erlebnis!

5 Hallo von der Küste! Wir sind ständig am Strand! Sonne, Sand und Wind, für jeden ist etwas dabei.

einen Blogeintrag verstehen

1

D ☐
in Salzburg

E ☐
in Zermatt, Blick auf das Matterhorn

🔊 **3 a** Hören Sie das Gespräch. Wo haben die Personen Urlaub gemacht? Notieren Sie.
1.1
Maja: Foto _____   Liam: Foto _____   Thomas: Foto _____

b Lesen Sie die Beschreibungen und hören Sie noch einmal. Welcher Urlaubstyp passt zu den Personen? Ordnen Sie zu.

Typ 1: Ganz spontan	**Typ 2: Gern zu Hause**	**Typ 3: Gut geplant**	**Typ 4: Immer gleich**
Sie fahren einfach los. Sie sind sicher, dass Sie einen Platz zum Übernachten finden. Sie möchten nichts planen, Sie wollen einfach sehen, was passiert.	Reisen finden Sie anstrengend, Sie bleiben am liebsten zu Hause, da können Sie sich am besten entspannen. Sie machen gern Ausflüge.	Sie suchen immer neue Urlaubsziele, auch in großer Entfernung. Ihre Reisen planen Sie sehr früh und sehr gründlich. Ein schickes Ferienhaus oder Hotel bekommt man nur, wenn man rechtzeitig bucht.	Sie fahren immer an denselben Ort. Da kennen Sie alle Leute und alle schönen Plätze. Sie wissen, was Sie erwartet. Dort fühlen Sie sich wie zu Hause.

▶ 1–3 **c** Und Sie? Welcher Urlaubstyp passt zu Ihnen? Wo und wie machen Sie Urlaub? Arbeiten Sie zu viert und erzählen Sie.

neun 9

1 über Vorlieben und Abneigungen sprechen

Die Urlaubsplanung

4 a Lesen Sie den Chat von Anna und Paula. Was für einen Urlaub wünscht sich Anna? Wie möchte Paula Urlaub machen?

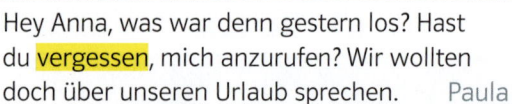

> Hey Anna, was war denn gestern los? Hast du vergessen, mich anzurufen? Wir wollten doch über unseren Urlaub sprechen. — Paula

> Wie langweilig! 🙂 — Anna

> Sorry, ich hab's echt vergessen! Du, Maria hat vor, im Juni für eine Woche nach Berlin zu fahren. Das könnten wir doch auch machen, oder? — Anna

> Wieso fahren wir nicht mal an die Ostsee? Tolle Strände, super Natur! Wir können schöne Spaziergänge machen. Ich hab' da viele interessante Angebote gefunden. — Paula

> Ach, nee. Zu stressig. Hab' schon genug Stress im Büro. — Paula

> Mir macht es einfach mehr Spaß, viel zu unternehmen: Kultur, Ausgehen, Sport. Wir finden sicher einen Kompromiss! Aber ich hab' keine Lust, lange zu suchen. — Anna

> Aber in Berlin können wir total viel machen. Museen, Ausstellungen, Konzerte … Und jeden Abend tanzen gehen! — Anna

> Ich glaube, wir brauchen Hilfe. 🙂 Heute Nachmittag Reisebüro? Ich versuche, um 4 Feierabend zu machen. — Paula

> Ich will mich im Urlaub erholen. Es ist soooo schön, am Strand zu liegen und zu lesen oder einfach zu faulenzen. — Paula

> Meinetwegen. Muss aber heute bis 20 Uhr arbeiten. Morgen ist besser. — Anna

b Lesen Sie den Chat noch einmal. Welche Aussagen sind richtig? Kreuzen Sie an.

☐ 1. Anna und Paula planen, zusammen Urlaub zu machen.
☐ 2. Anna schlägt vor, Museen und Konzerte zu besuchen.
☐ 3. Für Paula ist es wichtig, im Urlaub viel zu erleben.
☐ 4. Anna findet es langweilig, sich im Urlaub richtig auszuruhen.
☐ 5. Paula hat Lust, online Reiseziele zu recherchieren.
☐ 6. Anna hat heute keine Zeit, ins Reisebüro zu gehen.

c Lesen Sie die Sätze in 4b noch einmal. Wo steht der Infinitiv mit *zu*?

d Nach welchen Ausdrücken steht der Infinitiv mit *zu*? Markieren Sie in 4a und 4b und machen Sie eine Tabelle.

Verben	vergessen, …
Adjektiv + sein/finden	
Nomen + haben/machen	

G Infinitiv mit *zu*

Verben: Anna **schlägt vor**, nach Berlin **zu fahren**.
Adjektive: **Es ist gut**, sich im Urlaub **auszuruhen**.
Nomen: Anna **hat keine Zeit**, ins Reisebüro **zu gehen**.

5 a Vorlieben. Schreiben Sie sechs Fragen mit Infinitiv mit *zu*.

im Urlaub faulenzen | viel lesen | Sport machen | shoppen | mit der Familie zusammen sein | Party feiern | eine Stadt besichtigen | surfen | am Strand liegen | ausschlafen | jeden Tag etwas Neues erleben

Ist es für dich wichtig, …?
Macht es dir Spaß, …?
Findest du es langweilig/interessant/anstrengend/entspannend/…, …?
Hast du Lust, …?
Hast du vor, …? / Planst du, …?
Versuchst du, …?

b Gehen Sie durch den Kursraum und stellen Sie jede Frage einer anderen Person. Berichten Sie dann im Kurs.

Gespräche über die Reiseplanung verstehen und führen

1

Im Reisebüro

🔊 1.2 **6 a** Hören Sie Annas und Paulas Gespräch im Reisebüro und ergänzen Sie die Informationen.

Ferienwohnung auf Rügen

Preis: _____
Lage: _____

Wellnesshotel in Berlin

Preis: _____
Lage: _____

Schifffahrt durch den Spreewald

Preis: _____
Lage: _____

b Hören Sie noch einmal. Was kann man auf den Reisen machen? Notieren Sie.

Rügen: sich entspannen, …

🔊 1.3 **c** Was denken Sie? Für welchen Urlaub entscheiden sich Anna und Paula? Hören Sie dann das Ende vom Gespräch. War Ihre Vermutung richtig?

d Bilden Sie Gruppen. Jede Gruppe wählt ein Reiseziel aus 6a. Recherchieren Sie Informationen (Lage, Aktivitäten, Sehenswürdigkeiten) und machen Sie ein Plakat. Präsentieren Sie Ihr Reiseziel im Kurs.

7 Im Reisebüro. Arbeiten Sie zu zweit. Wählen Sie Situation A und planen Sie das Gespräch. Spielen Sie dann Ihr Gespräch. Tauschen Sie dann die Rollen und spielen Sie Situation B.

A Kunde/Kundin
Sie möchten mit drei Freunden Winterurlaub in Süddeutschland machen. Sie suchen eine Ferienwohnung in einem Skigebiet. Sie soll nah beim Skilift liegen und höchstens 250 € pro Woche für eine Person kosten.

A Reisebüro-Mitarbeiter/in
Sie stellen zwei Angebote vor:
- Ferienwohnung „Alpenblick" für 4 Personen, 5 Minuten zu Fuß zum Skilift, mit Schwimmbad, 1.200 € pro Woche
- Gästehaus „Julia", Haltestelle Skibus vor der Tür, 6 km zum Skigebiet, Preis pro Woche 950 €

B Kunde/Kundin
Sie möchten am Wochenende gern eine Städtereise mit dem Zug machen. Sie möchten nicht zu weit wegfahren. Das Hotel soll einen Wellness-Bereich haben.

B Reisebüro-Mitarbeiter/in
Sie stellen zwei Angebote vor:
- Hotel „Blömecke" in Köln mit Wellness-Bereich, Fahrtzeit ca. 3 Stunden, Übernachtung und Frühstück 95 € pro Person
- Hotel „Axel" in Aachen, Fahrtzeit ca. 4 Stunden, große Zimmer, neuer Wellness-Bereich, Preis mit Halbpension 105 € pro Person

Kunde/Kundin
Ich möchte eine Reise nach … buchen/machen.
Was können Sie mir empfehlen?

Gibt es / Haben Sie noch andere Angebote?

Wo liegt das Hotel?
Wie lange dauert die Fahrt / der Flug?
Was kostet die Reise? Was ist im Angebot enthalten?
Dann würde ich die Reise nach … nehmen.

Reisebüro-Mitarbeiter/in
Wohin/Wann / Wie lange möchten Sie denn fahren?
Waren Sie schon mal in …? / Wie wäre es mit …? /
 … kann ich sehr empfehlen.
Es gibt da ein gutes/tolles Angebot: … /
 … ist aktuell / im Moment sehr günstig.
Das Hotel liegt zentral / direkt am Strand / …
Die Fahrt / Der Flug dauert … / Man braucht …
Der Preis ist inklusive Frühstück/Halbpension/
 Vollpension/…
Gut, dann buchen wir das.

elf **11**

1 Informationen zu Reisezielen verstehen

Reiseziele in Deutschland

8 a Was denken Sie? Welche Reiseziele in Deutschland sind am beliebtesten? Sammeln Sie.

b Lesen Sie die Forumstexte. Was finden die Personen gut, was finden sie nicht so gut? Markieren Sie mit zwei Farben und vergleichen Sie.

Die zwanzig schönsten Reiseziele in Deutschland

Wir alle kennen solche Listen. Die Städte Berlin, Hamburg und München liegen meistens vorn und dann kommen kleinere Orte, z. B. Rothenburg ob der Tauber. Was sind eure Erfahrungen? Habt ihr andere Tipps?

Anton Richter Ich habe Rothenburg in diesem Jahr besucht. Da die kleine Stadt so bekannt ist, hatten offenbar noch viele tausend Touristen diesen Einfall – und das am gleichen Tag. Die Altstadt ist sehr schön, keine Frage. Obwohl ich alte Städte und Häuser gern mag, war ich ein bisschen enttäuscht. Ich hatte den ganzen Tag das Gefühl, dass ich in einem Museum bin. Würzburg finde ich interessanter, weil es größer ist und einfach mehr Stadtatmosphäre hat.

Melina Fahrt mal an die Ostsee, nach Heringsdorf auf der Insel Usedom. Obwohl das Wasser meistens kalt ist, nennen viele den Ort auch „die Badewanne Berlins", weil viele Berliner am Wochenende die 200 km dorthin fahren. Die Strände sind schön und es gibt eine renovierte Strandpromenade. Dort kann man wunderbar die Zeit verbringen: bei einem Kaffee sitzen und lesen, Boot fahren, spazieren oder shoppen. Alles ist möglich. Der Alltag ist ganz weit weg. Wir hatten jedenfalls sehr schöne Tage, obwohl es viel geregnet hat.

---

c Was passt zusammen? Ordnen Sie zu.

1. Da Rothenburg sehr berühmt ist, _____
2. Anton Richter war enttäuscht, _____
3. Er findet Würzburg interessanter, _____
4. Obwohl die Ostsee nicht sehr warm ist, _____
5. Melina hatte Spaß auf Usedom, _____

A obwohl er ein Fan von alten Gebäuden ist.
B machen dort viele Menschen Strandurlaub.
C obwohl das Wetter nicht so gut war.
D gibt es dort sehr, sehr viele Touristen.
E weil es mehr Angebote und Möglichkeiten gibt.

d *da/weil* oder *obwohl*? Bilden Sie Nebensätze.

1. Rothenburg ist bei Touristen sehr beliebt.
   - Es ist eine kleine, schöne Stadt.
   - Die Geschäfte und Restaurants sind teuer.
   - Man kann tolle Fotos machen.
2. Melina hatte schöne Tage auf Usedom.
   - Das Essen hat gut geschmeckt.
   - Es war am Strand sehr windig.
   - Es hat manchmal geregnet.

> **G**
> **Nebensatz mit *da/weil* und *obwohl***
> Grund
> **Da/Weil** Rothenburg sehr bekannt **ist**, kommen viele Touristen in die Stadt.
> Widerspruch/Kontrast
> Melina hatte schöne Tage in Heringsdorf, **obwohl** das Wetter schlecht **war**.

e Was machen Sie, obwohl …? Ergänzen Sie die Sätze. Sprechen Sie dann in der Gruppe.

Es macht keinen Spaß. | Ich habe nur wenig Zeit. | Es ist ziemlich teuer. | Es ist schon spät. | Das Wetter ist schlecht. | Ich habe viel Arbeit. | Ich finde es blöd.

Obwohl es keinen Spaß macht, koche ich im Urlaub oft.

12 zwölf

eine Urlaubsgeschichte schreiben

1

9 a Endlich Urlaub! Sehen Sie die Bild-Geschichte an und ordnen Sie die Wörter zu. Manche passen mehrfach.

A

C

E

B

D

F

1. müde sein | 2. im Stau stehen | 3. sich umziehen | 4. brennen | 5. das Zelt aufbauen | 6. das Zeug einpacken | 7. genervt sein | 8. ein Abenteuer erleben | 9. das Gepäck tragen | 10. grillen | 11. der Kofferraum | 12. die nasse Wiese | 13. die Stimmung schlecht sein | 14. singen und reden | 15. verzweifelt sein | 16. im Regen stehen | 17. reparieren | 18. eine Wanderung machen | 19. ein Feuer machen | 20. alles auspacken | 21. den Plan ändern | 22. gut gelaunt sein | 23. der Reifen kaputt sein | 24. ankommen

1.4

Gut gesagt: Wenn etwas nicht gut läuft
Ich habe keinen Bock mehr.
Ich mag nicht mehr.
Der ganze Urlaub ist im Eimer.
Heute geht echt alles schief.

b Arbeiten Sie zu zweit. Jede/r wählt drei Bilder. Was passiert? Sagen Sie zu jedem Bild zwei bis drei Sätze. Verwenden Sie auch *weil/da* und *obwohl*.

Ron und Kevin fahren zum Zelten in Urlaub. Sie packen ihr Zeug ein und tragen das Gepäck zum Auto. Beide sind gut gelaunt, weil sie sich auf den Urlaub freuen.

c Arbeiten Sie zu zweit. Jede/r wählt die Perspektive von einer Person und schreibt die Geschichte. Vergleichen Sie Ihre Geschichten.

Endlich Urlaub! Gut gelaunt habe ich die Fahrräder auf dem Auto fest gemacht. …

10 a Aussprache: *n, ng, nk*. Wie heißen die Orte? Hören Sie und kreuzen Sie an.

1. a Affin
   b Affing
   c Affink

2. a Finenstein
   b Fingenstein
   c Finkenstein

3. a Dinlage
   b Dinglage
   c Dinklage

4. a Haren
   b Hareng
   c Harenk

5. a Lienen
   b Liengen
   c Lienken

6. a Sinhofen
   b Singhofen
   c Sinkhofen

b Hören Sie und sprechen Sie nach.

1. reisen   planen   ankommen   entspannen
2. die Wohnung bringen   langweilig   die Stimmung
3. funktionieren denken   krank   bedanken

c Arbeiten Sie zu zweit. Schreiben Sie drei Sätze mit Wörtern aus 10b. Diktieren Sie Ihre Sätze dann einem anderen Team.

dreizehn **13**

1 Durchsagen verstehen

Unterwegs: Ohren auf!

🔊 **11 a** Sie sind am Bahnhof und möchten mit dem ICE 241 nach Stuttgart fahren. Hören Sie. Welche
1.7 Durchsage ist für Sie wichtig? Kreuzen Sie an.

☐ Durchsage 1   ☐ Durchsage 2   ☐ Durchsage 3

> **❗ Durchsagen verstehen**
> 1. Welche Durchsage ist für Sie? Achten Sie auf die wichtigen Informationen zu Beginn einer Durchsage, z. B. Zugnummern und Ort.
> 2. Hören Sie „Ihre" Durchsage? → Sie müssen nicht alles verstehen. Überlegen Sie vorher, welche Informationen wichtig für Sie sind (z. B. am Bahnhof: Gleis und Uhrzeit). Achten Sie nur auf diese Informationen.

🔊 **b** Hören Sie die passende Durchsage noch einmal und notieren Sie.
1.8
Gleis: _____   Verspätung: _____

12 a Wo hört man noch Durchsagen, wenn man unterwegs ist? Welche Informationen sind dann meistens wichtig? Sammeln Sie im Kurs.

Im Zug bekommt man Informationen über Verspätungen und …

🔊 **b** Liz reist durch Deutschland. Lesen Sie zuerst die Aufgaben und hören Sie dann die Durchsagen.
1.9–12 Lösen Sie die Aufgaben.

1. Am Flughafen
An welchem Gepäckband findet sie ihren Koffer?
_____

3. Im Zug
Essen gibt es nur im Restaurant.
richtig ☐
falsch ☐

2. Am Bahnhof
Wann fährt der nächste Zug nach Nürnberg?
ⓐ 17:11 Uhr.
ⓑ 17:26 Uhr.
ⓒ 17:44 Uhr.

4. An der Bushaltestelle
Wie kommt man heute zum Tiergarten?
ⓐ Mit der Straßenbahn.
ⓑ Mit dem Bus.
ⓒ Mit der U-Bahn.

🔊 **c** Sie warten mit einem Freund / einer Freundin aus Ihrem Land an der Haltestelle „Hauptbahnhof" auf
1.13 die Straßenbahn und hören eine Durchsage. Fassen Sie den Inhalt der Durchsage für ihn/sie in Ihrer Sprache zusammen.

1 einen Blogeintrag verstehen

Urlaub oder Arbeit?

13 a Lesen Sie den Blog von Timo. Welches Foto passt zum Text? Warum?

A   B   C

12. September | 4 Kommentare | geschrieben von Timo Williams

Timos Blog von der Alm

Ich kann es kaum glauben: Schon sind fast drei Monate vorbei und nächste Woche fahre ich wieder zurück nach Hause. Ein guter Zeitpunkt also für einen Rückblick. Wie ihr wisst, habe ich mich zu diesem Aufenthalt entschlossen, weil Freunde begeistert von ihrem Almsommer erzählt haben. Es war gar nicht leicht, einen Platz zu finden, denn viele wollen momentan so einen „Almurlaub" machen.

Am liebsten wollte ich ja auf eine Alm mit Käserei, also, wo man selbst Käse macht. Da habe ich aber keinen Platz mehr bekommen und so bin ich auf der Bergner-Alm auf 1.600 m Höhe gelandet, bei Theresia und Peter Bergner. Es ist toll, hier oben im Gebirge zu sein. Ich habe meinen stressigen Alltag zu Hause komplett vergessen. Ich fühle mich jetzt besser erholt als nach einem normalen Urlaub, obwohl ich hier wirklich viel arbeite!

Insgesamt ist es eher einsam hier auf der Hütte. Wanderer kommen nur selten hierher, mein Handy hat meistens keinen Empfang und das Internet funktioniert nur selten. Neuigkeiten erfahre ich nur aus dem Radio. Aber hier war ja alles für mich neu und so hat mich die Einsamkeit gar nicht gestört. Morgens um fünf müssen wir schon aufstehen und die Kühe melken. Danach sind wir eigentlich die ganze Zeit draußen. Anders als sonst stehe ich hier total gern früh auf, denn die Sonnenaufgänge sind einfach großartig! Und außerdem gehe ich ja auch früh ins Bett und schlafe super. Hier gibt es immer viel Arbeit und Feierabend ist eigentlich erst so gegen 9 Uhr abends. Und das alles an sieben Tagen in der Woche!

Letzte Woche hat es sogar geschneit (Anfang September!) und ich habe mich gleich erkältet. Eigentlich wollte ich nur im Bett bleiben und schlafen, aber hier muss jeder mithelfen. Also bin ich aufgestanden und habe gearbeitet. Theresia hat mir viel Tee gemacht und nach zwei Tagen war ich schon wieder beinahe ganz fit. Jetzt muss ich nur gesund bleiben und dann fahre ich heim. Heimweh habe ich nicht, aber ich freue mich schon wieder auf zu Hause. Nur vor der Arbeit und meinem Terminkalender habe ich doch auch etwas Angst …

Falls ihr Lust habt, euren Sommer auf der Alm zu verbringen, dann meldet euch bei mir. Ich gebe euch gern Tipps!

b Lesen Sie den Blog noch einmal und kreuzen Sie an: Sind die Sätze richtig oder falsch?

	richtig	falsch
1. Für Timos Freunde war der Almaufenthalt eine positive Erfahrung.	☐	☐
2. Auf Timos Alm gibt es häufig Gäste.	☐	☐
3. Timo findet den frühen Morgen auf der Alm besonders schön.	☐	☐
4. Timo hat weiter mitgearbeitet, obwohl er krank war.	☐	☐
5. Timo findet das Leben auf der Alm stressig.	☐	☐

c Können Sie sich auch vorstellen, im Urlaub zu arbeiten? Wo und was würden Sie gerne machen? Sprechen Sie in Gruppen.

Ich hätte Lust, in einem Ferienclub zu arbeiten und lustige Spiele mit den Kindern zu machen.

Meine Tante in Griechenland hat viele Olivenbäume. Da habe ich ihr schon mal in den Weihnachtsferien geholfen.

1 hören und sehen

Ranger im Nationalpark Schwarzwald

14 a Wo liegt der Schwarzwald? Was wissen Sie über diese Region? Erzählen Sie im Kurs.

die Tradition | die Tracht | die Natur | die Uhr | die Torte

b Welche Wörter fallen Ihnen zum Thema „Nationalpark" ein? Sammeln Sie im Kurs.

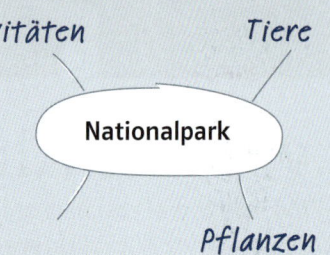

15 a *Der Ranger.* Sehen Sie Szene 1. Was macht Florian Hofmann beruflich? Wo arbeitet er und warum macht er das gerne?

b Sehen Sie die Szene noch einmal. Welche Aufgaben hat Florian Hofmann? Ordnen Sie zu.

1. Er muss regelmäßig _____
2. Für Touristen muss er oft _____
3. Manchmal kann er _____
4. Er erklärt den Besuchern, _____
5. Er achtet darauf, _____

A dass alle die Regeln im Park einhalten.
B in der Forschung mithelfen.
C das Gebiet kontrollieren.
D Führungen im Park machen.
E warum alle das Gebiet schützen sollen.

c Welche Regeln gelten im Park? Sprechen Sie im Kurs.

16 a *Der Nationalpark.* Sehen Sie Szene 2. Was ist ein Nationalpark? Welche Erklärung ist richtig?

A In einem Nationalpark lässt man die Natur ganz in Ruhe. Man repariert und sichert Wege oder stellt Schilder auf. Sonst beobachtet man nur.

B In einem Nationalpark hilft man der Natur. Man unterstützt seltene Pflanzen und räumt zum Beispiel kranke oder tote Bäume weg.

b *Leben im Park.* Arbeiten Sie zu zweit. Sehen Sie Szene 3 und machen Sie Notizen zu den Fragen. Vergleichen und ergänzen Sie dann Ihre Notizen.

1. Wie wird man Ranger?
2. Warum hängt der Ranger eine Kamera an den Baum?
3. Was sind seine Lieblingsorte?

c Stellen Sie im Kurs einen Nationalpark vor. Recherchieren Sie Informationen und gehen Sie dabei auf die folgenden Punkte ein: Lage, Größe, weitere wichtige Daten und Besonderheiten.

kurz und klar: Redemittel und Grammatik

über Vorlieben und Abneigungen sprechen

Ist es für dich wichtig, im Urlaub zu faulenzen?
Macht es dir Spaß, eine Stadt zu besichtigen?
Findest du es langweilig/interessant/anstrengend
    entspannend/…, am Strand zu liegen?
Hast du Lust, Sport zu machen?
Hast du vor, jeden Tag auszuschlafen?
Planst du, eine Party zu feiern?
Versuchst du, viel mit deiner Familie zusammen
    zu sein?

Ja, ich will mich im Urlaub immer ausruhen.
Nein, das finde ich langweilig.
Ich finde es schön, den ganzen Tag am Strand
    zu sein.
Nein, keine Lust.
Ja, ich versuche, jeden Tag auszuschlafen.
Ja, an meinem Geburtstag.
Nein, eigentlich nicht.

ein Gespräch über die Reiseplanung führen

Kunde/Kundin
Ich möchte eine Reise nach … buchen/machen.

Was können Sie mir empfehlen?

Gibt es / Haben Sie noch andere Angebote?

Wo liegt das Hotel?
Wie lange dauert die Fahrt / der Flug?
Was kostet die Reise? Was ist im Angebot enthalten?

Dann würde ich die Reise nach … nehmen.

Reisebüro-Mitarbeiter/in
Wohin/Wann / Wie lange möchten Sie denn
    fahren?
Waren Sie schon mal in …? / Wie wäre es mit …? /
    … kann ich sehr empfehlen.
Es gibt da ein gutes/tolles Angebot: … /
    … ist aktuell / im Moment sehr günstig.
Das Hotel liegt zentral / direkt am Strand / …
Die Fahrt / Der Flug dauert … / Man braucht …
Der Preis ist inklusive Frühstück/Halbpension/
    Vollpension/…
Gut, dann buchen wir das.

Infinitiv mit *zu*

nach bestimmten Verben	anfangen, aufhören, sich entscheiden, planen, vergessen, versuchen, vorhaben, vorschlagen …	Ich habe vergessen, dich **anzurufen**.
nach Adjektiven + *sein/finden*	anstrengend, gut, interessant, langweilig, schön, spannend, wichtig …	Es ist langweilig, den ganzen Tag am Strand **zu sein**.
nach Nomen + *haben/machen*	(keine) Lust haben, (keine) Zeit haben, (keinen) Spaß machen …	Ich habe keine Zeit, ins Reisebüro **zu gehen**.

Nebensatz mit *da/weil*: Kausalsatz

Grund
Da/Weil Rothenburg sehr bekannt **ist**,   kommen viele Touristen in die Stadt.
Melina gefällt Heringsdorf,   **weil** die Strände schön **sind**.

Nebensatz mit *obwohl*: Konzessivsatz

Widerspruch/Kontrast
Melina hatte schöne Tage in Heringsdorf,   **obwohl** das Wetter schlecht **war**.
Obwohl die Geschäfte und Restaurants teuer **sind**,   kommen viele Touristen nach Rothenburg.

über Kaufverhalten und Dienstleistungen sprechen | Folgen ausdrücken | etwas reklamieren | Informationen über neue Technik verstehen | Gründe und Gegengründe ausdrücken | einen Kommentar schreiben |

Das ist ja praktisch!

Lastenfahrrad

Steh-Sitz-Tisch

A   B

1 a Sehen Sie die Fotos an. Warum sind diese Dinge praktisch? Welche Vorteile haben sie? Sprechen Sie im Kurs.

Mit Funkkopfhörern kann man Musik hören und stört andere nicht. Ein großer Vorteil ist, dass man kein Kabel benötigt.

b Welcher Slogan passt zu welchem Foto? Ordnen Sie zu.

1. Schlüssel vergessen? Das Problem kenne ich nicht! ____
2. Transport ohne Motor, praktisch für alle! ____
3. Alles hören und keinen stören! ____
4. Der Rücken dankt! ____
5. Nie wieder Tasten drücken, meine Stimme ist genug! ____

18 achtzehn

Werbeanzeigen vergleichen | die eigene Meinung zu Werbung äußern | über Werbestrategien sprechen

2

Funkkopfhörer C

Sprachassistent D

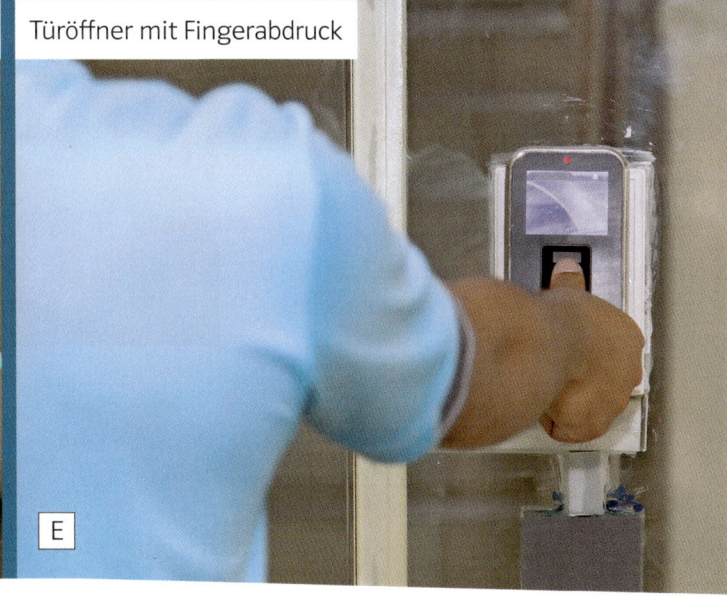

Türöffner mit Fingerabdruck E

🔊 1.14

c Hören Sie die Radiosendung. Was benutzen die Personen? Was kann man damit machen? Warum finden die Personen das gut? Notieren Sie.

Was?	Was kann man damit machen?	Warum finden die Personen das gut?
Türöffner mit Fingerabdruck	ohne Schlüssel Tür öffnen	

2 Welche drei Dinge finden Sie im Alltag besonders praktisch? Warum? Sprechen Sie in Gruppen und sammeln Sie dann im Kurs. Machen Sie eine Statistik.

> Ich finde meine Smartwatch total praktisch, weil ich dort sofort alle Nachrichten lesen kann. Außerdem ist sie beim Sport toll.

2 über Kaufverhalten und Dienstleistungen sprechen

Ich lasse alles reparieren

3 a Lesen Sie den Artikel. Zu wem passen die Aussagen? Notieren Sie die Namen.

Reparieren oder neu kaufen?

Ständig kommen neue Produkte auf den Markt. Und ständig geht irgendetwas kaputt: mal die Waschmaschine, mal das Handy, mal der Staubsauger. Dann steht man vor der Frage: Lässt man das kaputte Gerät reparieren oder kauft man gleich ein neues und moderneres Produkt?

Makoto M., 45
Warum sollte jemand mein Handy reparieren, wenn es kaputt ist? Das ist wirklich teuer und lohnt sich nicht. Da schaffe ich mir lieber gleich ein neues Handy an und habe dann sogar noch ein moderneres und technisch besseres Gerät. Ich finde, das ist sinnvoller und gilt für alle Produkte. Außerdem gibt es oft auch Sonderangebote.

Lisana P., 34
Also, wenn bei uns zu Hause etwas kaputtgeht, repariere ich es immer selbst. Heute findet man im Internet zu jedem Problem ein Video mit einer Anleitung, wie man etwas repariert. So kann man kleine Reparaturen selbst machen. Eine Reparatur in der Werkstatt kostet auch immer viel Geld, deshalb versuche ich es lieber selbst. Und es macht Spaß!

Caroline K., 27
Es ist normal, dass Geräte kaputtgehen. Aber man sollte nicht immer sofort ein neues kaufen. Ich lasse kaputte Geräte immer reparieren. Mein Handy ist z. B. letzte Woche heruntergefallen und ich habe es im Handyladen reparieren lassen. Die Reparatur hat bloß 80 Euro gekostet. Ein neues Handy ist viel teurer. Und für die Umwelt ist es auch besser.

1. … kauft immer ein neues und besseres Gerät.
2. … repariert kaputte Geräte selbst.
3. … lässt kaputte Geräte reparieren.

b Lesen Sie den Artikel noch einmal. Welche Gründe nennen die Personen? Markieren Sie die Gründe und sprechen Sie im Kurs.

c Sehen Sie die Bilder an und ordnen Sie sie den Sätzen in der Regel zu.

A   B   C

G *lassen* + Infinitiv

☐ Sie repariert ihr Handy.
☐ Sie **lässt** ihr Handy **reparieren**.
☐ Sie **hat** ihr Handy **reparieren lassen**.

d Was machen Sie, wenn etwas kaputt ist? Warum? Erzählen Sie.

e Was machen Sie selbst? Was lassen Sie machen? Gehen Sie durch den Kursraum. Fragen und antworten Sie. Finden Sie drei Personen, die etwas machen lassen. Berichten Sie dann im Kurs.

das Fahrrad reparieren | neue Programme installieren | die Wohnung putzen | den Mantel reinigen | das Auto waschen | Fotos für eine Bewerbung machen | die Wohnung streichen | die Haare schneiden | einen Knopf an die kaputte Hose nähen | …

Lässt du dein Rad reparieren?   *Nein, ich mache das selbst.*

2 Folgen ausdrücken, etwas reklamieren

Ich möchte das umtauschen

4 a Was ist das? Ordnen Sie zu.

☐ die Powerbank | ☐ der Kopfhörer | ☐ das Ladekabel |
☐ der Lautsprecher | ☐ der USB-Stick

A B C D E

b Hören Sie die Umfrage. Was passt zusammen? Ordnen Sie zu. (1.15)

1. Tariks Handyakku ist oft leer, ___
2. Marlas Kopfhörer funktioniert nicht, ___
3. Max' Lautsprecher geht nicht, ___
4. Fabios Ladekabel ist so alt, ___
5. Elena hat ihren Stick verloren, ___

A dass es nicht mehr richtig funktioniert.
B daher will er ihn umtauschen.
C darum will er eine Powerbank kaufen.
D sodass sie einen neuen besorgen muss.
E deswegen will sie ihn reparieren lassen.

c Hauptsatz oder Nebensatz? Lesen Sie die Sätze in der Regel und ergänzen Sie.

G

Folgen ausdrücken	Hauptsatz	_____
deshalb/deswegen/darum/daher	Tarik ist viel unterwegs,	**darum braucht** er eine Powerbank.
sodass / so … dass	Hauptsatz	_____
	Online gibt es keine Beratung,	**sodass** Tarik lieber ins Geschäft **geht**.
	Der Kopfhörer war **so** <u>teuer</u>,	**dass** sie lange **sparen musste**.
	Adjektiv	

d Arbeiten Sie zu zweit und ergänzen Sie die Sätze abwechselnd.

1. Ich brauche ein neues Handy, deswegen …
2. Mein Computer ist kaputt, darum …
3. Viele Handys sind so teuer, dass …
4. Ich habe manche Lieder so oft gehört, dass …
5. Im Internet gibt es viele Sonderangebote, sodass …
6. Mein E-Book-Reader funktioniert nicht, sodass …

5 a Hören Sie das Gespräch zwischen Max und der Verkäuferin. Was möchte Max? (1.16)

b Hören Sie das Gespräch noch einmal. Welche Sätze hören Sie? Kreuzen Sie an. (R1)

etwas reklamieren/umtauschen

Kunde/Kundin
☐ … funktioniert nicht (richtig).
☐ … ist kaputt.
☐ Ich bin mit … leider gar nicht zufrieden.
☐ Ich möchte … umtauschen.
☐ Kann ich … zurückgeben?
☐ Ich habe die Quittung noch.
☐ Ich habe noch ein Jahr Garantie.

Verkäufer/in
☐ Kann ich Ihnen helfen?
☐ Was ist denn das Problem?
☐ Kann ich … bitte mal sehen?
☐ Haben Sie … kontrolliert/geladen?
☐ Haben Sie den Kassenzettel noch?
☐ Möchten Sie ein neues Gerät oder das Geld zurück?
☐ Haben Sie noch Garantie?

c Arbeiten Sie zu zweit und spielen Sie die Situationen. Wechseln Sie die Rollen.

A Kunde/Kundin	A Verkäufer/in	B Kunde/Kundin	B Verkäufer/in
letzte Woche Powerbank gekauft, lädt nicht, Kabel okay, umtauschen → neue Powerbank	richtig angeschlossen? Kabel getestet? Kassenzettel?	gestern Kopfhörer gekauft, funktioniert nicht, alles probiert, zurückgeben → Geld	richtig installiert? Quittung? Garantie?

einundzwanzig **21**

2 Informationen über neue Technik verstehen

Smart wohnen

6 a Sehen Sie das Foto an. Was können Häuser und Wohnungen mit Smart-Technologie? Sammeln Sie Ihre Vorstellungen und Ideen.

b Lesen Sie den Artikel in einem Magazin. Welche Möglichkeiten gibt es? Notieren Sie und vergleichen Sie zu zweit. Welche Möglichkeiten gefallen Ihnen am besten?

Smartes Wohnen

Neue Technik verändert das Wohnen. Vielleicht nutzen Sie bereits „smarte" Geräte zu Hause? Wir haben eine Familie besucht, die ihr Zuhause zu einem echten Smart Home gemacht hat.

Wir klingeln an der Tür von Familie Singer in einem Neubau in Berlin. Die Bewohner des Hauses sehen in jedem Raum auf einem Bildschirm, wer vor der Tür steht. Wenn der Besucher hereinkommen soll, öffnen sie die Haustür durch Berühren des Bildschirms. Wenn niemand zu Hause ist, kann man eine Videonachricht aufnehmen. Herr und Frau Singer bekommen die Nachrichten der Gäste direkt auf ihr Handy. Mit dem Handy können die Bewohner auch den Inhalt des Kühlschranks kontrollieren. Sie sehen, was da ist und was sie noch kaufen müssen. Im Flur des Hauses fällt ein großer Monitor auf. „Alle haben ja einen anderen Tagesablauf und hier findet der Austausch der Informationen statt", erklärt Frau Singer. „Das ist die Zentrale der Familie", lacht sie. Wenn man die Tür öffnet, sieht man sofort die Nachrichten der Mitbewohner. Auch das Wohnzimmer ist keine Ausnahme, auch hier gibt es neue Technologie. An der Wand hängt ein großes Bild. Wenn man genau hinsieht, bemerkt man, dass das Bild gleichzeitig ein Bildschirm ist. Frau Singer klickt auf ihr Handy und die Anzeige des Bildschirms und das Licht der Lampen verändern sich – die Atmosphäre des Raums wirkt komplett anders. „Die Farbe des Lichts und die Bilder hier im Wohnzimmer kann jeder in der Familie an die eigene Stimmung anpassen." Im Haus kann man fast alles über eine App steuern: die Heizung, die Jalousien und die Alarmanlage – so fühlen sich die Singers vor Einbrüchen sicher. Die Nutzung der App ist einfach und die ganze Familie verwendet sie gern und oft.

c Lesen Sie die Regel zum Genitiv. Ergänzen Sie dann die Sätze mit Informationen aus dem Text.

1. Familie Singer kann in jedem Raum _des Hauses_ sehen, wer zu Besuch kommt.
2. Die Tür kann man durch das Berühren _____ öffnen.
3. Auf dem Bildschirm im Flur sieht man die Nachrichten _____.
4. Man kann die Atmosphäre _____ durch Licht ändern.
5. Familie Singer ist mit der Nutzung _____ zufrieden.

G Genitiv
der Kühlschrank — der Inhalt **des** Kühlschrank**s**
das Haus — die Bewohner **des** Haus**es**
die Familie — das Haus **der** Familie
die Gäste — die Nachrichten **der** Gäste

Wessen Haus ist das?
Das ist das Haus **der/meiner** Eltern.
= Das ist das Haus **von den/meinen** Eltern.

d Wie sollte Ihre (Hightech-)Wohnung sein? Notieren Sie fünf Sätze. Vergleichen Sie in Gruppen.

die Farbe | die Tür | das Licht | die Größe | die Temperatur | …
die Wand | der Fernseher | die Lampen (Pl.) | die Wohnung | das Zimmer | die Heizung | der Kühlschrank | das Sofa | der Herd | …
einschalten | ändern | anpassen | sehen | steuern | …

Ich möchte die Farbe der Wände jeden Tag ändern.

2 Gründe und Gegengründe ausdrücken, einen Kommentar schreiben

7 a Lesen Sie die Kommentare zum Artikel. Welche sind positiv (+), welche kritisch (-)?

A. Schwab	So ein Smart Home können sich wegen der hohen Kosten nicht alle leisten. Und was ist, wenn es mal keinen Strom gibt?	− B
Julius M.V.	Ich habe gedacht, so viel Technik macht eine Wohnung kühl und streng. Aber vielleicht ist es trotz der smarten Technik gemütlich.	
Claudia C.	Ich finde das Haus von Familie Singer wegen der tollen Möglichkeiten super. Ich hätte auch gern eine smarte Wohnung.	
Niko Berger	Es ist toll, wenn man so viel kontrollieren kann. Aber was geschieht mit den Daten? Ich mache mir trotz der strengen Regeln Sorgen.	

b *wegen* oder *trotz*? Welcher Nebensatz entspricht welchem markierten Ausdruck in 7a? Ordnen Sie zu.

A obwohl es strenge Regeln gibt C weil es tolle Möglichkeiten gibt
B weil es viel kostet D obwohl es smarte Technik gibt

c Technik im Alltag. Sehen Sie die Bilder an und ergänzen Sie die Sätze mit *wegen* oder *trotz*.

die sparsame Spülmaschine
1. Herr Knapp spült ... das Geschirr von Hand.

der smarte Kühlschrank
3. Herr Simic schreibt ... eine Einkaufsliste.

das neue Handy
2. Frau Brem braucht ... keine Kamera mehr.

der große Bildschirm
4. Herr Ortner arbeitet ... lieber am Computer.

> **G** *wegen* und *trotz* mit Genitiv
> Wir haben kein Smart Home, weil die Kosten hoch sind.
> Wir haben **wegen der** hoh**en** Kosten kein Smart Home.
> Die Wohnung ist gemütlich, obwohl es smarte Technik gibt.
> Die Wohnung ist **trotz der** smart**en** Technik gemütlich.
> Adjektive haben nach Artikelwörtern im Genitiv immer die Endung -en.

d Schreiben Sie einen Kommentar zum Artikel in 6b. Sie können über Möglichkeiten, Kosten oder Gefahren schreiben.

8 a Aussprache: *ts* und *tst*. Hören Sie die Wörter und markieren Sie: Hören Sie *ts* oder *tst*?
1.17
1. ts tst 2. ts tst 3. ts tst 4. ts tst 5. ts tst 6. ts tst

| [ts] | rech**ts**, Hei**z**ung, **z**wei ... |
| [tst] | je**tzt**, getan**zt** ... |

b Hören Sie noch einmal und sprechen Sie nach.
1. die Heizung 2. genutzt 3. jetzt 4. nichts 5. trotz 6. zwei

c Lesen Sie die Sätze laut: erst langsam, dann immer schneller.
1. Habt ihr jetzt um zehn kurz Zeit? 2. Fritz nutzt die Heizung in seinem Zimmer.

2 Werbeanzeigen vergleichen, die eigene Meinung zu Werbung äußern

Schöne bunte Werbung?

9 a Wo und für welche Produkte haben Sie in letzter Zeit Werbung gesehen/gehört? Sammeln Sie im Kurs.

Wo? im Radio …
Wofür? Lebensmittel …

b Sehen Sie die Werbeanzeigen an. Wofür ist die Werbung?

c Arbeiten Sie zu zweit. Überlegen Sie für jede Anzeige: Was ist gut, was ist schlecht?

Farbe | Text | Foto | Idee | Produkt

witzig | schön | (un)verständlich | langweilig | schwierig | (un)modern | aktuell | ansprechend | hässlich | (un)interessant

Bei Anzeige D sind die Fotos schön. Der Vergleich von Deutschland und den USA ist witzig.

d Welche Anzeige gefällt Ihnen am besten, welche am wenigsten? Begründen Sie Ihre Meinung.

+	−
Ich finde die Werbung … am lustigsten/besten/ interessantesten/…, weil …	Ich finde die Werbung … sehr langweilig / nicht interessant / seltsam/merkwürdig/…, weil …
Die Werbung für … gefällt mir am besten, weil/ obwohl …	Die Werbung für … gefällt mir am wenigsten, weil/obwohl …
Ich mag diese Werbung am liebsten, weil …	Ich finde sie unmodern/…
… wirkt auf mich am modernsten/kreativsten/…	Ich mag bei dieser Werbung das Foto / die Farbe / den Text nicht.
Ich finde den Text / die Idee ausgezeichnet/lustig/ witzig/frech/…	

2 über Werbestrategien sprechen

10 a Welche Werbung aus Ihrem Land gefällt Ihnen? Bringen Sie sie mit oder machen Sie ein Foto davon und stellen Sie sie vor. Warum gefällt sie Ihnen? Erzählen Sie auf Deutsch.

Gut gesagt: Markennamen für Produkte
Für manche Produkte verwendet man oft den (meist kürzeren) Markennamen.
Taschentücher → Tempo (D/A)
Klebefilm → Tesa (D) oder Tixo (A)
Schmerztabletten → Aspirin (D/A/CH)
Süßstoff → Assugrin (CH)

b Lesen Sie die Informationen über Werbung. Was ist wichtig? Notieren Sie Stichpunkte und vergleichen Sie die Informationen zu zweit.

Ziele der Werbung	
Sprache	
Werbetricks	

Stichpunkte notieren
Informationen notiert man am besten in Stichpunkten. Oft genügen wenige Wörter.
- zwei Verben: *soll gefallen/auffallen*
- Nomen und Verb: *in Erinnerung bleiben*
- Adjektiv und Verb: *neugierig machen*

Wie funktioniert Werbung?

Unternehmen wollen, dass wir ein bestimmtes Produkt kaufen oder nutzen – und dabei hilft Werbung. Werbung soll gefallen oder zumindest auffallen. Dafür gibt es ein paar typische Tricks:
5 Natürlich will Werbung Wünsche wecken. Wir sehen eine Werbung und möchten zum Beispiel an diesem Ort Urlaub machen. Und natürlich arbeitet Werbung mit Bildern. Bilder können uns Informationen geben, aber auch unsere Emotio-
10 nen wecken. Wir bekommen Lust auf etwas und später im Supermarkt oder im Internet kaufen wir dann genau dieses Produkt.
Oft ist die Sprache witzig. Häufig findet man Slogans, Wortspiele oder auch neue Wörter. Manch-
15 mal versteht man den Text erst, wenn man das Foto dazu genauer ansieht. Werbung spricht uns häufig direkt an und arbeitet oft mit persönlichen Anreden und dem Imperativ wie „Spar dir den Flug!" oder mit Fragen wie „Haben Sie heute
20 schon …?". Ebenfalls typisch für Werbesprache ist, dass sie meist einfach und kurz ist. Manche Sprüche oder kurze Sätze verbindet man dann automatisch mit diesem Produkt oder Unternehmen.
25 Werbung spricht sehr oft Gefühle an, denn sie soll in Erinnerung bleiben. Die Unternehmen möchten, dass die Kunden ihnen und ihren Produkten vertrauen. Wenn Menschen Werbung sehen, sollen sie überrascht sein, gute Laune be-
30 kommen oder auch neugierig werden. Manchmal reicht dafür schon ein originelles Foto: Man wird aufmerksam, liest interessiert den Text und schon hat die Werbung funktioniert.
Egal, wie die Werbung am Ende aussieht, sie hat
35 ein Ziel: Sie will unser (Kauf-)Verhalten beeinflussen.

c Welche Merkmale aus dem Text finden Sie in den Werbeanzeigen von 9b? Verwenden Sie Ihre Notizen aus 10b und sprechen Sie im Kurs.

Der Text von Werbung A vergleicht …

11 Werbung hier und dort. Sprechen Sie im Kurs über die folgenden Punkte.
- Wofür gibt es in Ihrem Land/Ort oft Werbung? (Beispiel: Im italienischen Radio hört man sehr oft Werbung für Restaurants, im deutschen Radio ist das selten.)
- Darf man Werbung für Produkte für Kinder machen? (Beispiel: In Finnland darf man keine Werbung für Kinderprodukte machen.)
- Sollte man Werbung für bestimmte/ungesunde Produkte verbieten? (Beispiel: Im deutschen Fernsehen ist Werbung für Zigaretten verboten.)

fünfundzwanzig 25

Zu Besuch im Repair Café

12 a Was ist ein Repair Café? Vermuten Sie und sprechen Sie im Kurs.

b *Das Repair Café.* Sehen Sie Szene 4 und ergänzen Sie die Sätze.

alle Dinge reparieren | man etwas reparieren wollen |
etwas beim Reparieren kaputtgehen | keine Profis sein |
einmal pro Monat öffnen | Dinge nicht in der Mülltonne landen

1. Im Repair Café bekommt man Hilfe, wenn …
2. Man kann dort …
3. Das Repair Café …
4. Es gibt keine Garantie für eine Reparatur, denn die Helfer/innen …
5. Die Besucher tragen das Risiko, wenn …
6. Das Repair Café ist gut für die Umwelt, weil …

13 a *So geht's.* Sehen Sie Szene 5. Was passt zu wem? Verbinden Sie.

1. … findet die Atmosphäre im Repair Café toll.
2. … bekommt im Repair Café das richtige Werkzeug.
3. … unterstützen mit Fachwissen.
4. … hat ein Ersatzteil mitgebracht.
5. … will ihr Fahrrad reparieren.
6. … haben Spaß beim Reparieren.

Nora

die Helfer/innen

Iolanda

b Sehen Sie die Szene noch einmal. Was ist richtig? Kreuzen Sie an.

Matthias

1. Das Repair Café finanziert sich durch …
   a Gebühren.
   b Spenden.
2. Das Repair-Café braucht Geld für …
   a die Mitarbeiter/innen.
   b Miete und Werkzeug.
3. Die Veranstalter möchten …
   a Hilfe anbieten und die Umwelt schützen.
   b neue Leute kennenlernen.

Dominik

c Nora und Iolanda waren sehr zufrieden. Wie finden Sie das Repair Café? Was können Sie gut? Welche Hilfe könnten Sie anderen anbieten? Sprechen Sie im Kurs.

d Gibt es in Ihrem Kursort auch ein Repair Café oder ähnliche Projekte? Recherchieren Sie und stellen Sie sie vor.

kurz und klar: Redemittel und Grammatik

2

etwas reklamieren/umtauschen

Kunde/Kundin
… funktioniert nicht (richtig).
… ist kaputt.
Ich bin mit … leider gar nicht zufrieden.
Ich möchte … umtauschen.
Kann ich … zurückgeben?
Ich habe die Quittung noch.
Ich habe noch ein Jahr Garantie.

Verkäufer/in
Kann ich Ihnen helfen?
Was ist denn das Problem?
Kann ich … bitte mal sehen?
Haben Sie … kontrolliert/geladen?
Haben Sie den Kassenzettel noch?
Möchten Sie ein neues Gerät oder das Geld zurück?
Haben Sie noch Garantie?

die eigene Meinung zu Werbung äußern

+
Ich finde die Werbung … am lustigsten/besten/ interessantesten/…, weil …
Die Werbung für … gefällt mir am besten, weil/ obwohl …
Ich mag diese Werbung am liebsten, weil …
… wirkt auf mich am modernsten/kreativsten/…
Ich finde den Text / die Idee ausgezeichnet/lustig/ witzig/frech/…

-
Ich finde die Werbung … sehr langweilig / nicht interessant / seltsam/merkwürdig/…, weil …
Die Werbung für … gefällt mir am wenigsten, weil/obwohl …
Ich finde sie unmodern/…
Ich mag bei dieser Werbung das Foto / die Farbe / den Text nicht.

lassen + Infinitiv

ich	lass**e**	wir	lass**en**
du	lässt	ihr	lass**t**
er/es/sie	lässt	sie/Sie	lass**en**

Sie	repariert	ihr Handy	
Sie	**lässt**	ihr Handy	**reparieren**.
Sie	**hat**	ihr Handy	**reparieren lassen**.

Folgen ausdrücken: Konsekutivsatz

deshalb/deswegen/ darum/daher	Hauptsatz Tarik ist viel unterwegs,	Hauptsatz **darum braucht** er eine Powerbank.
sodass / so … dass	Hauptsatz Online gibt es keine Beratung, Der Kopfhörer war **so** teuer,	Nebensatz **sodass** Tarik lieber ins Geschäft **geht**. **dass** sie lange **sparen musste**.
	Adjektiv Wenn im Hauptsatz ein Adjektiv oder Adverb steht, steht *so* meistens davor.	

Genitiv

der	des	ein**es**	kein**es**	mein**es**	Raum**es**
das	des	ein**es**	kein**es**	mein**es**	Zimmer**s**
die	der	ein**er**	kein**er**	mein**er**	Familie
die	der	[ ]	kein**er**	mein**er**	Gäste

Wessen Haus ist das?
Das ist das Haus **der/meiner** Eltern.
= Das ist das Haus **von den/meinen** Eltern.

Maskuline und neutrale Nomen mit nur einer Silbe haben die Endung *-es*: *des Raumes, des Hauses*

Präpositionen *wegen* und *trotz* mit Genitiv

Wir haben kein Smart Home, weil die Kosten hoch sind.		
Wir haben	**wegen der** hoh**en** Kosten	kein Smart Home.
Die Wohnung ist gemütlich,	obwohl es smarte Technik gibt.	
Die Wohnung ist	**trotz der** smart**en** Technik	gemütlich.

Adjektive haben nach Artikelwörtern im Genitiv immer die Endung *-en*.

siebenundzwanzig **27**

Berichte über Veränderungen im Leben verstehen | über Vergangenes berichten | über Glück sprechen |
Zeitangaben machen | eine Radiosendung verstehen | von Veränderungen erzählen |

Veränderungen

Medizin und Behandlung
die Hygiene | als Pflegekraft arbeiten |
die Ausbildung | medizinische Geräte bedienen |
die Diagnose | eine Krankheit heilen |
die Behandlung | operieren

Arbeit und Handwerk   in einem großen / kleinen Betrieb arbeiten |
produzieren | die Bedingungen | der Arbeiter / die Arbeiterin | automatisiert |
die monotone Tätigkeit | die Handarbeit | etwas von Hand machen | die Konkurrenz

1 a Früher und heute. Arbeiten Sie in Gruppen mit jeweils drei Paaren. Jedes Paar wählt ein Thema und notiert wichtige Unterschiede zwischen früher und heute.

b Berichten Sie in der Gruppe von den Unterschieden.

… hat sich stark/minimal verändert.
Im Gegensatz zu heute/früher …
Im Vergleich zu früher ist / gibt es heute …
Heute ist … leichter/schwieriger.

Zum Glück / Leider …
Früher war … besser/schlechter.
Ich habe gehört, dass früher …

einen Gegenstand oder ein Ereignis beschreiben | über gutes Benehmen sprechen

3

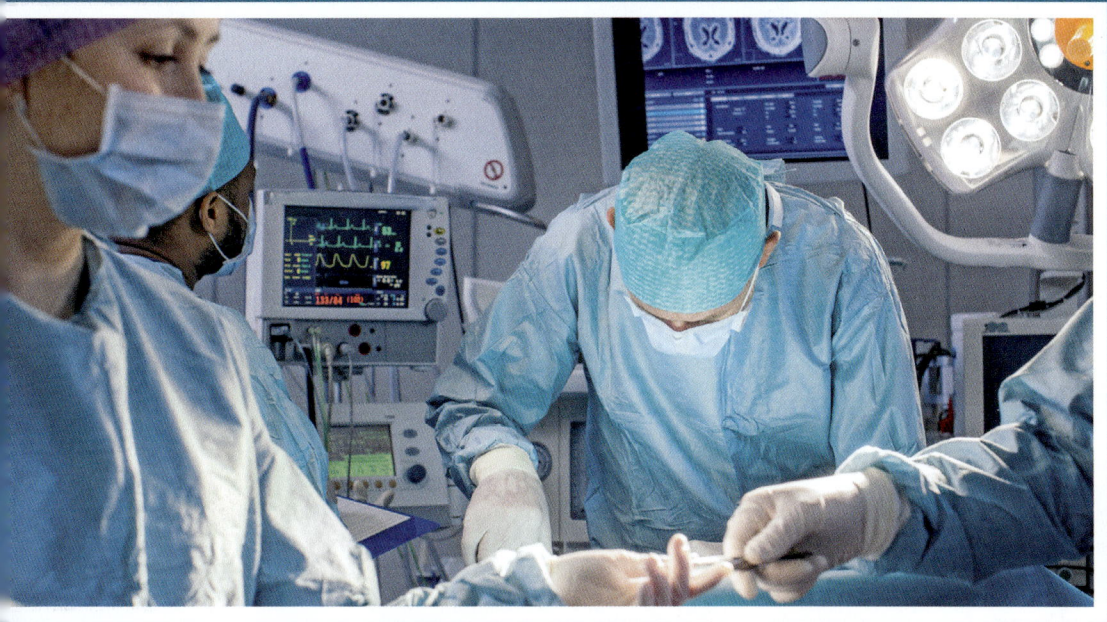

Schule und Unterricht   die Schulbildung | die Unterrichtsform | eine Gruppenarbeit machen | die Disziplin | streng sein | tolerant sein | eine Strafe bekommen | (keine) Angst haben | Medien nutzen

🔊 **2 a**   Hören Sie die Radiosendung über Veränderungen. Über welche Themen sprechen die Anrufer/innen?
1.19–21   Notieren Sie.

| Ernst Lüdke | Isabel Eickhoff | Emma Lawson |

b   Hören Sie die Radiosendung noch einmal in Abschnitten. Was sagen die Personen zu ihrem Thema? Notieren Sie je zwei bis drei Informationen. Vergleichen Sie dann Ihre Notizen zu zweit.

c   Wie haben sich Arbeit, Medizin, Freizeit oder Schule in den letzten 50 Jahren bei Ihnen verändert? Recherchieren Sie. Was finden Sie gut, was schlecht? Berichten Sie im Kurs.

Also, in … hat sich in der Schule auch viel verändert. Vor 50 Jahren mussten die Kinder samstags in die Schule, das ist heute zum Glück nicht mehr so.

neunundzwanzig **29**

3 Berichte über Veränderungen im Leben verstehen

Plötzlich war alles anders

3 a Welche positiven oder negativen Ereignisse können ein Leben verändern? Sammeln Sie im Kurs.

b Wendepunkte. Lesen Sie die Einleitung zu einem Zeitschriftenartikel. Kennen Sie Beispiele, die zur Einleitung passen? Erzählen Sie im Kurs.

> ### Alles anders
> Raus aus dem gewohnten Alltag und ein neues Leben beginnen. Weshalb entscheiden sich Menschen nach Jahren für einen ganz anderen Beruf? Ein Unfall oder eine Krankheit, eine Trennung oder ein Todesfall – oft sind solche Krisensituationen auch Wendepunkte im Leben. Welche Prozesse können zu einem neuen Lebensweg führen?
> Lesen Sie die Lebensgeschichten von zwei Menschen, die ihr Leben geändert haben.

c Arbeiten Sie zu zweit. Jede/r liest einen Text. Beantworten Sie die Fragen und informieren Sie dann Ihren Partner / Ihre Partnerin.

1. Was hat die Person früher gemacht?
2. Was hat die Lebenswende verursacht?
3. Was macht die Person jetzt?

> **„Seid mutig, seid ihr selbst!"**
> Sebastian Hilpert war zwölf Jahre lang Berufssoldat, aber dann fühlte er sich nicht mehr glücklich und suchte beruflich andere Herausforderungen. Er wollte sein Leben ändern. Zufällig sah er einen Bericht über ein Schutzprojekt für Wildtiere in Afrika und wusste sofort, dass er so etwas selbst gern machen würde. Bei einem zweimonatigen Aufenthalt in einer Wildtierstation in Namibia lernte er das Leben aus einer anderen Perspektive kennen. Nach seiner Rückkehr und dem Ende der Bundeswehrzeit probierte er noch ein Studium aus, aber auch das gefiel ihm nicht – die Sehnsucht nach den Wildtieren war stärker. Aus diesem Grund ging Sebastian Hilpert schließlich wieder nach Afrika und arbeitete dort als Wildhüter. So sammelte er Erfahrungen mit verschiedenen Wildtieren, die er auch fotografierte. Heute ist er Fotograf und Buchautor, lebt in Deutschland und fährt regelmäßig nach Afrika. Der Schutz der Wildtiere ist sein größtes Anliegen, denn ihre Situation wird von Jahr zu Jahr wesentlich schlechter. Er möchte sich weiter für sie einsetzen und auch anderen Menschen Mut machen, das zu tun, was ihnen wichtig ist.

Berichte über Veränderungen im Leben verstehen, über Vergangenes berichten

3

„Ich will leben, das ist alles!"
Kristina Vogel ist zweifache Olympiasiegerin und elffache Weltmeisterin als Bahnradfahrerin. Sie war auf dem Höhepunkt ihrer Karriere, als sich im Sommer 2018 ein schrecklicher Unfall ereignete. Kristina Vogel stürzte beim Training und verletzte sich an der Wirbelsäule. Seitdem ist sie vom Oberkörper abwärts gelähmt und sitzt im Rollstuhl. Von einem Tag auf den anderen veränderte sich ihr Leben radikal. Nach dem Unfall war sie eine Zeit lang im Krankenhaus, aber sie kämpfte für ihre Selbstständigkeit und kann mittlerweile wieder allein Auto fahren. Das braucht sie auch für ihre vielen Termine – beruflich und privat.
2019 ehrte eine Zeitung sie als „Heldin des Jahres", denn sie ist bekannt als Powerfrau. Für ihren Optimismus und ihre Energie bewunderten und bewundern sie viele. Sie war schon ein Jahr nach ihrem Unfall in vielen Projekten tätig und ist politisch engagiert. Sie gewann eine lokale Wahl und ist nun im Stadtrat Erfurt aktiv. Das alles macht sie neben ihrer Arbeit als Polizistin. Auch ihr Privatleben blieb unverändert und sie möchte später mit ihrem Mann Kinder bekommen.

▶ 6–8 **d** Welche Lebensgeschichte finden Sie interessanter? Warum? Sprechen Sie im Kurs.

4 a Lesen Sie noch einmal „Ihren" Text in 3c und markieren Sie die Verben im Präteritum. Ordnen Sie die Verben. Sind sie regelmäßig oder unregelmäßig?

regelmäßige Verben	unregelmäßige Verben
fühlen – er fühlte …	sehen – er sah …

> **G**
> **Präteritum**
> **regelmäßige Verben**
> -(e)t- + Endung: suchen – er such**te**
>   arbeiten – er arbeit**ete**
> **unregelmäßige Verben**
> Der Vokal verändert sich: s**e**hen – er s**a**h
> bei *ich* und *er/es/sie* keine Endung
> **!** denken – er d**ach**te, wissen – er w**uss**te …

b Perfekt oder Präteritum? Lesen Sie die Regel und vergleichen Sie mit Ihrer Sprache. Gibt es verschiedene Vergangenheitsformen? Verwendet man beim Sprechen und Schreiben unterschiedliche Formen?

> **G**
> **Über Vergangenes berichten**
> 1. Beim Sprechen oder in persönlichen Texten wie E-Mails verwendet man meistens das **Perfekt**.
> 2. In offiziellen Texten wie Zeitungsartikeln, Berichten und literarischen Texten verwendet man häufig das **Präteritum**.
> 3. Einige Verben verwendet man fast immer im Präteritum: *sein*, *haben* und die Modalverben.

c Arbeiten Sie zu zweit. Schreiben Sie fünf Sätze im Präsens. Lesen Sie die Sätze vor, der/die andere formuliert die Sätze im Präteritum. Die Liste mit unregelmäßigen Verben im Anhang hilft.

Nach der Schule studiert er in Köln.   *Nach der Schule studierte er in Köln.*

d Wählen Sie eine Überschrift und schreiben Sie einen Text dazu. Tauschen Sie Ihre Texte dann mit einem Partner / einer Partnerin und korrigieren Sie sich gegenseitig.

– Der Tag, der alles veränderte
– Konzertnacht war Riesenerfolg
– Neue Stadt, neuer Start
– Stadtfest begeisterte die Besucher

Stadtfest begeisterte die Besucher
Gestern fand das beliebte Stadtfest in der historischen Altstadt statt. Viele Besucher …

3 über Glück sprechen, Zeitangaben machen

Die Sache mit dem Glück

5 a Was macht glücklich? Sammeln Sie im Kurs. Erstellen Sie Ihre persönliche Top-5-Liste und vergleichen Sie.

1. Ich bin glücklich, wenn es mein Lieblingsessen gibt.
2.

b Lesen Sie die Beiträge im Forum. Welche Themen nennen die Personen? Vergleichen Sie mit Ihrer Liste in 5a.

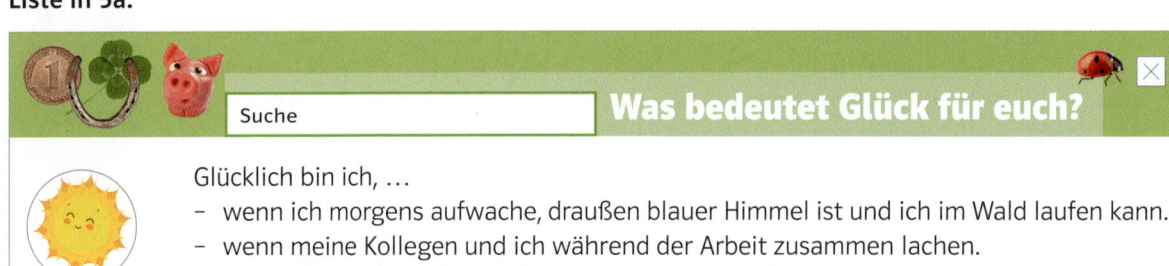

Was bedeutet Glück für euch?

borntolive
Glücklich bin ich, …
- wenn ich morgens aufwache, draußen blauer Himmel ist und ich im Wald laufen kann.
- wenn meine Kollegen und ich während der Arbeit zusammen lachen.
- wenn ich vor der Arbeit noch in Ruhe frühstücken kann.

paracelsus
Für mich ist das größte Glück die Gesundheit. Ich hatte vor einem Jahr große Probleme und war oft schwach, aber jetzt kann ich wieder (fast) alles machen: eine lange Radtour mit meinem Freund, im Urlaub auf Festivals fahren, neue Orte in der Stadt entdecken. Nach der langen Krankheit bin ich wieder fast der Alte – neugierig und glücklich.

glückspilz
Ich habe Glück, weil ich einen guten Job und eine tolle Familie (sogar mit netten Schwiegereltern 😊) habe. Und glücklich bin ich, wenn wir auch außerhalb des Urlaubs mal einen freien Tag genießen können. Es gibt so viel Schönes in der Umgebung und am Abend essen wir in einem guten Restaurant – natürlich mit einem leckeren Nachtisch. Was will man mehr?

felixus
Ich bin gerade sehr glücklich. Ich habe mich nämlich frisch verliebt und meine Freundin schickt mir innerhalb einer Stunde mindestens drei liebevolle Nachrichten. Sie bringt so viel Freude in mein Leben, jeden Tag. Und bis zu unserem ersten gemeinsamen Urlaub sind es nur noch sechs Tage … Ab diesem Sonnabend sind wir in Spanien!

aurelia
Seit meinem Umzug nach Berlin unternehme ich viel. Es gibt so viele tolle Konzerte hier. Während eines Konzertes verschwindet alles andere. Super sind auch die vielen Modedesigner mit ihren kleinen Geschäften. Ich freue mich riesig, wenn ich da ein Kleid finde, das wie für mich gemacht ist. „Glücklich ist, wer alles hat, was er will", hat ein kluger Kopf mal gesagt. Genau so geht es mir.

c Lesen Sie die Beiträge noch einmal und markieren Sie alle Zeitangaben. Ergänzen Sie die Regel.

G

Zeitangaben
Präpositionen mit Dativ (**vor der** Arbeit): _ab,_ _____

Präpositionen mit Genitiv (**außerhalb des** Urlaub**s**): _____

Zeitangaben machen, eine Radiosendung verstehen, von Veränderungen erzählen

3

d Was ist wann? Ergänzen Sie die Sätze.

1. Während des Urlaubs …
2. … mache ich Sport.
3. Am Wochenende …
4. … treffe ich am liebsten meine Freunde.
5. In drei Wochen …
6. … bin ich glücklich.

e Arbeiten Sie zu zweit. Formulieren Sie je fünf Fragen und machen Sie ein Interview.

im letzten Sommer | vor einer Prüfung | während des Kurses | im Urlaub | seit der Schulzeit | am Wochenende | ab Mittwoch | während eines Arbeitstages | nach dem Sport | vor einem Fest | an einem Regentag | innerhalb einer Stunde | bis zum nächsten Urlaub

Wohin bist du im letzten Sommer gereist?

Im letzten Sommer war ich in Wien.

6 a Lesen Sie die Einführung zu einer Radiosendung. Was hat sich in Davides Leben verändert?

Neue Liebe, neues Glück
Heute ist Davide Romano zu Gast in der Sendung. Vor fünf Jahren lernte er im Urlaub seine jetzige Frau kennen. Vor zwei Jahren zog er zu ihr nach Leipzig. Das neue Leben ist manchmal eine Herausforderung, aber er ist glücklich mit seiner Entscheidung. Seit einem Jahr arbeitet er im Klinikum St. Georg als Arzt.
→ zur Sendung

◀)) 1.22

b Lesen Sie die Sätze und hören Sie dann die Radiosendung. Ordnen Sie die Sätze in die richtige Reihenfolge.

____ A Es ist wichtig, dass man im neuen Land beruflich aktiv ist.

____ B Wenn man an einem neuen Ort lebt, ist viel neu und interessant.

____ C Oft gibt es einige Monate nach dem Umzug eine Krise.

____ D Es ist möglich, mit alten Freunden in Kontakt zu bleiben.

____ E Bei einem Neuanfang gibt es natürlich Probleme. Die Sprache war zum Glück keines.

____ F Das Verhältnis kann schwierig werden, wenn ein Partner sich langweilt.

◀)) 1.23

 Gut gesagt: Zuneigung ausdrücken
Ich hab' dich gern.
Ich mag dich.
Ich hab' dich lieb.

Nur zum Partner / zur Partnerin sagt man: Ich liebe dich.

c Vergleichen Sie Ihre Lösungen aus 6b im Kurs. Hören Sie noch einmal zur Kontrolle.

d Kennen Sie ähnliche Liebesgeschichten? Was würden Sie für einen Partner / eine Partnerin aufgeben? Sprechen Sie in Gruppen.

Also, ich kann mir nicht vorstellen, weit wegzuziehen. Ich würde niemals …

Ein Freund von mir ist auch zu seiner Frau gezogen, aber …

◀)) 1.24
▶ P2

7 a Aussprache: mehrere Konsonanten hintereinander. Hören Sie und sprechen Sie langsam nach.

1. die Arbei**tsz**eit
2. die Unterri**chtsf**orm
3. der Zeitu**ngsb**ericht
4. das Schu**tzpr**ojekt
5. die Se**lbstst**ändigkeit
6. das Nahru**ngsm**ittel
7. der Lebe**nsl**auf
8. die E**ntsch**eidung

b Suchen und notieren Sie fünf Wörter mit mindestens drei Konsonanten hintereinander. Tauschen Sie die Wörter mit einem Partner / einer Partnerin und sprechen Sie sie laut.

dreiunddreißig **33**

3 einen Gegenstand oder ein Ereignis beschreiben

Und dann hat sich viel verändert …

8 a Sehen Sie die Fotos an. Was könnte sich durch diese Dinge im Leben von Frau Fessler verändert haben? Sammeln und vergleichen Sie.

Eva Fessler, Büroangestellte

A   B   C

b 🔊 1.25 Hören Sie das Gespräch mit Frau Fessler. Sind die Sätze richtig oder falsch? Kreuzen Sie an.

	richtig	falsch
1. Frau Fessler hat für ihre Arbeit ein Auto gebraucht.	☐	☐
2. Vorher ist Frau Fessler auch oft mit dem Taxi gefahren.	☐	☐
3. Die Espresso-Kanne hat sie beim Camping in Italien bekommen.	☐	☐
4. Frau Fessler hat so viel Kaffee getrunken, dass sie zum Arzt gehen musste.	☐	☐
5. Sie fährt nicht mehr oft mit dem Auto, weil sie das E-Bike benutzt.	☐	☐
6. Frau Fessler findet es gut, dass sie jetzt öfter im Freien ist.	☐	☐

9 a Lesen Sie den Blogeintrag. Welche Veränderungen verbindet Frau Fessler mit der Tasche? Notieren Sie positive und negative Aspekte.

von: EvaF. | veröffentlicht: heute

Guckt mal, was ich gefunden habe!
Eine alte Tasche. Na und? Für mich ist es viel mehr als eine alte Tasche. Sie hat eine Geschichte. Als Lehrling hatte ich nur wenig Geld und wohnte zu Hause. Aber nach dem Abschluss fand ich zum Glück schnell eine Stelle. Am letzten Tag des ersten Monats bekam ich mein erstes Gehalt. Ich wollte mich 5
mit einer Freundin zum Feiern treffen und hatte noch Zeit. Und da habe ich diese Tasche in einem kleinen Geschäft am Lorenzplatz gesehen, das es leider nicht mehr gibt. Sie war relativ teuer, aber ich wollte und konnte mir das endlich leisten. Jahrelang ging ich jeden Tag damit zur Arbeit. Gestern fand ich 10
sie zufällig. In einem kleinen Fach waren 35 Mark und ein paar Pfennige. Erinnert ihr euch noch?

b Lesen Sie den Text noch einmal. Markieren Sie nützliche Ausdrücke für eine eigene Geschichte.

eigene Texte nach einem Muster schreiben
– Markieren Sie nützliche Ausdrücke als Bausteine für Ihren Text.
– Beachten Sie die Struktur (Anfang, Schluss).
– Verwenden Sie die gleiche Tempusform.

c Das war für mich ein kleiner Wendepunkt. Beschreiben Sie einen Gegenstand oder ein Ereignis in einem kurzen Text.

Ich habe … ausgewählt/ausgesucht. / … war ein besonderer Tag.
… habe ich bekommen/gekauft, als ich … / Das war, als ich …
Vor diesem Tag …, danach … / Vorher …, nachher …
Wenn ich an … denke, dann fällt mir … ein.
Das war (nicht) schön für mich, weil …

über gutes Benehmen sprechen 3

Höflich, höflich

10 a Gutes Benehmen. Was gehört Ihrer Meinung nach dazu? Diskutieren Sie im Kurs.

Wenn man sich begrüßt, dann sollte man sich ansehen.

b Arbeiten Sie zu zweit. Lesen Sie den Artikel. Was hat sich verändert? Worauf sollte man achten? Machen Sie Notizen. Tauschen Sie sich dann mit einem anderen Paar aus.

Gutes Benehmen früher und heute

Wie verhält man sich im Alltag und in der Arbeit richtig? „Wie man es auch macht, man macht es verkehrt." So klagte eine Geschäftsfrau aus Südamerika nach einem längeren Aufenthalt in Deutschland. „Früher war einiges noch anders", erinnert sie sich. Da studierte sie ein Jahr in Bonn und, wenn sie unsicher war, sah sie im Buch „Die Kunst der Höflichkeit" nach. Aber ist gutes Benehmen heute wirklich so schwer? Und was hat sich verändert? Hier ein paar Beispiele:

Früher	Heute
Begrüßungen Die Regel ist ziemlich einfach: Ladies first.	Wenn man ein Paar trifft, dann begrüßt man zuerst die Frau. Das stimmt theoretisch immer noch, aber es gibt Ausnahmen. Wenn schon einige Personen anwesend sind und man zu einer kleineren Gruppe aus Frauen und Männern dazukommt, dann begrüßt man einfach der Reihe nach. Aber wenn der Chef / die Chefin beziehungsweise der Gastgeber / die Gastgeberin auch in dieser Gruppe ist, dann grüßt man zuerst diese Person. Nur Freunde umarmen sich oder geben sich einen Kuss auf die Wange.
Tür aufhalten Männer halten Frauen die Tür auf.	Das gilt so nicht mehr. Egal, ob Mann oder Frau: Es ist unhöflich, die Tür nicht aufzuhalten, wenn jemand direkt hinter einem geht. Dann lässt man zuerst die andere Person durch die Tür gehen. Das gilt übrigens auch beim Lift. 
Jemand niest Man sagt: „Gesundheit!"	Neue Benimmbücher empfehlen, dass man ein Niesen einfach ignoriert. Wer niest, der sollte kurz „Entschuldigung" sagen. Aber die wenigsten machen es so. Man sieht fast immer die Person an, die niest, und wünscht „Gesundheit". Die alte Gewohnheit bleibt.
„Du" oder „Sie" Erwachsene, die sich nicht kennen, siezen sich.	In formellen Situationen, zum Beispiel im Amt oder beim Arzt, gibt es nur das „Sie". Aber in Kneipen, Cafés und auch manchen Geschäften spricht das Personal die Gäste oder Kunden immer öfter mit „du" an, besonders jüngere Personen. Unter Studierenden ist Siezen nicht mehr üblich.  Wenn persönliche Beziehungen vertraut werden, wechselt man zum Du. Aber wer darf das Du anbieten? Vorgesetzte den Mitarbeitern, ältere Kollegen den jüngeren, die Frau dem Mann, die hierarchisch höhere Person einer anderen. Kurz gesagt, das Angebot zu duzen geht von oben nach unten, nie umgekehrt. Wenn Sie sich unsicher sind, bleiben Sie beim Sie. Besonders wichtig ist: Ein Du gilt für immer, lebenslang!

c Gutes Benehmen heute. Was ist bei Ihnen gleich, was ist anders? Vergleichen und berichten Sie.

 d „Benehmen im Alltag" in D-A-CH. Erklären Sie einem Freund / einer Freundin in Ihrer Sprache die wichtigsten Regeln aus dem Artikel in 10b.

fünfunddreißig **35**

3 hören und sehen

Boxen – mehr als nur ein Sport

11 a Was ist typisch für das Boxen? Sammeln Sie Wörter und beschreiben Sie den Sport.

der Boxhandschuh, sehr fit sein …

▶6 **b** *Das ist mein Ding.* Sehen Sie Szene 6 und ergänzen Sie den Steckbrief von Doha.

Doha, 19 Jahre alt

aus _____

boxt seit _____ Jahren

Schulabschluss: _____

c Sehen Sie die Szene noch einmal. Was erzählt Doha von früher? Wählen und notieren Sie.

als Streberin gelten | gesund leben | schwach sein | sich ängstlich fühlen | fit werden | bessere Noten bekommen | die eigene Stärke finden | Unterstützung bekommen | Freunde treffen | nicht gut genug sein | Probleme in der Schule haben

früher	heute

▶7 **d** *Egal, was die Gesellschaft davon hält.* Sehen Sie Szene 7 und ergänzen Sie die Begriffe für *heute* in 11c. Nicht alle Begriffe passen. Vergleichen Sie dann zu zweit.

▶8 **12 a** *Durch Ausprobieren verliert man nichts.* Sehen Sie Szene 8. Was gefällt Doha besonders am Boxen?

b Sehen Sie die Szene noch einmal. Sind die Sätze richtig oder falsch? Kreuzen Sie an.

richtig falsch

1. Beim Boxen vergesse ich meine negativen Gefühle. ☐ ☐
2. Ich bewege mich heute anders als früher. ☐ ☐
3. Meine Meinung sage ich nur unter Freunden. ☐ ☐
4. Meine Leistung zählt und nichts anderes. ☐ ☐
5. Es geht beim Boxen darum, dass man immer gewinnt. ☐ ☐
6. Es ist wichtig, einfach etwas zu versuchen. ☐ ☐

c Wie finden Sie Dohas Aussage und ihre Begeisterung für das Boxen? Haben Sie ähnliche Erfahrungen beim Sport gemacht? Sprechen Sie in Gruppen.

„Du bist diejenige, die etwas verändern kann: Mach es."

13 a Was denken Sie? Welche vier Sportarten machen die Leute in Deutschland am liebsten? Sprechen Sie in Gruppen.

Fußball | Yoga | Joggen | Reiten | Krafttraining | Walken | Boxen | Tennis | Skifahren | Schwimmen | Fahrradfahren | Wandern | Tanzen

b Lesen Sie die Lösung auf der letzten Seite im Buch und vergleichen Sie mit Ihrem Land. Welche Sportarten sind bei Ihnen besonders beliebt?

kurz und klar: Redemittel und Grammatik 3

etwas vergleichen
… hat sich stark/minimal verändert.
Im Gegensatz zu heute/früher
Im Vergleich zu früher ist / gibt es heute …
Heute ist … leichter/schwieriger.

Zum Glück / Leider …
… Früher war … besser/schlechter.
Ich habe gehört, dass früher …

einen Gegenstand oder ein Ereignis beschreiben
Ich habe … ausgewählt/ausgesucht. / … war ein besonderer Tag.
… habe ich bekommen/gekauft, als ich … / Das war, als ich …
Vor diesem Tag …, danach … / Vorher …, nachher …
Wenn ich an … denke, dann fällt mir … ein.
Das war (nicht) schön für mich, weil …

Präteritum: Formen

	regelmäßige Verben: -(e)t- + Endung			**unregelmäßige Verben:** Vokaländerung		
	arbeiten	**ausprobieren**	Endung	**sehen**	**gefallen**	Endung
ich	arbeit**ete**	probier**te** aus	-e	s**a**h	gef**ie**l	–
du	arbeit**etest**	probier**test** aus	-est	s**a**hst	gef**ie**lst	-st
er/es/sie	arbeit**ete**	probier**te** aus	-e	s**a**h	gef**ie**l	–
wir	arbeit**eten**	probier**ten** aus	-en	s**a**hen	gef**ie**len	-en
ihr	arbeit**etet**	probier**tet** aus	-et	s**a**ht	gef**ie**lt	-t
sie/Sie	arbeit**eten**	probier**ten** aus	-en	s**a**hen	gef**ie**len	-en
	Verben, die mit *d* oder *t* enden, bilden das Präteritum mit *-et* + Endung.			Bei *ich* und *er/es/sie* gibt es keine Endung.		

! denken – er d**ach**te   wissen – er w**uss**te   bringen – er br**ach**te
   mögen – er m**och**te   kennen – er k**ann**te   nennen – er n**ann**te

über Vergangenes berichten

1. Beim Sprechen oder in persönlichen Texten wie E-Mails verwendet man meistens das **Perfekt**.

   *Ich **bin** gestern ins Kino **gegangen**.*
   *Ich **habe** einen lustigen Film **gesehen**.*

2. In offiziellen Texten wie Zeitungsartikeln, Berichten und literarischen Texten verwendet man häufig das **Präteritum**.

   *Sebastian Hilpert **war** zwölf Jahre lang Berufssoldat, aber dann **fühlte** er sich nicht mehr glücklich und*

3. Einige Verben verwendet man fast immer im Präteritum: *sein*, *haben* und die Modalverben.

   *Ich **war** im Kino. Ich **hatte** zuerst keine Lust, aber dann **wollte** ich den Film doch sehen.*

Zeitangaben: Präpositionen mit Dativ und Genitiv

Dativ	ab, an, bis zu, in, nach, seit, vor	**ab der** nächsten Woche **am** Wochenende **bis zum** Urlaub **im** Urlaub	**nach der** Arbeit **seit dem** Umzug **vor der** Arbeit
Genitiv	außerhalb, innerhalb, während	**außerhalb des** Urlaubs **innerhalb einer** Stunde	**während eines** Konzerts

siebenunddreißig **37**

1 Plattform

Wiederholungsspiel

1 Das Punkterennen. Spielen Sie zu zweit.

Sie brauchen eine Münze und zwei Spielfiguren. Vor dem Start wählt jede/r eine Route: **A** oder **B**. Werfen Sie abwechselnd eine Münze.

 Kopf? Gehen Sie zwei Felder vor.
Zahl? Gehen Sie ein Feld vor.

Start A

1 Im Urlaub – Wie heißen die Wörter? Ergänzen Sie.
ent__a__en
ü__r_ach___

2 Bilden Sie den Satz mit Infinitiv mit *zu*.
ich – keine Zeit haben – in den Urlaub fahren

3 Im Reisebüro – Welches Wort fehlt?
Was können Sie mir …?

4 Was passt?
Wir fahren an den Strand, weil/obwohl das Wetter schön ist.

Oh nein! Sie müssen Ihrem Partner / Ihrer Partnerin einen Punkt abgeben.

9 Welche Wörter haben eine positive Bedeutung?
seltsam, witzig, schön, merkwürdig, ansprechend

8 Wie heißen die Geräte?
der Staub…
die Wasch…
der Kühl…

7 Bilden Sie einen Satz mit *lassen*.
Pia – ihr Auto reparieren

6 Wie heißen die Artikel?
… Küste
… Zelt
… Angebot

5 Ordnen Sie zu.
besichtigen | machen | planen
1. Sport
2. eine Stadt
3. einen Ausflug

Hurra! Sie bekommen zwei Extra-Punkte!

10 etwas reklamieren – Was sagt der Kunde?
Ich möchte diese Hose …

11 Formulieren Sie im Genitiv.
die Farbe von dem Auto = …

12 Was passt?
Wegen/Trotz des hohen Preises habe ich das Handy gekauft.

13 Wie heißen die Verben im Präteritum?
ich gehe
er studiert
sie weiß

14 Wie heißt der Satz im Präteritum?
Nach dem Abitur fährt er durch Europa.

Oh nein! Sie müssen Ihrem Partner / Ihrer Partnerin einen Punkt abgeben.

Ziel

18 Stimmt die Aussage?
Man kann seinen Vorgesetzten das Du anbieten.

17 Wie heißen die Nomen?
berichten – der …
studieren – das …

16 Ergänzen Sie die Präposition.
… einem Jahr habe ich Mina kennengelernt.

15 Bilden Sie den Satz im Präsens.
während – der Unterricht – wir – viel – sprechen

Plattform 1

Lösen Sie die Aufgabe auf Ihrem Feld. Für jede richtig gelöste Antwort gibt es einen Punkt. Notieren Sie Ihre Punkte.

Sind Sie zuerst im Ziel? Dann bekommen Sie fünf Extra-Punkte. Wer hat am Ende die meisten Punkte?

4 Was passt?
Wir schwimmen im Meer, weil/obwohl das Wasser kalt ist.

3 Im Reisebüro – Welches Wort fehlt?
Wie lange … der Flug?

2 Bilden Sie den Satz mit Infinitiv mit *zu*.
ich – keine Lust haben – einen Ausflug machen

1 Im Urlaub – Wie heißen die Wörter? Ergänzen Sie.
f___l___zen
sich a___ru___en

Start B

Oh nein! Sie müssen Ihrem Partner / Ihrer Partnerin einen Punkt abgeben.

5 Ordnen Sie zu.
erleben | feiern | liegen
1. am Strand
2. etwas Neues
3. eine Party

6 Wie heißen die Artikel?
… Reisebüro
… Gepäck
… Strand

7 Bilden Sie einen Satz mit *lassen*.
du – deine Wohnung streichen

8 Wie heißen die Geräte?
der Laut…
der Bild…
der Kopf…

9 Welche Wörter haben eine positive Bedeutung?
langweilig, lustig, ausgezeichnet, kreativ, unmodern

Hurra! Sie bekommen zwei Extra-Punkte!

14 Wie heißt der Satz im Präteritum?
Nach dem Abitur beginnt sie ein Studium.

13 Wie heißen die Verben im Präteritum?
er arbeitet
ich denke
sie sieht

12 Was passt?
Wegen/Trotz der guten Kamera macht Lea tolle Fotos.

11 Formulieren Sie im Genitiv.
der Preis von dem Lautsprecher = …

10 etwas reklamieren – Was sagt der Verkäufer?
Haben Sie … noch?

Oh nein! Sie müssen Ihrem Partner / Ihrer Partnerin einen Punkt abgeben.

15 Bilden Sie den Satz im Präsens.
vor – die Prüfung – ich – viel – lernen

16 Ergänzen Sie die Präposition.
… Urlaub schlafe ich immer lang.

17 Wie heißen die Nomen?
sich entscheiden – die …
arbeiten – die …

18 Stimmt die Aussage?
Studierende siezen sich meistens.

Ziel

1 Plattform

Schreibwerkstatt

2 Was sagen die Leute? Arbeiten Sie zu zweit und schreiben Sie Sätze für die Sprechblasen.

1. So geht das nicht! Wenn Sie grillen, …

Plattform 1

3 Geschichten schreiben. Wählen Sie einen Anfangssatz und einen Schlusssatz aus. Schreiben Sie dann eine Geschichte dazu.

Nach diesem Tag konnte eigentlich nichts mehr passieren.

Ende gut, alles gut!

Endlich war es so weit! Auf diesen Tag habe ich schon so lange gewartet.

Kim saß entspannt auf dem Sofa, als ihr Handy klingelte.

Alle waren froh, dass das Wetter so gut war.

Warum bin ich nicht im Bett geblieben?

Ich war mir ganz sicher, dass das die richtige Entscheidung war.

Die Sonne ging langsam unter.

Geschichten spannend schreiben
1. Sätze nicht immer mit dem Subjekt beginnen: *Am Samstag war ich noch sehr müde, deshalb …*
2. Wörtliche Rede verwenden: *Aber da sagte mein Chef: „Fang endlich an!"*
3. Gefühle und Gedanken beschreiben: *Total müde stand ich auf und wünschte mir, dass Sonntag wäre.*
4. Situation genau beschreiben: *Langsam ging ich ins Bad, dann trank ich einen heißen Kaffee.*

4 Elf Wörter – ein Gedicht. Schreiben Sie ein „Elfchen" wie in den Beispielen.

> Ruhig
> die Morgensonne
> der Tag beginnt
> fühlt sich gut an
> Wochenende

> Weiß
> der Schnee
> ich fahre Ski
> so schön für mich
> Wintertraum

So kann man Elfchen schreiben
1. Zeile: **Ein** Wort: z. B. eine Farbe oder eine Eigenschaft
2. Zeile: **Zwei** Wörter: ein Gegenstand, eine Person, eine Landschaft … (mit Artikel)
3. Zeile: **Drei** Wörter: Wo und wie ist der Gegenstand / die Landschaft? Was tut die Person?
4. Zeile: **Vier** Wörter: Schreiben Sie etwas über sich selbst.
5. Zeile: **Ein** Wort: als Abschluss oder Zusammenfassung.

Sprachmittlung

5 Wählen Sie.

A Ein Freund / Eine Freundin aus Deutschland arbeitet oft mit Firmen aus Ihrem Land zusammen. Mit den Geschäftspartnern/Geschäftspartnerinnen spricht er/sie Deutsch. Er/Sie weiß oft nicht, ob er/sie ihnen das „Du" anbieten kann. Sprechen Sie über das Thema und nennen Sie Beispielsituationen, die Ihrem Freund / Ihrer Freundin helfen.

B Sprechen Sie mit einem Freund / einer Freundin in Ihrer Sprache über typische Situationen, die bei Ihnen unhöflich wirken (z. B. Naseputzen, lautes Lachen, Essen in der U-Bahn …). Erklären Sie dann den anderen im Kurs die Situationen auf Deutsch.

Beispiele nennen
Erklären Sie Situationen oder Themen mit Hilfe von Beispielen aus Ihrem Alltag.

Beispiele nennen
Ich habe die Erfahrung gemacht, dass …
Bei uns ist es zum Beispiel so, dass man …
Wenn ich zum Beispiel …, dann …
Wenn ich an … denke, dann fällt mir … ein.

Situationen beschreiben
Für viele Leute ist es wichtig, dass …
Manche Leute mögen es nicht, wenn …
Meistens finden die Menschen es komisch/anstrengend/…, wenn …
Anders als in Deutschland ist es bei uns für viele normal, dass/wenn …

1 Plattform

Berlin und seine Geschichte

6 a Sehen Sie die Karten und Fotos an und lesen Sie die Texte. Markieren Sie die Jahreszahlen und notieren Sie die wichtigsten Informationen auf einem Zeitstrahl. Vergleichen Sie im Kurs.

Auf Spurensuche in Berlin

Von 1949 bis 1989 war Deutschland geteilt: Im Westen war die Bundesrepublik Deutschland (BRD) und im Osten die Deutsche Demokratische Republik (DDR). Auch die Stadt Berlin war geteilt, obwohl sie mitten in der DDR lag.

Weil viele Menschen aus Ostberlin flohen und nach Westberlin wollten, schloss die Regierung der DDR im Jahr 1961 die Grenzen und baute eine Mauer mitten durch Berlin. Polizisten der DDR kontrollierten die Grenzen zur BRD und die Mauer in Berlin Tag und Nacht. Aber obwohl es die Mauer und die Grenze gab, flohen viele Menschen weiter in den Westen, weil sie in der DDR wenig Freiheit hatten. Viele Menschen sind auf der Flucht gestorben.

Im Sommer 1989 flohen über 50.000 Menschen aus der DDR und ab Herbst 1989 gab es immer größere Demonstrationen in der DDR für Freiheit und Demokratie. Am 4. November demonstrierten eine Millionen Menschen auf dem Alexanderplatz in Berlin. Am 9. November 1989 fiel die Mauer und ein Jahr später, am 3. Oktober 1990, feierten die Menschen in Deutschland die Wiedervereinigung der beiden deutschen Staaten. Der 3. Oktober ist seitdem der Nationalfeiertag in Deutschland.

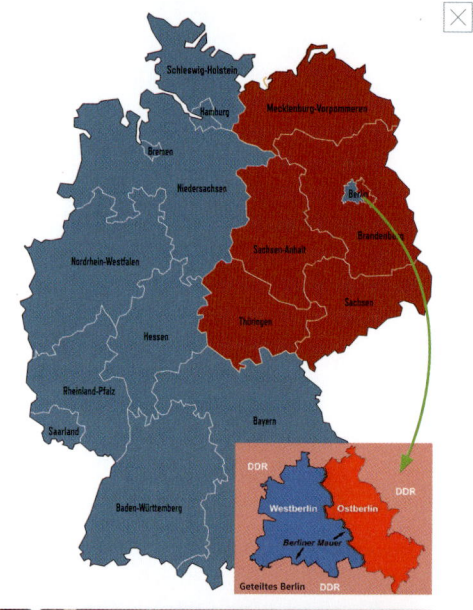

1949   *1961*
Deutschland geteilt

A   B   C

Plattform 1

b Sehen Sie die Fotos von Berlin heute an und lesen Sie den Blog von Marlene. Welches Foto passt zu welchem Abschnitt?

Mein Berlin!

In Berlin kann man heute an vielen Stellen die Geschichte des geteilten Deutschlands und der geteilten Stadt Berlin sehen und viel über das Leben in der DDR und die Zeit damals lernen. Ich zeige euch die interessantesten Orte!

_____ 1 Der **Checkpoint Charlie** war ein Grenzübergang zwischen Ost- und West-Berlin. Mit einem Visum und unter strengen Kontrollen konnten die Menschen für einige Stunden in den anderen Teil Berlins, z. B. um Verwandte zu besuchen. Hier sind immer viele Touristen und machen Fotos …

_____ 2 Im **Reichstagsgebäude** tagt seit 1999 das Parlament der Bundesrepublik. Wenn man sich online anmeldet, kann man im großen Saal den Politikern und Politikerinnen bei ihren Debatten im Bundestag zusehen und in die moderne Glaskuppel gehen. Es lohnt sich: Die Aussicht von der Kuppel ist toll!

_____ 3 Die **Gedenkstätte Berliner Mauer** erinnert an die deutsche Teilung und liegt im Zentrum der Hauptstadt. Hier gibt es viele Ausstellungen und Informationen zum Leben im geteilten Deutschland und über die Flucht der Menschen. Wo die Mauer war, kann man an Stangen aus Eisen und einem originalen Stück der Mauer auch heute noch sehen.

_____ 4 Das **Brandenburger Tor** ist das Symbol der Wiedervereinigung und das Wahrzeichen von Berlin. Im geteilten Deutschland durfte niemand durch das Tor gehen. Seit Dezember 1989 ist es wieder für alle offen und hier gibt es manchmal tolle Konzerte.

_____ 5 Die **East Side Gallery** ist eine meiner absoluten Lieblingssehenswürdigkeiten. Hier steht das längste Stück Berliner Mauer, das es noch gibt (1.316 Meter lang). Die East Side Gallery ist ein „Open Air Museum": Im Frühjahr 1990 haben 118 Künstler/innen aus 21 Ländern die Mauer bemalt – und das sehe ich mir immer wieder gerne an.

c Welchen Ort finden Sie am interessantesten? Was würden Sie am liebsten sehen? Warum? Wählen Sie zwei Orte und erzählen Sie.

d Und Ihre (Lieblings-)Stadt? Wählen Sie vier Sehenswürdigkeiten und beschreiben Sie sie in kurzen Texten. Verwenden Sie auch Fotos und machen Sie dann eine Ausstellung im Kurs.

D

E

Gespräche bei der Arbeit verstehen | Irreales ausdrücken | sich entschuldigen | auf Entschuldigungen reagieren | Bewerbungstipps verstehen | über Bewerbungen sprechen | am Telefon nach Informationen fragen |

Arbeitswelt

A
Briefträgerin

B
Chemikerin

1 a Welche Berufe kennen Sie? Sammeln Sie zu zweit. Notieren Sie für jeden Beruf eine typische Aktivität.

b Sehen Sie die Fotos an und ordnen Sie die Aktivitäten den Fotos zu. Sprechen Sie über die Berufe.

am Computer arbeiten | bei jedem Wetter im Freien sei | etwas von Technik und Elektronik verstehen | früh am Morgen anfangen | exakte Analysen machen | gut verdienen | eine Ausbildung machen | im Labor arbeiten | keine geregelten Arbeitszeiten haben | Briefe und Pakete zustellen | studieren | Kontakt mit Menschen haben | Metall bearbeiten | Trinkgeld bekommen | viele Stunden im Auto sitzen | Post austragen | in der Nacht arbeiten | Personen von A nach B bringen

c Lesen Sie das Interview mit Frau Mersa. Was denken Sie: In welchem Beruf arbeitet sie jetzt? Begründen Sie Ihre Vermutung.

Frau Mersa, sind Sie zufrieden in Ihrem Beruf?
Ja, im Augenblick schon. Ich habe „meinen" Beruf gefunden. Ich denke, dass ich dabei bleibe.

Was ist denn so gut daran?
Ich arbeite sehr selbstständig und es gibt immer wieder neue Herausforderungen und Entwicklungen. Das ist mir wichtig. Außerdem habe ich geregelte Arbeitszeiten.

Warum haben Sie mehrere Berufe ausprobiert?
Ich habe ursprünglich Chemie studiert, weil ich das Fach in der Schule gern mochte. Aber dann habe ich meine Liebe zur Technik ernst genommen und habe noch mal was Neues gelernt.

Sind Sie mit dem Gehalt zufrieden?
Ich verdiene nicht schlecht, aber es könnte gern ein bisschen mehr sein.

Informationen geben | einen Text strukturieren | Tipps austauschen

4

C Mechatronikerin

D Taxifahrerin

🔊 **2 a** Hören Sie das Interview mit Frau Mersa. In welcher
1.26   Reihenfolge hat sie in diesen Berufen gearbeitet?
        Nummerieren Sie.

___ Mechatronikerin

___ Taxifahrerin

___ Briefträgerin

___ Chemikerin

Lena Mersa, 35

b Hören Sie noch einmal. Arbeiten Sie zu viert. Jede/r wählt einen Beruf und macht Notizen dazu. Informieren Sie sich dann gegenseitig.

Mechatronikerin: schwere Arbeit, …

▶ 9–11 **3** Was ist in Ihrem (Wunsch-)Beruf wichtig? Was muss man gut können? Machen Sie Notizen und stellen Sie den Beruf im Kurs vor.

Tierarzt: Tieren helfen, Stress aushalten, die Besitzer beruhigen …

fünfundvierzig **45**

4 Gespräche bei der Arbeit verstehen, Irreales ausdrücken

Gespräche bei der Arbeit

4 a Der Arbeitstag von Boris. Hören Sie und ordnen Sie die Gespräche den Fotos zu.

1.27–29

A
Boris und Nadine

B
Boris und Svea

C
Boris und Frau Bauer

b Hören Sie noch einmal und kreuzen Sie an.

1. Was ist schon fertig für die Besprechung?
   - a Die Präsentation.
   - b Das Programm.
   - c Die Unterlagen.

2. Warum braucht Boris Hilfe?
   - a Er sucht eine Datei.
   - b Er hat Fragen zur Besprechung.
   - c Er braucht Ideen für die Präsentation.

3. Wann ist die nächste Besprechung?
   - a Heute Abend.
   - b Morgen früh.
   - c Morgen Abend.

c Wer denkt was? Ordnen Sie die Gedanken den Personen in 4a zu.

1. Wenn ich nicht so lange arbeiten müsste, würde ich gern mitkommen.
2. Ich könnte die Besprechung besser vorbereiten, wenn ich die Datei schnell finden würde.
3. Wenn ich Zeit hätte, würde ich noch einen Kaffee trinken.
4. Wenn ich an seiner Stelle wäre, würde ich auch um Hilfe bitten.
5. Wenn Boris nicht so gestresst wäre, wäre die Pause lustiger.
6. Ich könnte Boris mitnehmen, wenn er nicht noch bleiben müsste.

d Markieren Sie die Konjunktivformen in 4c. Ergänzen Sie die Regel.

5 a Was würden Sie machen, wenn …? Arbeiten Sie zu zweit. Ergänzen Sie abwechselnd die Sätze.

1. Wenn die Chefin täglich Kuchen mitbringen würde, …
2. Wenn ich mehr Geld verdienen würde, …
3. Wenn ich jeden Tag nur vier Stunden arbeiten müsste, …
4. Wenn ich für meine Arbeit noch eine Sprache lernen könnte, …
5. Wenn es im Büro zu laut wäre, …
6. Wenn ich ein Jahr freinehmen dürfte, …

G Konjunktiv II

haben, sein: ich/er _____, _____

Modalverben: ich/er sollte, wollte, dürfte, _____, _____

andere Verben: _____ + Infinitiv

irreale Bedingungssätze mit Konjunktiv II
Ich **würde** noch einen Kaffee **trinken**, **wenn** ich Zeit **hätte**.
Wenn ich nicht so lange **arbeiten müsste**, **würde** ich gern **mitkommen**.

b Sie haben viel Zeit und Geld. Was würden Sie machen? Schreiben Sie drei Sätze. Sammeln Sie dann im Kurs. Wer hatte ähnliche Ideen?

Wenn ich viel Geld hätte, würde ich eine Weltreise machen.

sich entschuldigen, auf Entschuldigungen reagieren

4

Wenn etwas schiefgeht ...

6 a Sehen Sie die Fotos an. Was ist das Problem? Sprechen Sie im Kurs.

A

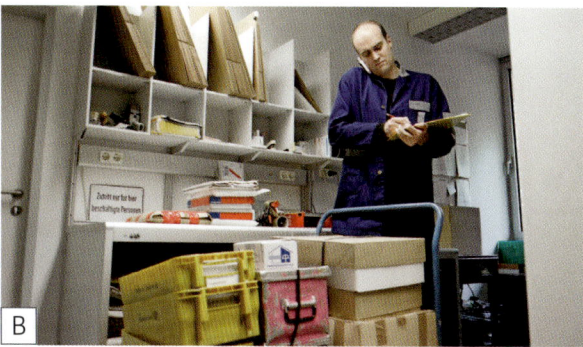
B

b Hören Sie die beiden Gespräche. Waren Ihre Vermutungen in 6a richtig?
1.30–31

c Pannen am Arbeitsplatz. Lesen Sie die Situationen. Was ist Ihnen auch schon passiert? Erzählen Sie.

1. Sie haben einen Termin, aber Sie irren sich im Raum.
   Dort sitzt ein Kollege mit wichtigen Kunden zusammen.
2. Sie haben den Geburtstag Ihrer Lieblingskollegin vergessen.
   Ihrer Kollegin ist der Geburtstag wichtig.
3. Sie haben den Namen einer Kollegin verwechselt und sie falsch
   angesprochen. Sie kennen die Kollegin schon länger.
4. Sie haben einem Kollegen aus Versehen Kaffee über das Hemd
   geschüttet. Das Hemd war ganz neu.

> **Gut gesagt: emotionaler sprechen mit *doch***
> 1.32
> Das macht doch nichts.
> Das ist doch kein Problem.
> Das ist doch peinlich/schrecklich.
> Das ist doch nicht so schlimm.

d Arbeiten Sie zu zweit. Wählen Sie zwei Situationen und planen Sie die Gespräche. Spielen Sie die Gespräche dann im Kurs vor.

Oh, Entschuldigung! Ich wollte eigentlich zur Besprechung mit Frau Binder.

Da sind Sie wohl falsch. Frau Binder ist nicht hier.

Das tut mir leid! Ich wollte nicht stören.

sich entschuldigen
Entschuldigung!/Verzeihung!
Entschuldigen/Verzeihen Sie bitte.
Das wollte ich nicht.
Das war keine Absicht.
Das ist mir wirklich unangenehm/peinlich.
(Es) Tut mir (sehr/schrecklich) leid.

auf Entschuldigungen reagieren
Bitte. / Schon gut.
Kein Problem.
Das macht doch nichts.
Das ist (doch) nicht so schlimm.
Das kann doch (jedem) mal passieren.

e Kennen Sie ähnliche Situationen? Wie haben Sie und die anderen Personen reagiert? Schreiben Sie eine Mail an einen Freund / eine Freundin und berichten Sie von Ihrer oder einer anderen Panne.

*Lieber Pedro,
kürzlich habe ich etwas Peinliches erlebt. Ich ...*

7 a Aussprache: freundlich oder unfreundlich? Hören Sie und kreuzen Sie an: Welche Variante ist freundlich?
1.33

1. a b   2. a b   3. a b

b Spielen Sie zu zweit und sprechen Sie die Dialoge freundlich.

1. ○ Entschuldigen Sie bitte!   2. ○ Das ist mir wirklich peinlich.   3. ○ Das war keine Absicht.
   ● Macht nichts.   ● Das kann doch mal passieren.   ● Kein Problem.

4 Bewerbungstipps verstehen

Die richtige Bewerbung

8 a Sie bewerben sich um eine Stelle. Was brauchen Sie? Was müssen Sie machen? Sammeln Sie im Kurs.

b Lesen Sie den Artikel. Was ist bei einer Bewerbung wichtig? Machen Sie eine Checkliste und vergleichen Sie im Kurs.

Erfolg im Job – der Ratgeber

Jobsuche | Bewerbung | Vorstellungsgespräch | Vorlagen/Downloads

Es ist egal, was für eine Stelle Sie suchen: Es kommt immer auf eine gute Bewerbung an.
Zuerst braucht man eine seriöse E-Mail-Adresse. Unter Freunden ist eine Adresse wie mausi-cool@yahoo.de vielleicht lustig, ein zukünftiger Arbeitgeber sieht das jedoch kaum so. Auf keinen Fall darf man bei einer Bewerbung die E-Mail-Adresse des aktuellen Arbeitgebers verwenden.

5 Zu den Unterlagen gehört ein aussagekräftiges Bewerbungsschreiben. Es enthält alle Informationen, die für die Firma wichtig sind: Warum bewerben Sie sich um diese Stelle? Was sind Ihre Qualitäten? Welche Voraussetzungen bringen Sie mit? Warum sind Sie genau die richtige Person? Darauf sollte sich das Bewerbungsschreiben konzentrieren. Der Zweck ist, dass sich die Firma für Sie interessiert. Verwenden Sie ein gutes Muster, aber schreiben Sie nicht ab.

10 Der Lebenslauf mit Foto und Ihren Personalien darf selbstverständlich auch nicht fehlen. Das Bewerbungsfoto sollte ein Profi machen. Coole Fotos vom letzten Urlaub eignen sich nicht für eine Bewerbung. Natürlich schickt man auch Zeugnisse von Schule, Universität, Fortbildungen oder früheren Arbeitgebern mit. Aber überlegen Sie vorher, welche Bescheinigungen für diese Stelle wirklich relevant sind. Am besten fasst man sämtliche Unterlagen in einem PDF-Dokument zusammen. Laden

15 Sie nur dieses Dokument in das Bewerbungsportal hoch oder schicken Sie es als Anhang mit. So muss die Personalabteilung nur ein Dokument öffnen und Sie können sicher sein, dass nichts fehlt.
Und dann? Haben Sie Geduld und erwarten Sie nicht, dass sich die Firma sofort meldet. Nach circa zwei Wochen können Sie den/die Personalchef/in anrufen. Mit ihm/ihr können Sie sprechen, wenn Sie Fragen haben, und sich erkundigen, wie der Stand der Dinge ist.

20 Viele Institutionen bieten übrigens Bewerbungstrainings an. Daran kann jeder teilnehmen. Dort bekommen Sie auch Tipps, wie Sie sich am besten auf ein Vorstellungsgespräch vorbereiten.

• *seriöse E-Mail-Adresse verwenden*

9 a Markieren Sie in 8b die folgenden Verben mit Präposition. Ergänzen Sie dann die Präpositionen.

1. ankommen _auf_
2. gehören _____
3. sich bewerben _____
4. sich konzentrieren _____
5. sich interessieren _____
6. sich eignen _____
7. sprechen _____
8. teilnehmen _____
9. sich vorbereiten _____

b Lesen Sie die Regel und ergänzen Sie *Personen* oder *Dinge und Ereignisse*.

> **G**
>
> **Pronomen und Pronominaladverbien**
>
> Rufen Sie **den Personalchef** an. **Mit ihm** können Sie **sprechen**, wenn Sie Fragen haben.
> _____: Präposition + Pronomen
>
> Viele Institutionen bieten **Bewerbungstrainings** an. **Daran** kann jeder **teilnehmen**.
> _____: da(r) + Präposition
>
> Die Präposition beginnt mit einem Vokal: da**r**- (da**r**an, da**r**auf, da**r**über …)

über Bewerbungen sprechen   4

c Lesen Sie die Sätze und markieren Sie: Worauf beziehen sich die Pronomen und Pronominaladverbien?

1. Ein Freund findet seinen Job nicht mehr befriedigend. Ich habe erst gestern **mit ihm** gesprochen.
2. Er hat Probleme in seiner Firma. Er hat mir viel **davon** erzählt.
3. Er kennt die Chefin einer kleinen Firma und hat letzte Woche **mit ihr** telefoniert.
4. In der Firma gibt es eine freie Stelle. Er hat sich **danach** erkundigt.
5. Er möchte im Vorstellungsgespräch erfolgreich sein und bereitet sich gut **darauf** vor.

d Arbeiten Sie zu zweit. Ergänzen Sie die Fragen und stellen Sie sie Ihrem Partner / Ihrer Partnerin. Er/Sie antwortet und verwendet ein Pronominaladverb.

1. Sprichst du mit Freunden oft über …?
2. Denkst du häufig an …?
3. Könntest du auf … verzichten?
4. Freust du dich auf …?
5. Interessierst du dich für …?
6. Ärgerst du dich manchmal über …?

Sprichst du mit Freunden oft über die Arbeit?   *Ja, wir sprechen oft darüber.*

e Wie bewirbt man sich bei Ihnen? Was ist gleich, was ist anders? Sprechen Sie im Kurs.

10 a Lesen Sie die Kommentare zum Artikel. Welcher gefällt Ihnen besser?

Gargamel | Noch ein kleiner Tipp: Achte darauf, einen netten Eindruck zu machen. Und zeig beim Gespräch, dass du schon etwas über die Firma weißt.

Malocher04 | Du brauchst Arbeit. Aber denk daran, dass die Firma auch Arbeitnehmer braucht. Mach dich nicht klein. Überzeuge sie von deinen Qualitäten.

b Lesen Sie die Regel und dann noch einmal die Kommentare. Worauf beziehen sich die Pronominaladverbien? Markieren Sie.

> **G**
> **Verben mit Präposition und Nebensatz**
> **Worauf** wartet er?   Er wartet **auf** eine Antwort.
> Er wartet **darauf**,   dass er eine Antwort bekommt.
> Er wartet **darauf**,   eine Antwort zu bekommen.

c Bilden Sie die Sätze.

1. Firmen | sich interessieren
2. denken | Sie
3. ich | warten | seit vier Wochen
4. meine Freundin | sich kümmern
5. ich | sich ärgern

darauf	…, qualifizierte Mitarbeiter zu finden.
dafür	…, alle Unterlagen in einem Dokument zu schicken.
darüber	…, dass sich die Firma bei mir meldet.
daran	…, eine Stelle im Ausland zu bekommen.
darum	…, dass ich noch keine gute Stelle gefunden habe.

1. Firmen interessieren sich dafür, qualifizierte Mitarbeiter zu finden.

d Schreiben Sie vier Sätze. Tauschen Sie dann mit einem Partner / einer Partnerin und korrigieren Sie sich gegenseitig.

sich ärgern über | berichten über | sich erinnern an | sich entscheiden für/gegen | sich freuen auf/über | sich kümmern um | sich melden bei | träumen von | verzichten auf | warten auf | …

1. Ich ärgere mich darüber, dass ich noch keine Stelle gefunden habe.

4 am Telefon nach Informationen fragen, Informationen geben

Jobsuche

11 a In welchen Jobs haben Sie schon gearbeitet oder würden Sie gern arbeiten? Erzählen Sie.

b 1.34 Hören Sie das Gespräch. Wann hat Marco Zeit und warum möchte er jobben?

c Wo oder wie kann man einen Job finden? Sammeln Sie im Kurs.

Freunde fragen — Jobsuche

12 a 1.35 Lesen Sie die Inserate und hören Sie. Zu welchem Inserat passt das Telefongespräch? Wie viel soll Marco arbeiten und wie viel verdient er? Notieren Sie.

DAS BETT – GUT ÜBERNACHTEN
TEILZEITJOB FÜR STUDIERENDE
Wir suchen einen Nachtportier für unser Hotel.

Wenn Sie Vergnügen am Kontakt mit Menschen haben und in einem netten Team arbeiten möchten, rufen Sie uns an.

A ☐ 0551–893 022 99

CSB
Wir suchen Sie!
Wir brauchen Hilfe im Büro.
Ihre Aufgaben:
– E-Mails beantworten
– Unterlagen vorbereiten
– Rechnungen schreiben

Freie Zeiteinteilung zwischen 9 und 19 Uhr

B ☐ 0551–909044–0

ALTOFIX
Freundliche Mitarbeiter (m/w/d) gesucht

Sind Sie freundlich und kommunikativ?
Sind Sie fit am Computer?
Suchen Sie eine feste Stelle?

Arbeitszeit: nach Absprache, 38,5 Std. pro Woche

Rufen Sie uns an:
C ☐ **0551–29 19 39 93**

Stunden pro Woche: _____   Stundenlohn: _____

b Hören Sie das Gespräch noch einmal. Welche Ausdrücke hören Sie? Kreuzen Sie an.

Interessent/in
☐ Ich rufe wegen Ihrer Anzeige an.
☐ Ich habe Ihr Inserat gelesen.
☐ Ich interessiere mich für die Stelle als …
☐ Ich habe gelesen, dass Sie … suchen. Ist das noch aktuell?
☐ Ich hätte da noch eine Frage zu …
☐ Ich würde gern wissen, …
☐ Können Sie mir auch sagen, …?

Mitarbeiter/in der Firma
☐ Ja, die Stelle ist noch nicht besetzt.
☐ Haben Sie denn schon in diesem Bereich gearbeitet?
☐ Am besten vereinbaren wir einen Termin. Passt Ihnen …?
☐ Ich würde vorschlagen, Sie kommen persönlich bei uns vorbei.
☐ Schicken Sie uns doch bitte Ihre Bewerbungsunterlagen.

c Arbeiten Sie zu zweit. Wählen Sie zwei Anzeigen aus 12a. Einmal sind Sie Interessent/in, einmal arbeiten Sie bei der Firma. Bereiten Sie Ihre Rollen vor. Markieren Sie in 12b mindestens drei Redemittel, die Sie im Gespräch verwenden wollen.

d Spielen Sie die Gespräche.

4 einen Text strukturieren, Tipps austauschen

Das Vorstellungsgespräch

13 a Sehen Sie die Bilder an. Was machen die Personen im Vorstellungsgespräch falsch?

A   B   C   D

b Arbeiten Sie zu zweit. Lesen Sie den Text und markieren Sie sechs Abschnitte.

Tipps für ein erfolgreiches Vorstellungsgespräch

Sie haben es geschafft und eine Einladung zum Vorstellungsgespräch bekommen. Darüber freuen Sie sich bestimmt sehr. Jetzt sollten Sie sich gut darauf vorbereiten, beim Gespräch einen
5 möglichst guten Eindruck zu machen. Wir haben für Sie zahlreiche Tipps für ein erfolgreiches Vorstellungsgespräch zusammengestellt. Zuerst einmal ist die Vorbereitung wichtig: Sie sollten möglichst viel über die Firma wissen, die Sie
10 anstellen soll. Recherchieren Sie Informationen über den Arbeitgeber. Zur Vorbereitung gehört ebenfalls die Planung der Anfahrt: Suchen Sie die beste Verbindung heraus und denken Sie auch an Staus oder andere Verkehrsprobleme. Bei einem
15 Vorstellungsgespräch müssen Sie rechtzeitig da sein, also stellen Sie Ihren Wecker lieber eine Stunde früher. Ganz wichtig bei so einem Gespräch ist der erste Eindruck und zu diesem zählt Ihr gesamter Auftritt. Ihre Kleidung sollte ordentlich
20 und sauber sein und zur Branche passen. Wenn Sie sich bei einer Bank bewerben, dann sollten Sie sich eher konservativ anziehen. Bei einer Werbeagentur können Sie auch lockere Kleidung tragen. Wenn Sie sich nicht sicher sind, welche Kleidung passt,
25 ziehen Sie das elegantere, konservativere Outfit vor. Auch auf Ihre Körpersprache sollten Sie achten. Sie sollten nicht ganz steif vorn auf dem Stuhl sitzen und auch nicht total entspannt im Sessel hängen. Ihre Körperhaltung sollte
30 Interesse und Aufmerksamkeit signalisieren. Ein anderer wichtiger Faktor bei der Beurteilung Ihrer Persönlichkeit ist Ihr Benehmen. Auch bei unangenehmen Fragen sollten Sie nicht zornig oder aggressiv werden – bleiben Sie immer höflich und
35 freundlich. Und nicht zuletzt: Eine optimistische und realistische Einstellung hilft. Es ist absolut normal, dass Sie in einem Vorstellungsgespräch nervös sind. Zweifeln Sie nicht an sich oder Ihren Fähigkeiten. Am besten denken Sie vor dem
40 Gespräch an etwas Positives. Vielen Bewerbern hilft es auch, die Gespräche vorher mit Freunden zu üben. Wenn Sie im Gespräch vor lauter Aufregung etwas nicht verstanden haben, sagen Sie das ruhig. Das ist menschlich und macht Sie sympathisch.
45 Versuchen Sie aber trotzdem, klar und deutlich zu sprechen. Seien Sie interessiert, fragen Sie nach und machen Sie sich Notizen: Jeder Unternehmer freut sich über offene und engagierte Mitarbeiter.

> **!** Texte strukturieren
> Markieren Sie in Texten inhaltliche Abschnitte. Notieren Sie zu jedem Abschnitt Stichworte oder einen zusammenfassenden Satz.

c Arbeiten Sie zu zweit und notieren Sie zu jedem Abschnitt ein bis zwei Stichworte. Welcher Abschnitt passt zu welchem Bild in 13a?

Abschnitt 1, Zeile 1–7: Einleitung

d Welche anderen Tipps zu Vorstellungsgesprächen gibt es? Recherchieren Sie und erstellen Sie in Gruppen ein Plakat. Sie können auch Tipps speziell für Ihr Land oder Ihren Beruf sammeln.

e Jemand aus dem Kurs war bei der Präsentation der Tipps nicht dabei. Was ist für die Person wichtig? Berichten Sie von den wichtigsten Tipps für ein Vorstellungsgespräch auf Deutsch oder in Ihrer Sprache.

4 hören und sehen

Arbeiten im Ausland

14 a Was vermuten Sie: Was sind „digitale Nomaden"? Sprechen Sie zu zweit.

▶9 **b** *Digitale Nomaden.* Sehen Sie Szene 9 und erklären Sie den Begriff.

Laptop und schnelles Internet brauchen | um die Welt reisen | online Geld verdienen |
neue Möglichkeiten durch Technik haben | nach Essen und Sicherheit suchen |
an keinem festen Ort bleiben

c Sehen Sie die Szene noch einmal. Warum ist die Stadt Porto bei digitalen Nomaden so beliebt? Sprechen Sie im Kurs.

▶10 **15** *Leben und Arbeiten in Porto.* Sehen Sie Szene 10. Welche Informationen erhalten Sie über Markus Green? Notieren Sie und vergleichen Sie dann zu zweit.

▶11 **16 a** *Das Leben als digitaler Nomade.* Sehen Sie Szene 11. Was passt zusammen? Ordnen Sie zu.

1. Markus findet es toll, dass _____
2. Er arbeitet zu den Tageszeiten, die _____
3. Markus sucht jetzt einen Büroplatz, weil _____
4. In dem Co-Working-Space können _____
5. Markus möchte _____

A die Menschen Netzwerke bilden und sich gegenseitig beraten.
B er den Austausch mit anderen vermisst.
C er unabhängig von Ort und Zeit arbeiten kann.
D Porto nicht so schnell verlassen.
E für ihn am besten sind.

b Was kann man in dem Co-Working-Space alles machen? Möchten Sie dort arbeiten? Sprechen Sie im Kurs.

c Sehen Sie die Szene noch einmal. Warum möchte Markus länger in Porto bleiben? Kreuzen Sie an.

☐ 1. Er möchte die Kultur besser kennenlernen.
☐ 2. Er möchte sich einen festen Job suchen.
☐ 3. Er möchte Beziehungen aufbauen und Freunde finden.
☐ 4. Er hat schon viele Freunde gefunden.
☐ 5. Er findet es für seinen Beruf wichtig.

d Lesen Sie die Fragen und sprechen Sie in Gruppen.

– „Und das ganze Leben ist ja irgendwo 'ne Reise und man ist immer unterwegs."
Was meint Markus mit dieser Aussage?
– Können Sie sich ein Leben als digitaler Nomade vorstellen? Warum (nicht)?

kurz und klar: Redemittel und Grammatik   **4**

sich entschuldigen
Entschuldigung!/Verzeihung!
Entschuldigen/Verzeihen Sie bitte.
Das wollte ich nicht.
Das war keine Absicht.
Das ist mir wirklich unangenehm/peinlich.
(Es) Tut mir (sehr/schrecklich) leid.

auf Entschuldigungen reagieren
Bitte. / Schon gut.
Kein Problem.
Das macht doch nichts.
Das ist (doch) nicht so schlimm.
Das kann doch (jedem) mal passieren.

nach Informationen fragen
Interessent/in
Ich rufe wegen Ihrer Anzeige an.
Ich habe Ihr Inserat gelesen.
Ich interessiere mich für die Stelle als …
Ich habe gelesen, dass Sie … suchen.
 Ist das noch aktuell?
Ich hätte da noch eine Frage zu …
Ich würde gern wissen, …
Können Sie mir auch sagen, …?

Mitarbeiter/in der Firma
Ja, die Stelle ist noch nicht besetzt.
Haben Sie denn schon in diesem Bereich gearbeitet?
Am besten vereinbaren wir einen Termin. Passt Ihnen …?
Ich würde vorschlagen, Sie kommen persönlich bei uns vorbei.
Schicken Sie uns doch bitte Ihre Bewerbungsunterlagen.

Konjunktiv II

	Modalverben					sein und haben		andere Verben: würde + Infinitiv
	können	müssen	dürfen	wollen	sollen	sein	haben	werden
ich	könnte	müsste	dürfte	wollte	sollte	wäre	hätte	würde
du	könntest	müsstest	dürftest	wolltest	solltest	wärst	hättest	würdest
er/es/sie	könnte	müsste	dürfte	wollte	sollte	wäre	hätte	würde
wir	könnten	müssten	dürften	wollten	sollten	wären	hätten	würden
ihr	könntet	müsstet	dürftet	wolltet	solltet	wärt	hättet	würdet
sie/Sie	könnten	müssten	dürften	wollten	sollten	wären	hätten	würden

irreale Bedingungssätze mit Konjunktiv II

Ich **würde** noch einen Kaffee **trinken**,   **wenn** ich Zeit **hätte**.
Wenn Boris nicht so gestresst **wäre**,   **wäre** die Pause lustiger.
Wenn ich nicht so lange **arbeiten müsste**,   **würde** ich gern **mitkommen**.

Pronomen und Pronominaladverbien

Personen: Präposition + Pronomen
Rufen Sie den Personalchef an. **Mit ihm** können Sie **sprechen**, wenn Sie Fragen haben.
Dinge und Ereignisse: da(r) + Präposition
Viele Institutionen bieten Bewerbungstrainings an. **Daran** kann jeder **teilnehmen**.

Die Präposition beginnt mit einem Vokal: **dar**- (da**r**an, da**r**auf, da**r**über …)

Verben mit Präposition und Nebensatz

Worauf wartet er?   Er wartet **auf** eine Antwort.
Er wartet **darauf**,   dass er eine Antwort bekommt.
Er wartet **darauf**,   eine Antwort zu bekommen.

etwas vergleichen | Texte über Start-ups verstehen | über Ideen sprechen | Ziele ausdrücken | Umwelttipps geben | über Ideen zum Umweltschutz diskutieren | über das Wetter sprechen | eine Umweltaktion vorstellen

Umweltfreundlich?

1 Trinkwasser

a 68 Liter   b 125 Liter   c 367 Liter

… Trinkwasser verbraucht jeder Mensch in Deutschland pro Tag. Eigentlich sind es sogar knapp 4.000 Liter, wenn man das Wasser für die Produktion von Kleidung und Nahrungsmitteln mitrechnet.

2 Fleischkonsum

a 39,1 Kilo   b 59,6 Kilo   c 88,9 Kilo

… Fleisch isst jeder Mensch in Deutschland im Jahr. Das entspricht einem halben Rind, 5,5 Schweinen und 108 Hühnern innerhalb von zehn Jahren. Der Marktanteil von Bio-Fleisch liegt bei nur ca. zwei Prozent.

1 a Lesen Sie die Texte und raten Sie, welche Zahlen richtig sind. Sprechen Sie zu zweit.

b Vergleichen Sie Ihre Ergebnisse mit den Lösungen auf der letzten Seite. Sprechen Sie im Kurs: Was hat Sie überrascht?

Ich habe nicht gewusst, dass man in Deutschland so viel Papier verbraucht.

Mich hat überrascht, dass …

2 a Linda und Juan im Supermarkt. Hören Sie das Gespräch. Um welche Themen geht es? Markieren Sie.
1.36
Müll und Verpackung | lange Transportwege | Tiere schützen | Wasser | gutes Essen | Recycling | regionale Lebensmittel | Preise vergleichen | die Umwelt schützen | Energie sparen | Bioprodukte

3 Müll

a 90 Kilo b 180 Kilo c 220 Kilo

… Abfall produziert jede/r Deutsche pro Jahr. Das ist mehr als der europäische Durchschnitt. Der liegt bei 167 Kilo pro Kopf.

4 Gefahrene Kilometer

a 8.936 Kilometer b 11.672 Kilometer c 15.429 Kilometer

… fahren deutsche Autofahrer/innen pro Jahr. Rund die Hälfte der Kilometer verbrauchen die Menschen für den Weg zur Arbeit. Insgesamt ist nur 1 Prozent der Fahrten länger als 100 Kilometer.

5 Papierverbrauch

a Rund 85 Kilo b Rund 187 Kilo c Rund 250 Kilo

… Papier verbraucht jede Person in Deutschland pro Jahr und das, obwohl wir heute so viel digital erledigen. Das ist mehr als in jedem anderen Land der Welt. Trauriger Rekord! 50 Prozent davon ist Verpackungsmüll.

b Was ist für Sie wichtig beim Einkaufen (Preis, Qualität, Marke, Herkunft, Bio …)? Sprechen Sie im Kurs.

Ich achte auf …

Für mich ist extrem wichtig, dass …

Ich finde … nicht so wichtig, aber …

3 Wie umweltfreundlich leben Sie? Recherchieren Sie den Begriff „ökologischer Fußabdruck". Berechnen Sie Ihren ökologischen Fußabdruck. Berichten und vergleichen Sie im Kurs.

fünfundfünfzig **55**

5 etwas vergleichen

Das Öko-Duell

4 a Was ist besser für die Umwelt? Was vermuten Sie? Sprechen Sie zu viert.

1. Baden oder Duschen?

2. Plastik- oder Glasflasche?

3. Geschirrspüler oder von Hand spülen?

4. Buch oder E-Book?

b Arbeiten Sie zu viert. Jede/r wählt einen Text. Lesen Sie ihn und notieren Sie drei wichtige Informationen.

Was ist besser für die Umwelt?

Im Alltag kann man viel für die Umwelt tun, wenn man die richtige Wahl trifft. Wir haben einige Ökobilanzen verglichen.

Geschirrspüler – von Hand spülen
Der Geschirrspüler ist ganz klar die bessere Wahl! Die modernen Maschinen sind effizienter geworden, da sie weniger Wasser und Energie als früher verbrauchen. Wichtig ist, die Maschine nur einzuschalten, wenn sie voll ist. Für die gleiche Menge Geschirr ist der Bedarf an Wasser viel größer, wenn man von Hand spült.

Buch – E-Book
Lesen Sie mehr als zehn Bücher pro Jahr? Dann sind Sie mit einem E-Book-Reader auf der ökologisch korrekteren Seite. Aber Sie müssen das Gerät länger als drei Jahre benutzen. In diesem Zeitraum spart der E-Book-Reader viel Papier und Energie. Die gedruckten Bücher kommen zu einem schlechteren Resultat – mit einer Ausnahme: Sie leihen Bücher in der Bibliothek. Das ist die umweltfreundlichste Art zu lesen.

Baden – Duschen
Liegen Sie gern in der Badewanne? Bei einer Duschzeit von fünf Minuten verbraucht man ca. 50 Liter Wasser. Beim Baden brauchen Sie viel mehr Wasser: ca. 150 Liter. Und das Erwärmen des Wassers kostet viel Energie. Duschen Sie also lieber, allerdings nicht länger als 10 Minuten! So sparen Sie Wasser und es ist viel umweltfreundlicher.

Plastikflasche – Glasflasche
Hier muss man unterscheiden: Kauft man Flaschen, die man nur einmal verwenden kann (Einwegflaschen), oder Flaschen, die man mehrmals benutzen kann (Mehrwegflaschen)? Egal, ob Plastik oder Glas, in jedem Fall sind Mehrwegflaschen besser, wenn die Produkte aus der Region kommen und es keine langen Transportwege gibt. Glasflaschen kann man fast doppelt so oft verwenden wie Plastikflaschen, aber sie sind schwerer und haben deswegen beim Transport eine schlechtere Ökobilanz.

c Was ist besser für die Umwelt und warum? Informieren Sie die anderen in der Gruppe. Wer hat in 4a richtig vermutet?

Duschen ist besser als Baden, weil man nicht so viel ...

5 a Ökovergleiche. Sind die Sätze richtig oder falsch? Kreuzen Sie an.

	richtig	falsch
1. Duschen ist für die Umwelt schlechter als Baden.	☐	☐
2. Heute kann man effizientere Geschirrspüler kaufen als früher.	☐	☐
3. Von Hand zu spülen ist am umweltfreundlichsten.	☐	☐
4. Gedruckte Bücher haben immer eine bessere Ökobilanz als E-Books.	☐	☐
5. Am besten kauft man das Getränk mit dem kürzesten Transportweg.	☐	☐

etwas vergleichen 5

b Markieren Sie in 5a die Komparative und Superlative.

c Welche Sätze aus 5a passen zur Regel? Notieren Sie die Nummern.

> Komparative und Superlative, die vor Nomen stehen, haben die gleichen Endungen wie Adjektive: 2,

6 a Sprechen Sie zu zweit. Ergänzen Sie die Sätze und reagieren Sie darauf.

1. Ich hätte gern ein besseres (Handy/Auto/Fahrrad/…)
2. Ich suche das (modernste/umweltfreundlichste/ günstigste/…) T-Shirt.
3. Ich verbrauche am wenigsten (Wasser/Strom/ Licht/…) in meiner Familie.
4. Ich kaufe am liebsten im (größten/neuesten/ nettesten/…) Geschäft ein.
5. Die (leckersten/teuersten/besten/…) Säfte sind oft in Pfandflaschen.

Komparativ und Superlativ vor Nomen
Der Geschirrspüler ist **besser**.
Der Geschirrspüler ist die **bessere** Wahl.
Mehrwegflaschen sind **am besten**.
Mehrwegflaschen sind die **beste** Alternative.
! keine Endung bei *mehr* und *weniger*:
Der Geschirrspüler verbraucht **weniger** Wasser.

Ich hätte gern ein besseres Fahrrad.

Ich nicht, ich hätte gern ein besseres Motorrad!

b Arbeiten Sie zu dritt und vergleichen Sie die drei Familien. Stellen Sie Fragen und antworten Sie. Verwenden Sie die Adjektive im Komparativ und Superlativ.

umweltfreundlich | teuer | billig | klein | groß | neu | viel | niedrig | modern | hoch | alt | wenig

Familie Ranker
Energiekosten pro Jahr: 1.740,- €
Auto: von 2021
Fernseher: 1.869,- €

Familie Moller
Energiekosten pro Jahr: 1.050,- €
Auto: von 2008
Fernseher: 450,- €

Familie Pawlik
Energiekosten pro Jahr: 1.350,- €
Auto: von 2017
Fernseher: 230,- €

Wer hat die höchsten Energiekosten?

Familie Ranker. Wer hat ein älteres Auto als …?

1.37
▶ P3

7 a Aussprache: lange Sätze sprechen. Hören Sie und markieren Sie die betonten Wörter. Sprechen Sie dann nach.

1. Man kann <mark>Glasflaschen</mark> verwenden.
2. Man kann Glasflaschen doppelt so oft verwenden.
3. Man kann Glasflaschen doppelt so oft wie Plastikflaschen verwenden.
4. Man kann Glasflaschen doppelt so oft wie Plastikflaschen verwenden, aber sie sind schwerer.

Lange Sätze sollen nicht monoton klingen: Man betont wichtige Stellen und macht bei Satzzeichen kurze Pausen.

1.38

b Sprechen Sie die Sätze und hören Sie zur Kontrolle.

1. a Man kann regionale Produkte auf dem Markt kaufen.
   b Man kann regionale Produkte auf dem Markt kaufen, man findet sie aber auch im Supermarkt.
2. a Unnötige Verpackungen sind nicht gut für die Umwelt.
   b Unnötige Verpackungen sind nicht gut für die Umwelt, weil sie das Müllproblem verstärken.

siebenundfünfzig **57**

5 Texte über Start-ups verstehen, über Ideen sprechen

Für die Umwelt

8 a Lesen Sie den ersten Absatz und sehen Sie die Fotos an. Was haben die Ideen mit Umwelt zu tun? Vermuten Sie.

Grüne Geschäftsideen

Start-ups sind Unternehmen, die meist junge Menschen neu gründen. Allein in Deutschland sind 25 Prozent der Neugründungen sogenannte „grüne" Start-ups, die mit ihrer Geschäftsidee versuchen, etwas für die Umwelt zu tun und nachhaltig zu sein.

1 SIRPLUS
18 Millionen Tonnen Lebensmittel werfen wir allein in Deutschland jährlich weg. Das Start-up SIRPLUS kämpft gegen diese Verschwendung und hat mehrere Supermärkte eröffnet. Dort kann man Lebensmittel kaufen, die andere Supermärkte wegwerfen, weil sie offiziell nicht mehr haltbar sind oder kleine Fehler haben (z. B. krummes Gemüse, beschädigte Verpackung). Die Kunden können diese Waren dann günstig kaufen. Damit die Waren in ganz Deutschland erhältlich sind, gibt es auch einen Online-Shop.

2 SUNNYBAG
SUNNYBAG produziert Taschen und Rucksäcke, die an der Außenseite ein Solarpanel haben, um die Sonnenenergie zu nutzen. In der Tasche gibt es einen Akku, den man so aufladen kann. Das funktioniert sogar, wenn es regnet. Die Tasche liefert also kostenlosen Ökostrom ohne Steckdose und so kann man z. B. unterwegs das Handy jederzeit aufladen. Auch in Gegenden, wo es keinen Strom gibt, oder auf Wanderungen und Radtouren, ist die Tasche sehr nützlich.

3 reCup
In Deutschland landen jedes Jahr 2,8 Milliarden Kaffeebecher im Mülleimer. So entsteht ein riesiger Müllberg. Dagegen möchte das Start-up reCup etwas tun. Für einen Euro Pfand können sich Kunden in Cafés und Läden einen Kaffeebecher aus recycelbarem Kunststoff leihen, um Müll zu vermeiden. Wenn sie den Becher zurückbringen, bekommen sie ihr Geld zurück. Die Geschäfte können die Becher bis zu 1.000 Mal spülen und verleihen.

b Arbeiten Sie zu dritt. Lesen Sie den Artikel und beantworten Sie die Fragen.
- Was machen die Start-ups und warum?
- Welche Idee finden Sie am besten und warum?
- Kennen Sie ähnliche Ideen?

 c Berichten Sie einem Freund / einer Freundin in Ihrer Sprache oder auf Deutsch von den Ideen aus 8b.

Ziele ausdrücken, Umwelttipps geben, über Ideen zum Umweltschutz diskutieren

5

9 a Lesen Sie die Sätze. Was passt zusammen? Ordnen Sie zu.

1. SIRPLUS rettet Lebensmittel, ____
2. Das Start-up hat einen Online-Shop, ____
3. Die SUNNYBAG-Taschen haben einen Akku, ____
4. Viele Kunden kaufen die Taschen, ____
5. reCup bietet Pfandbecher an, ____
6. Die Cafés verlangen einen Euro Pfand, ____

A um in der Natur Strom zu haben.
B damit sie nicht im Abfall landen.
C um die Wegwerfbecher zu reduzieren.
D um die Waren in ganz Deutschland zu verkaufen.
E damit die Kunden die Becher zurückbringen.
F damit man das Handy immer aufladen kann.

b Ziele ausdrücken. Lesen Sie die Sätze. Was ist die *Aktion*, was ist das *Ziel*? Ergänzen Sie.

> **G**
>
> **Nebensätze mit *damit* und *um … zu***
>
> **Hauptsatz:** _____ **Nebensatz:** _____
>
> Die SUNNYBAG-Taschen haben einen Akku, **damit** man das Handy immer aufladen kann.
>
> Viele Kunden kaufen die Taschen, **damit** sie in der Natur Strom haben.
> Viele Kunden kaufen die Taschen, **um** in der Natur Strom **zu** haben.
>
> *damit* und *um … zu* haben die gleiche Bedeutung.
> Man verwendet **immer** *damit*, wenn die **Subjekte** in Haupt- und Nebensatz **nicht gleich** sind.
> Man verwendet *damit* **oder** *um … zu*, wenn die **Subjekte** in Haupt- und Nebensatz **gleich** sind.

c Arbeiten Sie zu zweit und ergänzen Sie die Umwelttipps abwechselnd mit *damit* und *um … zu*.

kein Papier verschwenden | nicht zu viel kaufen | die Luft nicht verschmutzen |
Stromverbrauch reduzieren | Wasser sparen | Müll vermeiden

1. Fahren Sie nicht so oft mit dem Auto, …
2. Schreiben Sie einen Einkaufszettel, …
3. Drucken Sie nur das Wichtigste aus, …
4. Kaufen Sie Obst und Gemüse ohne Verpackung, …
5. Schalten Sie elektronische Geräte richtig aus, …
6. Duschen Sie nur kurz, …

d Schreiben Sie fünf Satzanfänge mit Aktionen auf Zettel. Ihr Partner / Ihre Partnerin ergänzt das Ziel.

Ich fahre jeden Tag Fahrrad, um fit zu bleiben.

 12–13 **10** Notieren Sie zu jeder Idee einige Argumente in Stichworten. Diskutieren Sie dann zu viert.

- In der Uni-Mensa sollte es nur vegetarische Gerichte geben.
- Die öffentlichen Verkehrsmittel sollten umsonst sein.
- Im Büro sollte man keine E-Mails ausdrucken.
- Supermärkte sollten Obst und Gemüse ohne Verpackung verkaufen.

die eigene Meinung äußern	zustimmen	widersprechen
Ich bin (nicht) der Meinung, dass …	Das sehe ich auch so, denn …	Das stimmt meiner Meinung nach nicht, denn …
Meiner Meinung nach …	Da hast du völlig recht. Ich finde auch, dass …	Da muss ich dir leider widersprechen. Ich finde, dass …
Ich stehe (nicht) auf dem Standpunkt, dass …	Ich bin auch der Meinung, dass …	Ich sehe das etwas anders: …
Ich bin (nicht) davon überzeugt, dass …	Dieser Ansicht bin ich auch: …	In diesem Punkt hast du nicht recht, …

5 über das Wetter sprechen

Das Wetter in D-A-CH

11 a Sehen Sie die Fotos an und beschreiben Sie das Wetter.
Was kann man bei diesem Wetter machen?

windig | stürmisch | neblig | feucht | schwül | regnerisch |
trocken | mild | warm | heiß | es schneit | kalt/kühl | es regnet |
wolkig/bewölkt | es nieselt | es hagelt | das Gewitter | es blitzt |
der Blitz | es donnert | der Donner | sonnig | die Sonne scheint

> **Gut gesagt: Small Talk über das Wetter**
> Was für ein Wetter heute!
> Bei dem Regen möchte man gar nicht vor die Tür gehen!
> Endlich wieder Sonne! So ein Traumwetter!

b Hören Sie die Wettervorhersagen. Ordnen Sie sie den Fotos in 11a zu.

1.40–43

c Hören Sie die Vorhersagen noch einmal und ergänzen Sie die Informationen.

1. Temperatur: _____
   am Abend: _____
2. Temperatur: _____
   Wetterbesserung ab: _____
3. Temperatur: _____
   in den nächsten Tagen: _____
4. Temperatur: _____
   Nacht zum Sonntag: _____

> **Wörter in Wortfamilien lernen**
> Lernen Sie Wörter in Wortfamilien, so bleiben sie besser im Gedächtnis.

12 a Notieren Sie zu jedem Wort mindestens drei weitere Wörter, die zur Wortfamilie passen. Arbeiten Sie auch mit dem Wörterbuch. Vergleichen Sie dann zu zweit.

1. der Sturm: *stürmisch, der Herbststurm, der Schneesturm, stürmen*
2. der Regen: _____
3. die Sonne: _____
4. der Schnee: _____
5. die Wolke: _____

b Wie ist das Wetter in Ihrem Land? Welches Wetter mögen Sie besonders gern? Warum? Erzählen Sie.

Bei uns ist es oft …   *Ich mag … besonders gern, weil …*

eine Umweltaktion vorstellen

Engagement für Mensch und Natur

13 a Arbeiten Sie zu zweit. Jede/r liest einen Text. Notieren Sie vier Fragen zu Ihrem Text.

Sendung verpasst?
Themenwoche „Engagement für Mensch und Natur"

A Thema am Montag: Der Bus fährt nicht? Kein Problem!
In ländlichen Regionen und Vororten fahren nicht so oft Busse wie in der Stadt. Manchmal fahren sie nur ein bis zwei Mal am Tag. Ohne Auto hat man also Schwierigkeiten, in den nächsten Ort zu kommen. Deshalb kamen engagierte Bürger auf eine einfache, aber effektive Idee: Sie hängten an eine Bank Schilder mit den Namen der Nachbardörfer. Wer z. B. nach Glonn möchte, dreht das passende Schild nach vorne und setzt sich auf die Bank. Das dient als Zeichen für die Autofahrer, die vorbeikommen, dass die Person mitfahren möchte. Das schadet auch dem Klima weniger, weil nicht jeder mit dem eigenen Auto fährt. In Deutschland, Österreich und der Schweiz gibt es inzwischen immer mehr Mitfahrbänke, die auch immer mehr Menschen nutzen. → zur ganzen Sendung

B Thema am Dienstag: Rettungsnetz Wildkatze
Ja, es gibt sie: Wildkatzen in den Wäldern Deutschlands, aber es sind nicht viele. Das Projekt „Rettungsnetz Wildkatze" des BUND bietet allen Natur- und Katzenfreunden verschiedene Möglichkeiten, sich aktiv zu beteiligen. Eine wichtige Aktion ist, kleine Bäume und Sträucher extra auf Wiesen zu pflanzen, damit die Wildkatzen geschützt sind und sicher von einem Wald zum nächsten kommen. Außerdem kann man beim Beobachten und Zählen der Tiere mitmachen oder Infomaterial verteilen, um die Bevölkerung aufzuklären, denn manchmal nehmen Wanderer Babys von Wildkatzen mit. Sie denken, dass es hilflose Hauskatzen sind. → zur ganzen Sendung

b Tauschen Sie Ihre Fragen mit Ihrem Partner / Ihrer Partnerin. Lesen Sie den anderen Text und beantworten Sie die Fragen.

c Hören Sie den Beitrag über eine weitere Aktion. Welche Sätze sind richtig? Kreuzen Sie an.

☐ 1. „Plogging" bedeutet „beim Joggen aufheben".
☐ 2. Plogging ist ein aufwändiger Sport, man benötigt viele Dinge.
☐ 3. Beim Plogging geht es um Geschwindigkeit.
☐ 4. Zum Plogging muss man sich einer Gruppe anschließen.
☐ 5. Plogging ist gesund und gut für die Umwelt.

d Welche Aktion aus 13a und c finden Sie am besten? Warum? Sprechen Sie im Kurs.

e Kennen Sie ähnliche Aktionen? Recherchieren Sie und stellen Sie eine Aktion in einem kurzen Text vor.

Ich habe schon von … gehört. / Bei uns gibt es …
Die Teilnehmer/innen engagieren sich für/gegen …
Bei der Aktion geht es um … / Ziel der Aktion ist …
Man kann … mit … vergleichen.

5 hören und sehen

Foodsharing

14 a Lesen Sie die Aussage. Warum ist das Ihrer Meinung nach so? Sprechen Sie in Gruppen.

In Geschäften, Mensen und Bäckereien wirft man viel Essen weg, das man noch genießen kann. In einer deutschen Großstadt sind das mehrere Lkw-Ladungen pro Tag.

▶ 12 **b** *Warum gibt es foodsharing?* Sehen Sie Szene 12. Was ist richtig? Kreuzen Sie an.

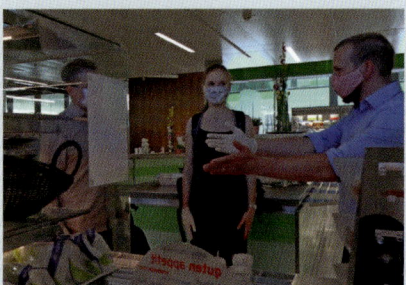

- ☐ 1. Anna und Urs arbeiten in der Mensa der Mainzer Universität.
- ☐ 2. Thomas war ein Gründer der Mainzer Foodsharer.
- ☐ 3. Urs hat mit anderen einen Film gemacht, um auf die Verschwendung von Lebensmitteln aufmerksam zu machen.
- ☐ 4. Über 400 Personen arbeiten bei Foodsharing Mainz mit.
- ☐ 5. Thomas kontrolliert, wie viele Gäste pro Tag in die Cafeteria und Mensa kommen.
- ☐ 6. Anna möchte helfen, dass nicht so viele Lebensmittel im Müll landen.

c Wer bekommt die geretteten Lebensmittel? Was würden Sie damit machen? Diskutieren Sie im Kurs.

15 a Sehen Sie die Fotos an. Was machen die Personen? Beschreiben Sie.

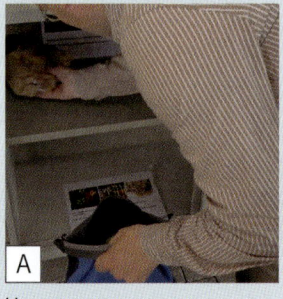
A
Urs

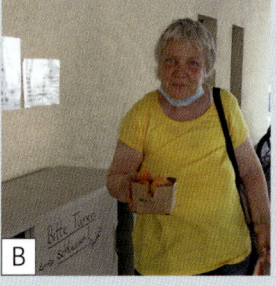
B
Petra

C
Javad

D
Kirsten

Urs legt die Lebensmittel in einen Schrank.

▶ 13 **b** *Was geschieht mit den Lebensmitteln?* Sehen Sie Szene 13. Welche Information finden Sie am interessantesten? Vergleichen Sie im Kurs.

c Arbeiten Sie zu viert. Sehen Sie die Szene noch einmal. Jede/r beobachtet eine Person aus 15a. Welche Aspekte sind dieser Person besonders wichtig? Machen Sie Notizen und berichten Sie.

d Wie finden Sie Foodsharing? Begründen Sie Ihre Meinung. Kennen Sie ähnliche Projekte? Erzählen Sie.

kurz und klar: Redemittel und Grammatik

die eigene Meinung äußern
Ich bin (nicht) der Meinung, dass …
Meiner Meinung nach …
Ich stehe (nicht) auf dem Standpunkt, dass …
Ich bin (nicht) davon überzeugt, dass …

zustimmen
Das sehe ich auch so, denn …
Da hast du völlig recht. Ich finde auch, dass …
Ich bin auch der Meinung, dass …
Dieser Ansicht bin ich auch: …

widersprechen
Das stimmt meiner Meinung nach nicht, denn …
Da muss ich dir leider widersprechen. Ich finde, dass …
Ich sehe das etwas anders: …
In diesem Punkt hast du nicht recht, …

eine Umweltaktion vorstellen
Ich habe schon von … gehört.
Bei uns gibt es …
Die Teilnehmer/innen engagieren sich für/gegen …
Bei der Aktion geht es um … / Ziel der Aktion ist …
Man kann … mit … vergleichen

Komparativ und Superlativ vor Nomen

Der Geschirrspüler ist **besser**.	Das Handy ist **moderner**.
Der Geschirrspüler ist die **bessere** Wahl.	Ich hätte gern ein **moderneres** Handy.
Mehrwegflaschen sind **am besten**.	Der Saft ist **am teuersten**.
Mehrwegflaschen sind die **beste** Alternative.	Das ist der **teuerste** Saft.

! keine Endung bei *mehr* und *weniger*: Der Geschirrspüler verbraucht **weniger** Wasser.

Komparative und Superlative, die vor Nomen stehen, muss man deklinieren. Sie haben die gleichen Endungen wie die Grundform der Adjektive.

Nebensatz mit *damit* und *um … zu*: Finalsatz

Aktion: Hauptsatz	**Ziel: Nebensatz**
Die SUNNYBAG-Taschen haben einen Akku,	**damit** man das Handy immer **aufladen kann**.
Viele Kunden kaufen die Taschen,	**damit** sie in der Natur Strom **haben**.
Viele Kunden kaufen die Taschen,	**um** in der Natur Strom **zu haben**.

damit und *um … zu* haben die gleiche Bedeutung.
Man verwendet **immer** *damit*, wenn die **Subjekte** in Haupt- und Nebensatz **nicht gleich** sind.
Man verwendet *damit* **oder** *um … zu*, wenn die **Subjekte** in Haupt- und Nebensatz **gleich** sind.
In Sätzen mit *um … zu* entfällt das Subjekt. Das Verb steht im Infinitiv.

über Pläne und Vorsätze sprechen | Ratschläge verstehen | einen längeren Zeitungstext verstehen |
etwas genauer beschreiben | über Zukunftsvorstellungen sprechen und schreiben | über Erwartungen sprechen |

Blick nach vorn

In der Zukunft leben Menschen in großen Wohnanlagen auf dem Planeten Mars.

Zukünftig werden Menschen durch den medizinischen Fortschritt 150 Jahre alt.

Mobilität ohne Auto oder Bus: Wir fliegen als Passagiere in Drohnen zur Arbeit.

1.45

1 a In der Zukunft. Sehen Sie die Fotos an und lesen Sie die Bildunterschriften. Hören Sie dann die Umfrage. Welches Foto passt zu welcher Aussage?

b Hören Sie noch einmal. Was denken die Leute über die Prognose? Sprechen Sie im Kurs.

c Was denken Sie: Sind die Prognosen A–F realistisch? Wenn ja, wann ist es so weit (in 10, 50 … Jahren)? Sprechen Sie in Gruppen.

Daten-Chips unter der Haut gibt es heute schon. Ich denke, in 20 oder 30 Jahren …

Das kann ich mir nicht vorstellen. … bleibt sicher Fantasie.

ein Lied verstehen | über Lieder sprechen

6

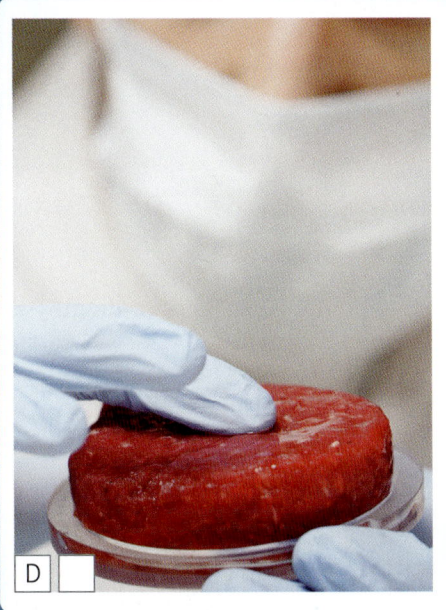

D

Irgendwann stellt man Fleisch nur noch im Labor her.

E

Alle Menschen haben einen Daten-Chip unter der Haut. Mit diesem Chip kann man z. B. bezahlen.

F

In jedem Haushalt gibt es Roboter, die staubsaugen oder andere Hausarbeiten übernehmen.

2 a Arbeiten Sie in Gruppen. Was ändert sich noch in der Zukunft? Notieren Sie fünf Ideen.

In der Zukunft gibt es keine Schulen mehr und alle lernen nur noch digital von zu Hause aus.

▶ 14–16 **b** Tauschen Sie Ihre Ideen mit einer anderen Gruppe und diskutieren Sie. Was ist realistisch? Was ist positiv, was negativ?

6 über Pläne und Vorsätze sprechen

Gute Vorsätze?

3 a „Ab morgen mache ich …" Wann und zu welchen Anlässen nehmen Sie sich etwas vor?

Immer an Silvester nehme ich mir vor, …

b Lesen Sie die Texte. Was möchten die Personen in nächster Zeit machen?

Vorsätze fürs neue Jahr

Was haben Sie im nächsten Jahr vor? Wir haben unsere Leser/innen am letzten Tag des Jahres befragt.

Ich will nicht mehr alles erst im letzten Moment machen. Wegen dieser Gewohnheit hatte ich in meinem Studium oft schon richtig Stress. Ich werde mich in diesem Jahr früher auf die Prüfungen vorbereiten und ich werde oft in der Bibliothek sein, denn dort kann ich am besten lernen. Ich fange gleich übermorgen damit an. Morgen habe ich leider keine Zeit. Da werde ich spontan eine Freundin besuchen. Ich hoffe, sie freut sich.

Isabella Moser, Studentin, 21

Vorsätze für das ganze Jahr sind nichts für mich. Die kann ich sowieso nicht einhalten, das funktioniert bei mir nicht. Da finde ich dauernd Ausreden. Deshalb fasse ich jeden Morgen einen Vorsatz für den Tag. Heute werde ich zum Beispiel in der Mittagspause einen Spaziergang machen. Ich habe vor, die Ruhe und die frische Luft zu genießen. Und morgen bringe ich meiner Tochter etwas Süßes mit, einfach so.

Angelo Kolidis, 42, Erzieher

c Zu wem passen diese Vorsätze? Notieren Sie I für Isabella und A für Angelo.

1. _____ will früher mit dem Lernen beginnen.
2. _____ wird sich draußen erholen.
3. _____ wird nicht so oft zu Hause arbeiten.
4. _____ werden morgen jemanden überraschen.

d Ergänzen Sie die Regel und lesen Sie den Tipp. Wie drückt man in Ihrer Sprache Zukunft aus? Vergleichen Sie.

G
Zukunft ausdrücken: Futur I
Ich _____ oft in der Bibliothek _____.
Angelo _____ einen Spaziergang _____.
werden — *Infinitiv*

e Ist das die Wahrheit? Arbeiten Sie zu viert oder fünft. Jede/r schreibt zwei wahre und zwei falsche Pläne auf je einen Zettel. Mischen Sie alle Zettel. Lesen Sie abwechselnd einen Plan vor. Die anderen raten, ob er richtig oder falsch ist.

<u>Ella:</u> *Ich werde bald den Führerschein machen.*

Ella wird bald den Führerschein machen. Ich denke, das stimmt.

So kann man auch Zukunft ausdrücken
Zeitangabe + Verb im Präsens — *Morgen bringe ich meiner Tochter etwas Süßes mit.*
Modalverb *wollen* oder *möchten* — *Ich will nicht mehr alles im letzten Moment machen.*
Verben wie *vorhaben, anfangen* … — *Ich habe vor, die Ruhe zu genießen.*

Nein, das ist falsch. Ella hat doch schon den Führerschein. Stimmt's, Ella?

66 sechsundsechzig

Ratschläge verstehen 6

4 a Warum gelingt es uns oft nicht, Vorsätze zu realisieren? Sammeln Sie Gründe im Kurs.

🔊 1.46 **b** Hören Sie die Radiosendung. Welche Gründe nennt der Experte, warum man Vorsätze nicht realisiert? Kreuzen Sie an.

☐ 1. Die meisten Menschen nehmen sich zu viel vor.
☐ 2. Die Vorsätze sind oft nicht konkret.
☐ 3. Familie, Kollegen oder Freunde helfen nicht.
☐ 4. Man ist ungeduldig und will Dinge zu schnell erledigen.
☐ 5. Zeit ist meistens das Hauptproblem.

c Hören Sie noch einmal. Welche Tipps gibt der Experte? Notieren Sie und vergleichen Sie dann zu zweit.

5 a Lesen Sie die Zitate aus der Sendung und markieren Sie die Nomen. Was fällt Ihnen bei den Endungen auf? Ergänzen Sie die Regel.

> *Ich wollte doch gestern noch den neuen Praktikanten anrufen und Herrn Takis habe ich auch nicht zurückgerufen.*

> *Eventuell finden Sie ja auch einen Freund, Kollegen oder Nachbarn, der mit Ihnen zusammen Sport macht.*

G n-Deklination

Bestimmte maskuline Nomen haben außer im Nominativ Singular immer die Endung ____ oder ____.

b Arbeiten Sie zu fünft. Jede/r schreibt einen Satz mit mindestens einem Wort der n-Deklination. Dann geben alle ihren Zettel weiter und schreiben den nächsten Satz mit einem anderen Wort. Am Ende haben alle fünf Sätze geschrieben. Welche Geschichte ist am lustigsten?

der Elefant | der Journalist | der Bär | der Mensch | der Praktikant |
der Name | der Student | der Experte | der Herr | der Nachbar |
der Bauer | der Fotograf | der Kunde | der Junge | der Architekt |
der Kollege | der Polizist | der Tourist | der Löwe | der Automat |
der Pädagoge | der Affe

Ich kenne einen Studenten, der im Zoo oft die Elefanten und Bären besucht.
Den Namen des Studenten ...

🔊💬 1.47 **6 a** Aussprache: Vokallänge vor *ss/ß*. Lesen Sie die Regel. Hören Sie dann und ergänzen Sie die Buchstaben.

kurz oder lang? → *ss* oder *ß*
Sie lesen *ss*: Sprechen Sie den Vokal vor *ss* kurz.
Sie lesen *ß*: Sprechen Sie den Vokal vor *ß* lang.
Nach *au, eu, äu, ei, ai* steht immer *ß*.

! In der Schweiz verwendet man kein *ß*. Man schreibt immer *ss*.

1. genie____en
2. der Stre____
3. gro____
4. au____er
5. hei____en
6. la____en
7. der Spa____
8. pa____en
9. der Schlu____
10. der Gru____

b Hören Sie noch einmal und sprechen Sie nach.

c Arbeiten Sie zu zweit. Jede/r wählt vier Wörter und schreibt Sätze mit diesen Wörtern. Diktieren Sie sich dann Ihre Sätze gegenseitig.

müssen | der Spaß | süß | passen | hässlich | der Schluss | heiß | essen | genießen | grüßen |
außerdem | interessieren | wissen | draußen | lassen | der Stress | groß | die Straße | der Anlass

6 einen längeren Zeitungstext verstehen

Stadt der Zukunft

7 a Leben in der Stadt. Hören Sie das Gespräch. Über welche Themen und Probleme sprechen die Personen? Notieren und vergleichen Sie.

1.48

b Lesen Sie den Artikel. Was wird sich ändern? Markieren Sie wichtige Informationen und notieren Sie dann Stichpunkte.

Stadt der Zukunft

Im Jahr 2050 werden ca. 70 Prozent der Menschen in Städten wohnen. Was bedeutet das für Städte wie Hamburg oder München, wo schon längst der Raum knapp ist? Experten suchen nach Konzepten, damit das Leben in der Stadt auch in Zukunft lebenswert ist.

1 Eine Prognose lautet z. B., dass Privatautos in der Zukunft eher die Ausnahme sein werden. Man leiht sich über eine App autonom fahrende Autos, mit denen mehrere Menschen an ein gemeinsames Ziel kommen. Experten gehen davon aus, dass wir nur noch ein Fünftel der heutigen Fahrzeuge haben werden. Außerdem werden es viele Fuß- und Radwege einfacher machen, sich von A nach B zu bewegen. Das bedeutet auch, dass wir nicht mehr so viele Parkplätze brauchen werden. Die Flächen, die so frei geworden sind, können die Städte dann für Wohnungen nutzen.

2 Der wichtigste Trend beim Wohnen ist das Mikro-Wohnen. Das heißt, die Menschen wohnen in viel kleineren Wohnungen als heute und teilen sich Räume, z. B. die Küche. Die Menschen werden also enger zusammenleben und sich voraussichtlich gegenseitig mehr unterstützen. Man trifft vielleicht einen Nachbarn, dem man bei etwas helfen kann, oder andere Bewohner, mit denen man sich unterhalten kann. Zu Menschen, denen man oft begegnet, hat man eine engere Beziehung. Das soziale Miteinander wird eine größere Rolle spielen, genauso wie das Prinzip des Teilens. Die Städte wachsen und werden trotzdem weniger anonym.

3 Die einzelnen Stadtviertel werden ein großes Angebot an Wohnformen, Arbeitsorten und Erholungsmöglichkeiten bieten. Alle Dinge, auf die man im Alltag nicht verzichten kann, findet man in der Nähe. Der Dienstleistungsbereich wird sich vergrößern. Das bringt Arbeitsplätze und macht das Leben von vielen Stadtbewohnern bequemer. Die Menschen werden viel häufiger im Homeoffice arbeiten und sich deshalb mehr in ihren Stadtvierteln aufhalten.

4 Außerdem werden in den Städten mehr Parks und Grünflächen entstehen, durch die sich die Lebensqualität der Menschen verbessert und die gleichzeitig für eine gute Ökobilanz sorgen. Auf den Dächern der Häuser und an den Hausfassaden wird es Gärten geben, in denen Obst und Gemüse wachsen. Der Strom, den die Hausbewohner für ihr tägliches Leben brauchen, entsteht durch Solarzellen und Windturbinen, die sich ebenfalls auf oder an den Häusern befinden. Die Städte werden insgesamt grüner und ruhiger.

c Sprechen Sie im Kurs über die Veränderungen. Wie finden Sie die Prognosen?

d Lesen Sie den Artikel noch einmal und ergänzen Sie die Wörter. 2050 ...

1. ... liegt der Anteil der Menschen, die in _____ leben, bei 70 Prozent.
2. ... gibt es nur noch wenige _____ und deshalb braucht man weniger _____.
3. ... leben die Leute in _____ Wohnungen und _____ sich auch Zimmer.
4. ... gibt es mehr _____ zur Erholung und auf den Dächern _____ mit Obst und Gemüse.
5. ... produzieren Gebäude ihren eigenen _____, den die Bewohner im Alltag nutzen.

etwas genauer beschreiben, über Zukunftsvorstellungen sprechen und schreiben

6

8 a Arbeiten Sie zu zweit. Lesen Sie die Regel und formulieren Sie die Sätze abwechselnd um.

> **G**
>
> **Relativsätze im Nominativ und Akkusativ**
>
> 2050 gibt es sehr viele Menschen, **die** in Städten **leben**.
>
> Der Strom, **den** die Hausbewohner **brauchen**, entsteht durch Solarzellen.
>
> Relativpronomen im Nominativ/Akkusativ = bestimmter Artikel im Nominativ/Akkusativ: *der/den, das, die, die*

1. In der Zukunft gibt es nur noch wenige Autos. Sie fahren auf den Straßen.
2. So entsteht viel Platz. Die Städte können ihn für Wohnungen nutzen.
3. Große Wohnungen sind die Ausnahme. Sie bieten viel Platz für eine Person.
4. Die Küche ist ein zentraler Raum. Die Bewohner werden ihn sich in der Zukunft teilen.
5. Teilen ist ein wichtiges Konzept. Es wird in der Zukunft immer wichtiger.

1. In der Zukunft gibt es nur noch wenige Autos, die auf der Straße fahren.

b Suchen Sie die Relativsätze in Abschnitt 2–3 in 7b und ergänzen Sie die Regel.

> **G**
>
> **Relativsätze im Dativ**
>
> Man trifft vielleicht einen Nachbarn, _____ man bei etwas **helfen kann**.
>
> Zu Menschen, _____ man oft **begegnet**, hat man eine engere Beziehung.
>
> Relativpronomen im Dativ = bestimmter Artikel im Dativ: *dem, dem, der* **!** Plural: *denen*
>
> **Relativsätze mit Präposition**
>
> Man trifft andere Bewohner, _____ _____ man sich **unterhalten kann**.
>
> Alle Dinge, _____ _____ man im Alltag **nicht verzichten** kann, findet man in der Nähe.
>
> Die Präposition steht vor dem Relativpronomen und bestimmt den Kasus.

c Unsere Stadt. Welches Relativpronomen passt? Bilden Sie Sätze und vergleichen Sie zu zweit.

Wir brauchen …
1. Verkehrsmittel,
2. Wohnungen,
3. Politiker,
4. Schulen,
5. einen großen Park,
6. Veranstaltungen,
7. einen Bürgermeister,

in dem	wir schnell von A nach B kommen.
für die	man nicht viel Miete zahlen muss.
dem	man vertrauen kann.
an denen	unsere Kinder gern gehen.
denen	man sich erholen kann.
in die	viele Einwohner teilnehmen wollen.
mit denen	wir von unseren Problemen berichten können.

d Unsere Zukunft. Schreiben Sie einen Text über Ihren Wohnort im Jahr 2050. Was wird sich ändern? Was soll es geben? Vergleichen Sie dann in Gruppen. Welche Wünsche sind am häufigsten?

Verkehrssituation | Wohnraum | Bildung | Freizeit | Kultur | …

Vermutungen äußern	Veränderungen beschreiben	Wünsche ausdrücken
Es wird wahrscheinlich …	Im Gegensatz zu heute wird …	Es wäre toll, wenn …
Ich kann mir vorstellen, dass …	Im Vergleich zu heute …	Ich würde mir wünschen, dass …
Möglicherweise …	Anders als jetzt …	Es soll … geben.

6 über Erwartungen sprechen, ein Lied verstehen

Kaum erwarten

9 a Worauf freuen Sie sich? Was können Sie kaum erwarten? Sprechen Sie in Gruppen.

Ich werde Tante! Ich kann es kaum erwarten.

Ich freue mich auf die nächste Party in meiner WG!

> **Gut gesagt: Vorfreude ausdrücken**
> Ich kann es kaum erwarten!
> Ich zähle die Tage bis zu …
> Wann ist es endlich so weit?
> Wenn doch nur schon … wäre!

b Hören Sie das Lied „Kaum erwarten" von Wincent Weiss. Wie gefällt es Ihnen? Markieren Sie ein bis vier Sterne: ★ nicht so gut, ★★★★ sehr gut. Vergleichen Sie im Kurs.

Melodie und Rhythmus ★★★★   Stimme des Sängers ★★★★   Thema des Liedes ★★★★

c Hören Sie noch einmal und lesen Sie mit. Ordnen Sie die Umschreibungen den Liedzeilen zu.

Kaum erwarten

1 ____ Die Klamotten, die sich stapeln, die können heute warten
　　　 Die Termine, die noch kommen, die sollen sich selber planen
2 ____ Alle Fragen, die ich hab', kann ich zu den Sorgen packen
3 ____ Hab' hier alles, was ich brauch': mein Haus, mein Kind, meinen Garten

4 ____ **Auch wenn es noch nicht so ist,**
　　　 Dann vielleicht in ein paar Jahren
　　　 Bis dahin lass' ich es passieren

　　　 Glaub mir, ich kann …
　　　 Ich kann es kaum erwarten
　　　 Mit dir die Schritte zu gehen
　　　 Ich kann es kaum erwarten
　　　 Kann unsre Zukunft schon sehen
5 ____ Mit dir durch Höhen zu schweben, durch Tiefen zu gehen
　　　 Jede Hürde, die kommt, gemeinsam zu nehmen
　　　 Ich kann es kaum erwarten
　　　 Kann unsre Zukunft schon sehen
　　　 Kann unsre Zukunft schon sehen
　　　 Unsre Zukunft schon sehen

6 ____ Auf meine Mails warten sie Tage, ich bin grad nicht in der Lage
　　　 Denn wir sitzen in der Sonne, hier in unsrem schönen Garten
7 ____ Ey, ich kann es kaum erwarten mit mei'm Sohn mal was zu starten
　　　 Meiner Tochter zu erzählen: „Deine Mama ist der Wahnsinn!"

Auch wenn es noch nicht so ist
…

8 ____ Dann kommt mein Sohn in unsren Garten
　　　 Sagt, „Papa, muss dir was sagen
　　　 Ich werde endlich Vater … und ich kann es kaum erwarten."

Ich kann es kaum erwarten
…

A Ich bin mit meinem Leben zufrieden.
B Ich denke nicht nach.
C Ich freue mich auf die Zeit mit meinen Kindern.
D Ich kümmere mich heute um nichts.
E Es ist noch nicht so weit.
F Ich werde Opa.
G Ich arbeite nicht und entspanne.
H Ich freue mich auf die Zukunft mit dir.

über Lieder sprechen 6

d Sprechen Sie zu zweit. Wie finden Sie das Lied und den Text? Welche Stellen gefallen Ihnen gut, welche nicht so gut und warum?

etwas bewerten

positiv
Ich finde den Text / das Lied /
  … toll/super/lustig/
  romantisch / sehr gut.
Der Text ist gut/leicht
  verständlich.
Mir gefällt das Lied insgesamt
  sehr gut, besonders die
  Stelle …

neutral
Ich finde den Text / das Lied /
  … nicht schlecht / ganz/
  schon okay.
Der Text ist in Ordnung.
Ich finde, das Lied geht so /
  passt schon / ist ganz okay /
  ist nichts Besonderes.

negativ
Ich finde den Text / das Lied / …
  langweilig/nervig/kitschig /
  nicht interessant.
Der Text ist kaum/schwer
  verständlich / total
  unverständlich.
Ich mag das Lied überhaupt nicht.

e Berichten Sie einem Freund / einer Freundin aus Ihrem Land von dem Lied.

- Worum geht es in dem Lied?
- Beschreiben Sie den Stil des Liedes (Melodie, Rhythmus, Stimme).
- Wie gefällt Ihnen das Lied?

10 a Der Sänger Wincent Weiss. Lesen Sie die Biografie und ordnen Sie die Themen den Abschnitten zu.

A berufliche Tätigkeiten | B Privates | C Erfolge | D Angaben zur Person

1. _____ Wincent Weiss ist ein bekannter Sänger aus Deutschland. Er wurde 1993 in Bad Odesloe geboren.
2. _____ Seine Karriere begann 2013 in einer Casting-Show mit einem Coversong. Inzwischen hat er viele Preise und Auszeichnungen erhalten und war schon sehr oft in den deutschen Charts.
3. _____ Auch für andere Künstler schreibt er Lieder und mittlerweile war er mehrfach Mitglied der Jury bei Casting-Shows. Neben seiner Tätigkeit als Musiker und Songwriter arbeitet er auch als Synchronsprecher.
4. _____ Nach dem Abitur zog Wincent Weiss nach München. Heute lebt und arbeitet er in München und Berlin. In seiner Freizeit ist Wincent Weiss am liebsten auf Reisen.

b Deutsche Songtitel. Von wem sind die Songs? Recherchieren Sie und ergänzen Sie die Namen. Welches Lied gefällt Ihnen am besten? Machen Sie eine Kursstatistik.

1. 2x _____
2. Zusammen _____
3. Ausgehen _____
4. Hör auf deinen Bauch _____
5. Immer da _____
6. Auf das, was da noch kommt _____

Deutsch lernen mit Musik und Liedern
Hören Sie deutschsprachige Lieder. Gefällt Ihnen ein Lied? Lesen Sie den Text mit, hören Sie das Lied immer wieder und lernen Sie Teile auswendig, die Ihnen gefallen. Singen Sie mit, wenn Sie Lust haben.

6 hören und sehen

Wettersatelliten – ein Blick in die Zukunft

11 a Sie wollen sich mit Freunden im Park treffen. Was ziehen Sie bei welchem Wetter an? Was nehmen Sie mit? Sprechen Sie in Gruppen.

A

B

C

b Was wissen Sie über Wettervorhersagen? Woher kommen die Informationen für Wetter-Apps? Sprechen Sie im Kurs.

der Satellit | die Daten | die Temperatur | das Weltall | die Kamera | die Wolke | der Wetterdienst | die Übertragung | der Wind

▶ 14 **12 a** *Die EUMETSAT.* Sehen Sie Szene 14. Ordnen Sie zu.

1. Die EUMETSAT ist eine Organisation ____
2. Die EUMETSAT ist in ____
3. Von hier aus kann die EUMETSAT ____
4. Die Satelliten senden Daten ____
5. Die Wetterdienste können damit ____

A genaue Wetterprognosen erstellen.
B zehn Satelliten im Weltall kontrollieren.
C aus 30 europäischen Ländern.
D Darmstadt.
E an die Wetterdienste der Mitgliedsstaaten.

▶ 15 **b** *Wettersatelliten.* Sehen Sie Szene 15 und ergänzen Sie die Sätze.

Raketen | Weltraum | mehreren Metern | Daten | Erde

Wettersatelliten kreisen um die (1) _____.
Sie haben eine Größe von (2) _____
und fliegen mit Hilfe von (3) _____ in
den (4) _____. Dort sammeln sie
(5) _____ und senden diese zur EUMETSAT.

c Sehen Sie die Szene noch einmal und setzen Sie die Aussagen fort.

1. Es ist wichtig, dass die Informationen von den Satelliten schnell zur Erde kommen, weil …
2. Wenn ein Satellit kaputtgeht, …

▶ 16 **13 a** *Die Forschung.* Sehen Sie Szene 16. Arbeiten Sie zu dritt. Jede/r macht Notizen zu einer Frage. Tauschen Sie dann Ihre Informationen in der Gruppe aus.

1. Wie und seit wann hilft EUMETSAT bei der Erforschung des Klimawandels?
2. An wen geben die Wissenschaftler/innen die Daten weiter?
3. Was können Satelliten der Zukunft?

b Wann und wozu brauchen Sie eine präzise Wettervorhersage? Welche Wünsche haben Sie an die Wetterprognosen der Zukunft? Sprechen Sie in Gruppen.

Ich surfe gerne. Dafür brauche ich gutes Wetter. Für die Zukunft wünsche ich mir, dass die Apps noch genauer sagen können, wo ein Gewitter …

kurz und klar: Redemittel und Grammatik 6

Vermutungen äußern
Es wird wahrscheinlich …
Ich kann mir vorstellen, dass …
Möglicherweise …

Veränderungen beschreiben
Im Gegensatz zu heute wird …
Im Vergleich zu heute …
Anders als jetzt …

Wünsche ausdrücken
Es wäre toll, wenn …
Ich würde mir wünschen, dass …
Es soll … geben.

etwas bewerten

positiv
Ich finde den Text / das Lied / … toll/super/lustig/ romantisch / sehr gut.
Der Text ist gut/leicht verständlich.
Mir gefällt das Lied insgesamt sehr gut, besonders die Stelle …

neutral
Ich finde den Text / das Lied / … nicht schlecht / ganz/schon okay.
Der Text ist in Ordnung.
Ich finde, das Lied geht so / passt schon / ist ganz okay / ist nichts Besonderes.

negativ
Ich finde den Text / das Lied / … langweilig/nervig/kitschig / nicht interessant.
Der Text ist kaum/schwer verständlich / total unverständlich.
Ich mag das Lied überhaupt nicht.

Futur I: Zukunft ausdrücken

Ich	**werde**	oft in der Bibliothek	**sein**.
Angelo	**wird**	einen Spaziergang	**machen**.
	werden		*Infinitiv*

So kann man auch Zukunft ausdrücken

Zeitangabe + Verb im Präsens	**Morgen bringe** ich meiner Tochter etwas Süßes **mit**.
Modalverb *wollen* oder *möchten*	Ich **will** nicht mehr alles im letzten Moment **machen**.
Verben wie *vorhaben, anfangen* …	Ich **habe vor**, die Ruhe zu genießen.

n-Deklination: maskuline Nomen

mit Endung *-e*	der Kollege, der Junge, der Kunde, der Experte, der Name, der Löwe, der Affe …
viele Bezeichnungen für Personen, Berufe und Tiere	der Mensch, der Herr, der Nachbar, der Architekt, der Bauer, der Bär, der Elefant, der Planet …
Internationalismen mit Endung *-and*, *-ant*, *-at*, *-ent*, *-graf*, *-ist* und *-oge*	der Doktorand, der Praktikant, der Automat, der Student, der Fotograf, der Journalist, der Pädagoge …

Endung außer im Nominativ Singular immer *-(e)n*: Siehst du den Elefan**ten**? Das ist das Auto vom Nachbar**n**.
Die meisten Nomen der n-Deklination bezeichnen Menschen und Tiere.

Relativsätze

Nominativ	2050 gibt es sehr viele Menschen, **die** in Städten **leben**.
Akkusativ	Der Strom, **den** die Hausbewohner **brauchen**, entsteht durch Solarzellen.
Dativ	Zu Menschen, **denen** man oft **begegnet**, hat man eine engere Beziehung.
Präposition + Akkusativ	Alle Dinge, **auf die** man im Alltag nicht **verzichten kann**, findet man in der Nähe.
Präposition + Dativ	Man trifft andere Bewohner, **mit denen** man sich **unterhalten kann**.

Die Relativpronomen im Nominativ, Akkusativ und Dativ haben die gleichen Formen wie die bestimmten Artikel: *der/den/dem, das/das/dem, die/die/der, die*   ! Dativ Plural: *denen*
Die Präposition steht vor dem Relativpronomen und bestimmt den Kasus.

2 Plattform

Wiederholungsspiel

1 Rundlauf. Spielen Sie in Gruppen (3 bis 5 Spieler/innen).

Stellen Sie Ihre Spielfigur auf ein grünes Feld. Wer hat als Nächstes Geburtstag? Er/Sie darf anfangen. Er/Sie würfelt zum Beispiel ⚁ und geht zwei Felder nach rechts oder links. Dann bildet er/sie einen Satz, der zur Situation auf seinem Feld und zu Aufgabe ⚁ oben passt. Wenn jede/r zehn Mal gewürfelt hat, ist das Spiel zu Ende.

Beispiel:
Sie haben morgen ein Bewerbungsgespräch: Was denken Sie?

⚀ Bilden Sie einen Satz mit Komparativ.

Hoffentlich ist das Gehalt besser.

⚁ Bilden Sie einen Satz mit Superlativ.

Das ist die beste Stelle für mich.

A Sie wollen in Ihrer Wohnung Energie sparen.

B Sie haben eine Karte für ein Konzert Ihrer Lieblingsband.

C Sie treffen Ihre Chefin im Flur.

P Sie sitzen nach der Arbeit noch mit Kollegen und Kolleginnen in einem Café.

O Sie sprechen über einen Kollegen, der mit dem E-Bike zur Arbeit fährt.

N Es ist Silvester. Sie sprechen über Ihre Vorsätze für das neue Jahr.

M Sie suchen eine neue Stelle in Ihrer Nähe, damit Sie nicht mehr so weit zur Arbeit fahren müssen.

L Sie haben einen E-Book-Reader. Ihre Freundin weiß nicht, ob sie auch einen kaufen soll.

Plattform 2

Bilden Sie einen Relativsatz.

Das ist ein Termin, der sehr wichtig ist.

Formulieren Sie eine irreale Bedingung.

Ich wäre so glücklich, wenn ich dort arbeiten könnte.

Bilden Sie einen Satz im Futur I.

Ich werde beim Gespräch ganz ruhig bleiben.

Joker
Wählen Sie eine Aufgabe aus bis .

D
Sie sprechen über die Stadt der Zukunft.

E
Sie sprechen über Ihren (Wunsch-)Beruf.

F
Sie haben sich vorgenommen, mit dem Fahrrad zur Arbeit zu fahren.

G
Sie haben bei der Arbeit ein Problem.

H
Im neuen Jahr wollen Sie viel mit Ihren Freunden machen.

I
Sie kaufen umweltbewusst ein.

J
Sie rufen bei einer Firma an und möchten genauere Informationen über eine Stelle.

K
Sie wollen mehr auf die Umwelt achten.

fünfundsiebzig 75

2 Plattform

Was sagst du?

2 Wörter tauschen. Jede/r notiert fünf Wörter/Ausdrücke zu jedem Thema. Gehen Sie dann durch den Kurs. Tauschen Sie mit den anderen Wörter aus und notieren Sie diese in Ihrer Liste. Wer hat zuerst eine volle Liste? Wenn Sie ein Wort nicht kennen, lassen Sie sich die Bedeutung erklären.

Umwelt und umweltfreundlich leben			
Recycling	transportieren	Energie sparen	

Arbeitswelt heute und in Zukunft			
der Roboter	zusammenarbeiten	exakt sein	

Ich habe das Wort …
Das kenne ich nicht. Was bedeutet das?
Ach, das habe ich schon. Was hast du noch?

3 Was wird danach passieren? Arbeiten Sie zu viert. Jede/r notiert einen Plan / einen Vorsatz auf ein Blatt. Geben Sie dann das Blatt weiter. Jede/r ergänzt eine Folge und gibt das Blatt weiter. Wenn das Blatt wieder bei Ihnen ist, lesen Sie vor.

> Ich werde oft mit dem Fahrrad fahren.
> Erol wird das Auto immer weniger brauchen.
> Erol wird mir das Auto schenken. ☺
> Erol wird mit Lara mitfahren, wenn es regnet.

4 Was machst du (nicht)? Arbeiten Sie in Gruppen von sechs bis acht Personen. Werfen Sie einer anderen Person einen Ball zu und nennen Sie einen Satzanfang mit *um … zu*. Die andere Person wiederholt und ergänzt ihre Antwort.

Um den Job zu bekommen, … | Um weniger Müll zu produzieren, … | Um keine Lebensmittel wegzuwerfen, … | Um Strom zu sparen, … | Um kein Papier zu verschwenden, … | Um fit zu sein, … | Um Spaß zu haben, … | Um schnell zum Kurs zu kommen, … | Um nicht zu spät zu kommen, … | Um nicht müde zu werden, … | Um früh genug aufzustehen, … | Um Geld für den Urlaub zu haben, … | Um besser zu arbeiten, … | …

Elia! Um schnell zum Kurs zu kommen, …

Um schnell zum Kurs zu kommen, nehme ich das Fahrrad. Andrea! Um …

Plattform 2

Das Vorstellungsgespräch

5 a Arbeiten Sie zu zweit. Sehen Sie die Fotos an und finden Sie eine passende Reihenfolge.

b Schreiben Sie gemeinsam eine Geschichte zu den Fotos. Tauschen Sie dann mit einem anderen Paar und vergleichen Sie Ihre Geschichten.

c Arbeiten Sie in Gruppen und machen Sie eine eigene Fotogeschichte. Tauschen Sie Ihre Fotos mit einer anderen Gruppe. Finden Sie dann die richtige Reihenfolge und erzählen Sie die Geschichte.

2 Plattform

D-A-CH-Quiz

6 a Arbeiten Sie zu viert. Wählen Sie eine/n Quizmaster/in, die anderen machen das Buch zu. Der/Die Quizmaster/in liest die Fragen vor. Was stimmt? Raten Sie und notieren Sie Ihre Antworten.

1. Wie bekommen die Menschen im Spreewald ihre Post?
   A Mit dem Flugzeug.
   B Mit dem Pferd.
   C Mit dem Schiff.

2. Welcher Nachname ist in Deutschland am häufigsten?
   A Fischer.
   B Gruber.
   C Müller.

3. Was ist das Lieblingszimmer der Deutschen?
   A Das Arbeitszimmer.
   B Die Küche.
   C Das Wohnzimmer.

4. Wer isst weltweit am meisten Schokolade (pro Kopf)?
   A Die Deutschen.
   B Die Österreicher.
   C Die Schweizer.

5. Was für ein Gebäude liegt auf der Grenze zwischen der Schweiz und Frankreich?
   A Ein Hotel.
   B Ein Bahnhof.
   C Eine Schule.

6. Was bestellen Sie, wenn Sie in einem Wiener Kaffeehaus einen Kaffee mit viel Sahne möchten?
   A Einen Braunen.
   B Einen Einspänner.
   C Eine Melange.

7. Was nimmt jede/r siebte Deutsche mit auf Reisen?
   A Ein Stofftier.
   B Einen Wecker.
   C Ein Buch.

8. Wie breit ist die engste Straße der Welt?
   A 25 Zentimeter.
   B 31 Zentimeter.
   C 52 Zentimeter.

b Teilen Sie nun die Texte in der Gruppe auf. Jede/r liest zwei Texte. Zu welchen zwei Quiz-Fragen passen Ihre Texte? Welche Lösung ist richtig? Informieren Sie dann die anderen in der Gruppe.

a Österreich ist berühmt für seine Kaffeehäuser und seine Kaffeespezialitäten wie Schwarzer oder Brauner, also Kaffee ohne oder mit Milch. Der aus Italien bekannte Cappuccino heißt hier Wiener Melange. Und wer Kaffee mit Sahne möchte, bestellt am besten einen Einspänner. Dazu noch eine Sachertorte – und das Glück ist perfekt.

b Deutsche Nachnamen kommen oft von Berufen, wie zum Beispiel *Fischer*. Nachnamen wie *Müller*, *Schneider* oder *Bauer* zählen auch zu den häufigsten Nachnamen. In Deutschland und in der Schweiz liegt *Müller* auf Platz 1. In Österreich ist es der Name *Gruber*, der einen Wohnort (eine Grube = eine Vertiefung) bezeichnet.

c Im Kanton Waadt auf 1.155 m Höhe gibt es ein besonderes Hotel. Es liegt auf der Grenze zwischen Frankreich und der Schweiz. Man schläft also in der Schweiz und isst in Frankreich. Dem Hotelbesitzer gefällt diese Grenzsituation, auch wenn er in beiden Ländern Steuern zahlen muss.

Plattform 2

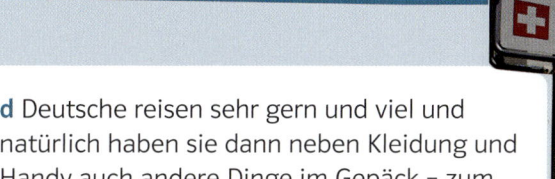

d Deutsche reisen sehr gern und viel und natürlich haben sie dann neben Kleidung und Handy auch andere Dinge im Gepäck – zum Beispiel ein Stofftier. Jede/r siebte Deutsche nimmt ein Kuscheltier mit. Dafür gibt es verschiedene Gründe: als Glücksbringer, um sich nicht allein zu fühlen oder um im Urlaub Fotos mit dem Kuscheltier zu machen und zu verschicken.

e In der Stadt Reutlingen in Baden-Württemberg, nicht weit von Stuttgart, gibt es die engste Straße der Welt. Die Spreuerhofstraße im mittelalterlichen Teil von Reutlingen ist an ihrer schmalsten Stelle nur 31 cm breit und steht deshalb im Guinness-Buch der Rekorde. Die Straße ist schon fast 300 Jahre alt.

f Die Schweizer sind berühmt für ihre Schokolade – sie ist bei Touristen und auch bei Einheimischen sehr beliebt. Vielleicht konsumieren sie deshalb weltweit am meisten Schokolade, nämlich knapp 10,5 Kilo pro Person und Jahr. Deutschland und Österreich liegen knapp hinter der Schweiz. Übrigens: Der weltweite Durchschnitt liegt bei 5,8 Kilo.

g Im Spreewald bringt eine Postbotin Briefe und Pakete übers Wasser. Die Gegend liegt etwa 100 km südlich von Berlin. Dort gibt es viele Kanäle (Wasserstraßen) und kaum Straßen. Motorboote sind verboten, deswegen fährt sie mit einem speziellen Boot ohne Motor. Das machen die Postboten dort schon seit über hundert Jahren so.

h Die Deutschen sind zu Hause am liebsten in ihrem Wohnzimmer. Auch die Küche und das Arbeitszimmer sind beliebt, aber der Favorit von 70 Prozent der Deutschen ist das gemütliche Wohnzimmer. Dort entspannen sie sich, lesen, sehen fern oder unterhalten sich mit der Familie oder mit Gästen.

c Recherchieren Sie interessante oder besondere Informationen über D-A-CH in Ihrer Sprache. Arbeiten Sie zu dritt und schreiben Sie acht Quizkarten auf Deutsch wie in 6a. Tauschen Sie Ihre Quizkarten mit einem anderen Team und spielen Sie.

Sprachmittlung

7 Wählen Sie.

A Ein Bekannter / Eine Bekannte von Ihnen interessiert sich für das Arbeitsleben in Deutschland. Sie haben eine Grafik zum Thema „So werben Firmen um neue Mitarbeiter" gefunden. Berichten Sie ihm/ihr kurz in Ihrer Sprache oder auf Deutsch.

> **!** Informationen aus Abbildungen weitergeben
> Sehen Sie sich die Abbildung (Grafik, Diagramm …) genau an. Wählen Sie dann gezielt Informationen:
> – Was sind die Hauptpunkte?
> – Was ist für Ihren Gesprächspartner / Ihre Gesprächspartnerin noch wichtig/interessant?

B Sie möchten mit deutschen Kollegen und Kolleginnen in den nächsten Tagen einen Ausflug machen. Beschreiben Sie die Wettervorhersage und schlagen Sie einen passenden Tag vor.

heute	morgen	Dienstag	Mittwoch	Donnerstag	Freitag	Samstag	Sonntag	Montag
15°	17°	23°	16°	10°	12°	12°	20°	13°
12°	10°	9°	12°	8°	6°	4°	11°	6°
☀	☀	⛅	🌧	☁	⛅	☀	⛅	⛅
13 h	11 h	6 h	2 h	0 h	9 h	11 h	3 h	6 h
40 %	30 %	40 %	70 %	80 %	30 %	0 %	40 %	30 %

Freundschaftsgeschichten verstehen | zeitliche Abfolgen ausdrücken | von Freundschaften erzählen | über Konflikte sprechen | Konfliktgespräche führen | kurzen Texten Informationen zuordnen |

Zwischenmenschliches

1 a Beziehungen. Beschreiben Sie die Bilder. Was macht Yasin? Wen trifft er?

🔊 **b** Hören Sie die Gespräche und ordnen Sie sie den Bildern zu.
2.1–3
Gespräch 1: Bild _____

Gespräch 2: Bild _____

Gespräch 3: Bild _____

80 achtzig

ein Paar vorstellen | über Fabeln sprechen | einen Text lebendig vorlesen

7

c   Hören Sie noch einmal. Über welche Themen spricht Yasin mit den Leuten? Kreuzen Sie an.

	Gespräch 1	Gespräch 2	Gespräch 3
Freizeitaktivitäten	☐	☐	☐
Probleme	☐	☐	☐
Arbeit	☐	☐	☐
Urlaub	☐	☐	☐
Gefühle	☐	☐	☐

d   Wen treffen Sie wie oft? Was machen Sie gemeinsam? Worüber sprechen Sie? Sprechen Sie in Gruppen.

Ich treffe oft Leute, die mit mir studieren. Wir lernen zusammen, aber wir sprechen auch oft über …

einundachtzig   81

7 Freundschaftsgeschichten verstehen

Zusammen

2 a Was unterscheidet Familie, Freunde und Bekannte? Wie wichtig sind Freunde für Sie? Was sind „echte" Freunde? Sprechen Sie in Gruppen.

etwas hervorheben
Im Gegensatz zu … finde ich …
An … schätze ich vor allem …
Für mich spielt … eine große Rolle.
Besonders wichtig ist/sind für mich …, weil …
… finde ich am wichtigsten, denn …

b Lesen Sie den ersten Abschnitt des Artikels. Was ist das Thema?

Wir gehören zusammen

Wir alle brauchen Freunde. Mit Freunden können wir schöne Dinge unternehmen, über alles sprechen und uns gegenseitig helfen und unterstützen. Und Freunde sagen uns auch mal ehrlich, wenn wir etwas nicht so toll gemacht haben. Wenn Freundschaften ein Leben lang halten, ist das ganz besonders schön. Seit 2011 gibt es sogar den offiziellen Tag der Freundschaft, nämlich jedes Jahr am 30. Juli. Deshalb haben wir mal einige Freundschaftsgeschichten für unsere Juli-
5 Ausgabe gesammelt.

Elena, 30
Ich hatte endlich einen Studienplatz für Medizin bekommen und war nach Frankfurt gezogen. Das Semester hatte noch nicht angefangen und
10 ich hatte noch keine anderen Studierenden kennengelernt. Ich fühlte mich schon ein bisschen einsam. Aber dann traf ich Maja und das war eine lustige Geschichte. Wir liefen auf der
15 Straße, schauten beide auf unsere Handys – und stießen ziemlich kräftig zusammen. Wir mussten trotzdem lachen, kamen ins Gespräch und stellten fest, dass wir beide im selben
20 Haus wohnten. Wir waren uns aber noch nie über den Weg gelaufen! Jetzt sind wir schon seit 10 Jahren richtig gut befreundet. Weil wir mittlerweile beide berufstätig sind,
25 sehen wir uns leider nicht mehr so häufig. Aber einsam fühle ich mich in Frankfurt schon lange nicht mehr.

Karim, 27
Meinen ältesten Freund Valentin kenne ich schon ewig, denn wir waren
30 zusammen in der Schule. Wir hatten also schon viel gemeinsam erlebt, als wir nach dem Abitur entschieden, eine WG zu gründen. Aber das Zusammenwohnen hat entgegen unserer Erwartung nicht
35 geklappt. Obwohl wir uns immer gut verstanden hatten, gab es plötzlich viele Konflikte. Nachdem wir beide unser Studium beendet hatten, suchten wir uns jeder eine eigene Wohnung.
40 Jetzt verstehen wir uns auch wieder gut. Super ist, dass Valentin genauso gern Sport macht wie ich und wir uns deshalb oft treffen, um zu joggen, zu klettern oder Basketball zu spielen. Für
45 mich ist es wichtig, aktiv zu sein – und das am liebsten mit Freunden.

Alessia, 48
Eigentlich bin ich schon immer mit denselben sechs Leuten befreundet. Wir sind seit Ewigkeiten eine feste
50 Clique, es hat sich aber viel geändert. Als die Erste von uns heiratete, dachten wir noch, dass trotzdem alles beim Alten bleibt. Vorher hatten wir uns fast jeden Tag getroffen, waren viel zusam-
55 men gereist und hatten uns immer alles erzählt. Als dann alle Partner oder Kinder hatten und beruflich sehr eingespannt waren, verloren wir uns etwas aus den Augen. Dann haben wir
60 beschlossen, einmal im Jahr zusammen ein Wochenende zu verbringen – ohne die Familien, nur wir sechs. Das hat unserer Freundschaft sehr gutgetan. Seitdem fahren wir jedes Jahr gemein-
65 sam an die Ostsee.

c Arbeiten Sie zu dritt. Jede/r liest den Abschnitt zu einer Person. Was erzählen die Personen? Machen Sie Notizen und berichten Sie dann über „Ihre" Person.

zeitliche Abfolgen ausdrücken, von Freundschaften erzählen

7

3 a Lesen Sie die Regel und markieren Sie in 2b alle Verben im Plusquamperfekt. Wie bildet man das Plusquamperfekt? Ergänzen Sie.

> **G**
>
> **Vorvergangenheit ausdrücken: Plusquamperfekt**
>
> | jetzt | Wir | **fahren** gemeinsam an die Ostsee. | Gegenwart → Präsens |
> | früher | Wir | **verloren** uns aus den Augen. | Vergangenheit → |
> | | Wir | **haben beschlossen**, etwas zu ändern. | Präteritum, Perfekt |
> | **noch früher** | Wir | **hatten** uns fast jeden Tag **getroffen**. | Vorvergangenheit → |
> | | Wir | **waren** viel zusammen **gereist**. | Plusquamperfekt |
>
> Bildung: _____ _____

b Was war vorher? Ordnen Sie zu und schreiben Sie die Sätze im Plusquamperfekt.

viel gemeinsam unternehmen | vor ein paar Tagen nach Frankfurt ziehen | sich noch nie sehen | mit Valentin zusammenwohnen | sich immer gut verstehen

1. Elena kannte niemanden in der neuen Stadt. Sie …
2. Dann traf sie Maja. Vorher …
3. Valentin und Karim haben in der WG oft gestritten. Vorher …
4. Karim suchte sich eine eigene Wohnung. Vorher …
5. Alessia und ihre Freunde sahen sich nur noch selten. Früher …

4 a Wie und wo kann man neue Freunde kennenlernen? Sammeln Sie im Kurs.

🔊 2.4 **b** Hören Sie das Gespräch. Wie hat Matilda in Freiburg Leute kennengelernt? Notieren Sie und vergleichen Sie im Kurs.

c Bringen Sie die Sätze in die richtige Reihenfolge. Hören Sie dann noch einmal zur Kontrolle.

____ A Sie fühlte sich aber oft einsam, nachdem sie umgezogen war.
____ B Nachdem sie in Freiburg neue Freunde gefunden hat, gefällt es ihr dort sehr gut.
____ C Ihre Idee, fremde Leute zum Abendessen einzuladen, funktionierte sehr gut.
____ D Matilda wurde Mitglied in einem Netzwerk für Nachbarn.
____ E Nachdem Matilda ihr Studium abgeschlossen hatte, fand sie eine Stelle in Freiburg.

5 a Lesen Sie die Regel. Welche Sätze aus 4c passen zu den Beispielen? Notieren Sie.

> **G**
>
> **Nebensätze mit *nachdem***
>
> | zuerst | | danach | |
> |---|---|---|---|
> | **Nachdem** sie in Freiburg | **angekommen war**, | **fand** sie schnell eine Wohnung. | *A,* _____ |
> | | Plusquamperfekt | Präteritum | |
> | **Nachdem** sie nette Leute | **getroffen hat**, | **fühlt** sie sich in Freiburg sehr wohl. | _____ |
> | | Perfekt | Präsens | |

b Schreiben Sie drei Sätze mit *nachdem*. Tauschen Sie dann Ihre Sätze mit einem Partner / einer Partnerin. Kontrollieren Sie sich gegenseitig.

die Schule abschließen | das Studium / die Ausbildung beenden | nach … ziehen | den besten Freund / die beste Freundin kennenlernen | nach … reisen | bei/in … arbeiten | …

Nachdem ich die Schule abgeschlossen hatte, fuhr ich mit meiner Freundin nach …

c Und Ihre Freundschaftsgeschichte? Schreiben Sie einen Text wie in 2b.

7 über Konflikte sprechen, zeitliche Abfolgen ausdrücken

Richtig streiten

6 a Sehen Sie die Fotos an. Was könnte hier der Konflikt sein? Kennen Sie andere typische Konfliktsituationen? Beschreiben Sie.

A
Florian und seine Eltern

B
Jenny und Mark

C
Laura und Julia

🔊 2.5–7

b Hören Sie die Gespräche. Was ist der Konflikt? Waren Ihre Vermutungen richtig?

c Ordnen Sie die Sätze zu. Hören Sie dann noch einmal zur Kontrolle.

1. Seit du Geld verdienst, _____
2. Es dauert nicht mehr lang, _____
3. Seitdem du den Job gewechselt hast, _____
4. Warum kann ich mich nicht ausruhen, _____
5. Während du mit Simon telefonierst, _____
6. Bevor ich putze, _____

A während du deine Freunde triffst?
B kannst du gleichzeitig putzen.
C bis das Essen fertig ist.
D koche ich einen Kaffee für uns.
E bist du ständig erschöpft.
F kaufst du oft Sachen.

d Lesen Sie die Regel und schreiben Sie Sätze mit *seit*, *während*, *bis* und *bevor*.

1. Florian kommt nach Hause. Das Essen ist fertig.
2. Florian hat einen Schülerjob. Er verdient selbst Geld.
3. Jenny entspannt sich am besten. Sie sieht eine Serie.
4. Mark spricht mit Jenny. Er trifft seine Freunde.
5. Jenny wartet nicht. Mark kommt nach Hause.
6. Laura und Julia wohnen zusammen in einer WG. Sie streiten sich manchmal.
7. Julia soll öfter putzen. Sie telefoniert.

> **G**
> Nebensätze mit *seit/seitdem*, *während*, *bis*, *bevor*
> **Seit/Seitdem** du arbeitest, bist du gestresst.
> **Während** ich aufräume, kochst du für uns.
> Wir warten, **bis** du zurückkommst.
> Sie trinken Kaffee, **bevor** Julia telefoniert.

1. Florian kommt nach Hause, bevor das Essen fertig ist.

e Wie heißen die Sätze in 6d in Ihrer Sprache? Vergleichen Sie.

7 Spielen Sie zu viert. Jede/r schreibt fünf Nebensätze mit *nachdem*, *bevor*, *während*, *seit/seitdem* oder *bis* auf Karten. Mischen Sie alle Karten. Ziehen Sie abwechselnd eine Karte und ergänzen Sie den Satz.

Seit ich Deutsch lerne, ...

Seit ich Deutsch lerne, habe ich viele Leute kennengelernt.

über Konflikte sprechen, Konfliktgespräche führen

7

8 a Lesen Sie die Forumsbeiträge zum Thema *Streiten*. Ordnen Sie jedem Beitrag eine Überschrift zu.

A Konflikte mit Kollegen C Streiten kann man lernen E Was ist ein Konflikt?
B Harmonie ist wichtig D Streiten macht krank F Zum Alltag gehören Konflikte

> **ehrlich97** ____ **1** Ich finde, wenn man sich wirklich liebt, dann streitet man auch nicht, denn Streit schadet einer Beziehung. Mal muss eben der eine nachgeben, mal der andere. Und wenn man wirklich tolerant ist, dann ist man auch bereit zu akzeptieren, dass man nicht immer dieselbe Meinung hat. Das gilt auch für Freundschaften und in der Arbeit!
>
> **Mimi04** ____ **2** Ewige Harmonie gibt es nicht! Manchmal ist man einfach genervt. Deshalb ist doch eine Beziehung nicht zu Ende. Meine Freundin und ich streiten häufig. Nach zehn Minuten haben wir das wieder vergessen. Man hat eben nicht immer dieselben Wünsche und Pläne und sollte nicht jedes Wort auf die Goldwaage legen! Schweigen finde ich viel schlimmer.
>
> **Fabi20** ____ **3** Manchmal gehört Kritik zum Austausch. Wichtig ist, dass man ruhig und diplomatisch bleibt und sich am Ende einigt. Sätze wie „Du machst immer/nie …" sollte man lieber vermeiden. Es erleichtert vieles, wenn man Ich-Aussagen formuliert: „Ich wünsche mir …" oder „Ich würde gern …". Mit ein bisschen Übung gelingt es auch.

▶ 17–19 **b** Welcher Meinung stimmen Sie zu, welcher nicht? Warum? Sprechen Sie in Gruppen.

▶ R3 **9 a** Typische Sätze in Streitgesprächen. Welche Formulierungen sind eher diplomatisch (+) und welche eher undiplomatisch (-)? Notieren Sie + oder -.

1. Jetzt übertreibst du aber etwas! ____
2. Sei mir nicht böse, bitte. ____
3. Das ist ja nicht so schlimm. ____
4. Immer das Gleiche mit dir! ____
5. Wir finden bestimmt einen Kompromiss. ____
6. Das kann echt nicht wahr sein! ____
7. Reg dich doch nicht gleich so auf. ____
8. Das nervt mich wirklich. ____
9. Ich kann dich ja gut verstehen. ____
10. Ich wünsche mir, dass … ____

b Arbeiten Sie zu zweit und wählen Sie eine Situation. Machen Sie Notizen und spielen Sie die Situation diplomatisch.

A Sie freuen sich auf einen ruhigen Sonntag, aber Ihr Partner / Ihre Partnerin hat alles verplant: Sie sollen einen Ausflug machen und seine/ihre Familie besuchen.

B Sie freuen sich schon seit Wochen auf ein Konzert und es war sehr schwierig, die Karten zu bekommen. Kurz vorher sagt Ihr Freund / Ihre Freundin, dass er/sie keine Zeit hat.

🔊 **10 a** Aussprache: Modalpartikeln. Hören Sie die Sätze mit und ohne Modalpartikeln. Ergänzen Sie dann die Modalpartikeln.
2.8

1. ○ Ich muss jetzt gehen.
2. ○ Ihr seid schon wieder zu spät!
3. ○ Lina ist noch im Büro.
4. ○ Warum kommt Mark nicht?
5. ○ Wir besuchen euch bald!

● Warte _____!
● Du hast _____ recht.
● Wann kommt sie _____?
● Er ist _____ krank.
● Das ist _____ schön!

> **!** Modalpartikeln machen Aussagen persönlicher oder emotionaler. Häufige Bedeutungen:
> **aber** Überraschung
> **denn** Interesse (nur in Fragen)
> **ja** gemeinsames Wissen
> **mal** freundliche Aufforderung
> **wohl** Vermutung

🔊 **b** Hören Sie noch einmal die Sätze mit Modalpartikeln aus 10a und sprechen Sie sie nach.
2.9

fünfundachtzig **85**

7

kurzen Texten Informationen zuordnen, ein Paar vorstellen

Gemeinsam sind wir stark

11 a Welche berühmten Paare kennen Sie? Sammeln Sie im Kurs.

Da muss ich sofort an Beyoncé und Jay-Z denken.   *Wie heißt noch mal …?*

b Lesen Sie die Texte und wählen Sie je eine Information, die Sie interessant finden. Tauschen Sie sich dann in Gruppen aus und vergleichen Sie Ihre Wahl.

A

Die Pianistin Clara Schumann und der Komponist Robert Schumann sind das berühmteste Paar der deutschen Musikgeschichte. Der Anfang war schwierig, denn Claras Vater wollte die Beziehung zu dem armen Künstler verhindern. Das Paar ging schließlich vor Gericht und bekam die Erlaubnis zu heiraten. 16 Jahre lebten sie zusammen und bekamen acht Kinder. Robert Schumann wollte zuerst nicht, dass seine Frau weiter Konzerte gab, aber die finanzielle Situation der Familie zwang sie dazu. Er komponierte und sie spielte seine Musik.

Neo Rauch gehört zu den wichtigsten und kommerziell erfolgreichsten Künstlern der Gegenwart. Er ist verheiratet und hat einen erwachsenen Sohn. Doch viele wissen nicht, dass seine Frau Rosa Loy auch Malerin ist. Beide haben in Leipzig studiert, wo sie auch heute noch leben. Sie arbeiten in zwei Ateliers nebeneinander und beeinflussen sich gegenseitig.

B

Anna Loos und Jan Josef Liefers sind seit 2004 verheiratet und gehören zu den bekanntesten Paaren unter den deutschen Prominenten. Man kennt beide aus beliebten Fernsehkrimiserien und zahlreichen Filmen. Beide sind neben ihrer Schauspielkarriere leidenschaftliche Musiker und geben Konzerte. Gemeinsam engagieren sie sich in sozialen Projekten.

c Lesen Sie die weiteren Informationen. Zu welchem Paar passen die Sätze? Ordnen Sie zu.

1. Sie unternahm auch nach dem frühen Tod ihres Mannes zahlreiche erfolgreiche Konzertreisen. — Text: _____
2. 2012 hatten sie ihre erste gemeinsame Ausstellung in Deutschland. — Text: _____
3. Das Paar hat zwei gemeinsame Töchter und lebt in Berlin. — Text: _____
4. Das Leben und die Beziehung der beiden sind gut dokumentiert, da über 500 Briefe erhalten sind. — Text: _____
5. Die meisten kennen ihn als Professor Boerne, seine Parade-Rolle in der Krimireihe „Tatort". — Text: _____
6. Die Gegend um Leipzig ist für beide „ein Ort der Konzentration und Inspiration". — Text: _____

d Wählen Sie ein Paar aus Ihrer Sammlung in 11a. Recherchieren Sie und schreiben Sie einen kurzen Text. Lesen Sie den Text dann ohne Namen vor. Die anderen im Kurs raten, wer das ist.

über Fabeln sprechen, einen Text lebendig vorlesen

7

Die Moral von der Geschichte ...

12 a Bär, Löwe und Fuchs. Sehen Sie die Bilder an. Was passiert hier? Sprechen Sie zu zweit.

A   B   C

b Lesen Sie die Fabel. Welche „Lebensweisheit" steckt in der Geschichte? Sprechen Sie im Kurs.

Der Löwe und der Bär

Ein Fuchs war auf Jagd, weil er hungrig war. Er war noch nicht lange unterwegs, als er einen lauten Streit hörte. Ein Bär und ein Löwe stritten miteinander: „Die Beute gehört mir, ich habe den jungen Hirsch gefangen." „Nein!", brüllte der Löwe zornig zurück. „Du lügst! Ich war als Erster hier!" Dann biss der Löwe den Bären mit seinen scharfen Zähnen und die beiden kämpften miteinander. Der Fuchs war klug und dachte: „Wenn die beiden vom Streiten müde sind, so können sie mir nichts mehr tun und ich bekomme die Beute." Endlich waren die beiden Feinde kraftlos und konnten sich nicht mehr bewegen. Der Fuchs ging an ihnen vorbei und holte sich die Beute. Er sagte höflich: „Danke, meine Herren, sehr freundlich, wirklich sehr freundlich!" Dann lachte er und ging mit dem Hirsch davon.

 c Lesen Sie die zweite Fabel. Welche Aussage passt für Sie am besten zur Fabel? Sprechen Sie in Gruppen und begründen Sie Ihre Wahl. 2.10

> **Gut gesagt: Sprichwörter**
> Wenn zwei sich streiten, freut sich der Dritte.
> Wer zuletzt lacht, lacht am besten.
> Der/Die Klügere gibt nach.

Der Rabe und der Fuchs

Ein Rabe hatte einen Käse gestohlen, flog damit auf einen Baum und wollte dort in Ruhe den Käse essen. Ein Fuchs kam vorbei und sah den Raben. Er lief eilig dorthin und begann den Raben zu loben: „Oh Rabe, was bist du für ein wunderbarer Vogel! Wenn dein Gesang ebenso schön ist wie deine Federn, dann bist du wirklich der König aller Vögel!" Dem Raben gefiel es, dass der Fuchs ihn so lobte. Er machte seinen Schnabel weit auf, um dem Fuchs etwas vorzusingen. Dabei fiel ihm der Käse auf den Boden. Den nahm der Fuchs schnell, fraß ihn und lachte über den dummen Raben.

1. Man darf nicht allen glauben.
2. Konzentriere dich auf eine Sache.
3. Wenn ein Feind dich lobt, musst du aufpassen.
4. Mit einem kleinen Trick kann man viel erreichen.

d Kennen Sie andere Geschichten dieser Art mit Tieren? Erzählen Sie.

 13 a Gut vorlesen. Hören Sie die erste Fabel. Markieren
2.11 Sie Pausen im Text und unterstreichen Sie Wörter und Satzteile, die der Sprecher besonders betont.

b Lesen Sie die erste Fabel selbst laut vor. Beachten Sie dabei Ihre Markierungen.

c Arbeiten Sie zu zweit. Lesen Sie die zweite Fabel. Üben Sie so lange zusammen, bis die Fabel lebendig klingt.

Texte gut betonen
Machen Sie den Text beim Vorlesen lebendig:
– Markieren Sie Wörter und Informationen im Text, die Sie betonen möchten.
– Üben Sie schwierige Wörter vorher.
– Lesen Sie klar, deutlich und nicht zu schnell.
– Verändern Sie Ihre Stimme bei direkter Rede.

Zusammenleben: WG 50+

14 a Arbeiten Sie in drei Gruppen. Jede Gruppe wählt ein Thema und sammelt Wörter auf einem Zettel. Geben Sie die Zettel weiter. Die anderen Gruppen ergänzen weitere Wörter.

die Geschwister — Familie — *verwitwet*
das Altenheim — Wohnformen
kochen — gemeinsamer Alltag

▶ 17 **b** *Kloster Allerheiligenberg.* Sehen Sie Szene 17 und ergänzen Sie die Informationen.

1. Das ehemalige _____ liegt bei Lahnstein.
2. Es existierte circa _____.
3. Thomas Marx _____ dort mit Freunden eine WG.
4. Dafür mussten sie im Gebäude viel _____.
5. Jetzt wohnen _____ Bewohner/innen dort.

▶ 18 **15 a** *Wir wollten uns verändern.* Sehen Sie Szene 18. Warum wollte Thomas Marx eine WG gründen? Notieren Sie und vergleichen Sie im Kurs.

b Sehen Sie die Szene noch einmal. Wie finanziert sich die WG? Was müssen die Bewohner/innen zusätzlich machen?

1. _____   3. _____
2. _____   + _____

16 a Warum wollen Menschen in einer WG leben? Was kann positiv/negativ sein? Sammeln Sie im Kurs.

▶ 19 **b** *In einer Gemeinschaft leben.* Sehen Sie Szene 19. Was gefällt den Bewohner/innen? Wie organisieren sie das Zusammenleben? Markieren Sie mit zwei Farben. Vergleichen Sie dann mit Ihrer Sammlung aus 16a.

Unterstützung von anderen bekommen | Abwechslung im Alltag haben | auf andere Rücksicht nehmen | Pläne zusammen besprechen | Freizeit gemeinsam verbringen | sich regelmäßig austauschen | die Hausarbeit gerecht verteilen | von den Erfahrungen der anderen profitieren

c Sehen Sie die Szene noch einmal. Wie gehen die WG-Bewohner/innen mit den folgenden Situationen um?

1. unterschiedliche Vorlieben beim Essen
2. unangenehme Dinge erledigen
3. Konflikte
4. allein sein wollen

d Welche Wohnformen finden Sie für ältere Menschen passend? Diskutieren Sie im Kurs.

kurz und klar: Redemittel und Grammatik

etwas hervorheben
Im Gegensatz zu … finde ich …
An … schätze ich vor allem …
Für mich spielt … eine große Rolle.
Besonders wichtig ist/sind für mich …, weil …
… finde ich am wichtigsten, denn …

Konfliktgespräche führen

diplomatisch
Sei mir nicht böse, bitte.
Das ist ja nicht so schlimm.
Wir finden bestimmt einen Kompromiss.
Ich kann dich ja gut verstehen.
Ich wünsche mir, dass …

undiplomatisch
Jetzt übertreibst du aber etwas!
Immer das Gleiche mit dir!
Das kann echt nicht wahr sein!
Reg dich doch nicht gleich so auf.
Das nervt mich wirklich.

Vorvergangenheit ausdrücken: Plusquamperfekt

jetzt	Wir **fahren** gemeinsam an die Ostsee.		Gegenwart → Präsens
früher	Wir **verloren** uns aus den Augen.		Vergangenheit → Präteritum, Perfekt
	Wir **haben beschlossen**, etwas zu ändern.		
noch früher	Wir **hatten** uns fast jeden Tag	**getroffen**.	Vorvergangenheit → Plusquamperfekt
	Wir **waren** viel zusammen	**gereist**.	
	haben/sein im **Präteritum**	Partizip II	

Nebensatz mit *bevor, bis, nachdem, seit/seitdem, während*: Temporalsatz

bevor	Sie trinken Kaffee, **bevor** Julia **telefoniert**.
bis	Wir warten, **bis** du **zurückkommst**.
nachdem	**Nachdem** Matilda **umgezogen** war, **fühlte** sie sich oft einsam.
	Es **gefällt** ihr in Freiburg gut, **nachdem** sie neue Freunde **gefunden hat**.
seit/seitdem	**Seit** du **arbeitest**, bist du gestresst.
	Seitdem du den Job **gewechselt hast**, bist du ständig erschöpft.
während	**Während** ich **aufräume**, kochst du für uns.

In Nebensätzen mit *nachdem* verwendet man ein anderes Tempus als im Hauptsatz:
im Hauptsatz Präsens → im Nebensatz Perfekt
im Hauptsatz Präteritum → im Nebensatz Plusquamperfekt
In der gesprochenen Sprache kann man auch verwenden:
im Hauptsatz Perfekt → im Nebensatz Plusquamperfekt

Hilfe anbieten und annehmen/ablehnen | jemanden warnen | Gewohnheiten nennen | Informationen in einem Infotext finden | über Musik und Gefühle sprechen | wichtige Informationen aus einem Zeitungsartikel weitergeben |

Rund um Körper und Geist

1. Hören Sie die Aussagen. Wer lebt am gesündesten?
2.12

A

B

C

2. Es ist Sommer, die Sonne scheint. Was machen Sie?

A Ich lege mich den ganzen Tag in die Sonne, dann werde ich schön braun.

B Ich creme mich mit Sonnencreme ein und bleibe im Schatten.

C Ich creme mich nicht ein, ich gehe ins Wasser. Dort ist es schön kühl.

3. Draußen ist es sehr warm. Was trinken Sie?

A Ich trinke am liebsten eiskalte Limonade und Fruchtsäfte. Das kühlt so schön.

B Ich trinke morgens viel Tee. Das ist genug Flüssigkeit bis zum Abendessen.

C Ich habe immer meine Wasserflasche dabei und trinke zwischendurch, wenn ich Durst spüre.

4. Sie wollen sich gesund ernähren. Was essen Sie?

A
Fisch mit Salat

B
Schweinebraten mit Knödel

C
Pfannkuchen mit Apfelmus

1 a Wie gesund leben Sie? Machen Sie den Test.

b Lesen Sie die Auswertung auf der letzten Seite. Passt das Ergebnis zu Ihnen? Sprechen Sie in Gruppen.

eine Diskussion im Radio verstehen | Lerntipps geben | besondere Orte vorstellen

8

5. Ein Freund von Ihnen schläft schlecht. Was raten Sie ihm? Er sollte abends ...

A im Bett einen Film zur Entspannung sehen.

B viel Sport machen und dann gut essen, um schön müde zu sein.

C immer zur gleichen Zeit ins Bett gehen und morgens zur gleichen Zeit aufstehen.

6. Wie können Sie Ihr Herz stärken?

A Ich bewege mich viel und mache Gymnastik.

B Ich trinke ausreichend Kaffee.

C Ich esse oft rohes oder blutiges Fleisch (z. B. Steaks).

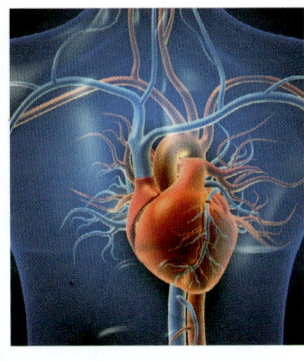

7. Wie können Sie Ihr Gehirn fit halten?

A Ich schreibe mir alles auf, damit ich nichts vergesse.

B Ich strenge mich täglich ein bisschen an und löse z. B. ein Sudoku oder ein anderes Rätsel.

C Ich spiele ein Instrument und übe täglich.

8. Sie haben sehr viel Stress in der Arbeit. Was machen Sie?

A Ich arbeite ohne Pause, bis ich mit allem fertig bin.

B Ich baue Pausen ein und gehe kurz an die frische Luft.

C Ich gehe immer wieder zu meinen Kollegen/Kolleginnen und erzähle, wie viel Stress ich habe.

C Sammeln Sie zu zweit Tipps für ein gesundes Leben und vergleichen Sie im Kurs.

Man sollte nicht zu viel Kaffee trinken.

einundneunzig 91

8 Hilfe anbieten und annehmen/ablehnen, jemanden warnen

Im Krankenhaus

2 a Arbeiten Sie zu zweit. Sehen Sie das Bild an und notieren Sie möglichst viele Wörter. Vergleichen Sie dann im Kurs.

b Hören Sie die Gespräche im Krankenzimmer. Welche Hilfe braucht der Patient? Warum?
(2.13–14)

c Lesen Sie die Ausdrücke und hören Sie die Gespräche noch einmal. Welche Ausdrücke hören Sie? Kreuzen Sie an.

Hilfe anbieten
☐ Brauchen Sie noch Hilfe?
☐ Kann ich noch etwas für Sie tun?
☐ Sie brauchen mich nur zu rufen, wenn ich Ihnen helfen soll.
☐ Was kann ich für dich tun?
☐ Und sonst noch etwas?

Hilfe annehmen
☐ Ja, das wäre sehr nett.
☐ Gern, vielen Dank.
☐ Danke, das wäre toll.

Hilfe ablehnen
☐ Nein, danke, das ist nicht nötig/notwendig.
☐ Danke, aber du brauchst mir nicht zu helfen.

dringend raten / warnen
☐ Sie sollten nicht so viel …
☐ Ich kann Ihnen nur dringend raten, …
☐ Ich muss Sie warnen: …
☐ Es ist dringend notwendig, dass Sie …
☐ Das ist nicht gut für dich!
☐ Sei vorsichtig!

3 a Was bedeuten die Sätze? Kreuzen Sie an.

1. Du brauchst mir nicht zu helfen.
   = Du ☐ musst ☐ kannst ☐ willst ☐ darfst mir nicht helfen.
2. Ich brauche keine Tabletten zu nehmen.
   = Ich ☐ muss ☐ kann ☐ will ☐ darf keine Tabletten nehmen.
3. Er braucht die Pflegerin nur zu fragen.
   = Er ☐ muss ☐ kann ☐ will ☐ darf die Pflegerin nur fragen.

> **G**
> *nicht/kein* oder *nur* + **brauchen** + **zu** + Infinitiv
> Das **brauchst** du **nicht zu** machen.
> Er **braucht kein** Fieber **zu** messen.
> Sie **brauchen** mich **nur zu** rufen.

b Kein Problem! Schreiben Sie Antworten mit *brauchen + zu* und lesen Sie die Dialoge dann zu zweit.

1. ○ Ich möchte so gern einen Kaffee! ● nur ins Café gehen
2. ○ Aber ich habe keinen Hunger. ● nicht viel essen
3. ○ Ich kann das nicht allein! ● nur den Krankenpfleger rufen
4. ○ Mir ist so warm. ● den Pullover nicht anziehen
5. ○ Bitte keine Spritze! ● keine Angst haben

1. Du brauchst nur ins Café zu gehen.

c Arbeiten Sie zu zweit. Wählen Sie eine Situation im Krankenhaus und spielen Sie das Gespräch. Machen Sie vorher Notizen und verwenden Sie auch Ausdrücke aus 2c.

A Patient/in	A Pfleger/in	B Patient/in	B Pfleger/in
– möchte spazieren gehen – fühlt sich schwach und schwindlig	– draußen ist es kalt und glatt – hat Angst, dass Patient/in sich verletzt	– liegt schon seit zwei Tagen im Bett – alles ist unbequem und langweilig	– kann Bücher/Zeitschriften bringen – kann mit Patient/in Gymnastik machen

92 zweiundneunzig

Gewohnheiten nennen, Informationen in einem Infotext finden

4 a Herr Krause darf nach Hause. Lesen Sie die Regel und ordnen Sie die Bilder den Sätzen zu.

A

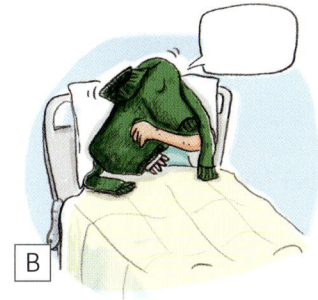
B

 Reflexivpronomen im Akkusativ und Dativ
Ich ziehe **mich** an. Bild _____
Ich ziehe **mir** **den** Pullover an. Bild _____
      Dativ Akkusativ

Reflexivpronomen und Akkusativobjekt →
Reflexivpronomen im Dativ

b Arbeiten Sie zu zweit. Formulieren Sie Fragen mit *du*. Fragen und antworten Sie dann.

1. sich kämmen – gleich nach dem Aufstehen?
2. sich die Zähne putzen – vor oder nach dem Frühstück?
3. sich die Haare waschen – morgens oder abends?
4. sich duschen – kalt oder heiß?
5. sich den Schuh anziehen – zuerst den linken oder den rechten?

1. Kämmst du dich gleich nach dem Aufstehen?

5 a Aufenthalt im Krankenhaus. Was möchten Patienten wissen? Arbeiten Sie zu zweit und überlegen Sie sich pro Thema mindestens eine Frage.

Besuchszeiten | Essen und Getränke | Fernsehen | Kleidung | Telefon | Wertsachen | Geschäfte | Cafeteria

Wann dürfen mich Freunde besuchen?

b Teilen Sie die Fragen aus 5a auf und suchen Sie die Antworten im Infoblatt der Fein-Klinik. Teilen Sie Ihrem Partner / Ihrer Partnerin dann die Antworten mit.

Informationen für Ihren Aufenthalt in unserer Klinik

Essen und Getränke: Das Küchenteam bereitet täglich drei Hauptmahlzeiten (davon eine vegetarisch) und mehrere Zwischenmahlzeiten zu. Für diätische Ernährung ist unser/e Diät-Assistent/in zuständig. Auf den Stationen steht Ihnen jederzeit kostenlos Mineralwasser zur Verfügung, ebenso Tee und Kaffee.

Kleidung: Bitte nehmen Sie bequeme Kleidung mit. Neben Nachthemd/Schlafanzug, Bademantel und Hausschuhen eignen sich Trainingsanzüge für Ihren Klinikaufenthalt.

Fernsehen: Mit dem Fernsehgerät können Sie 30 Programme empfangen. Die Nutzung des Apparats kostet 2,50 € pro Tag. Die Gebühren bezahlen Sie bei der Entlassung. Die Bedienungsanleitung und die Fernbedienung finden Sie im oberen Fach Ihres Nachttisches.

Telefon: Die Gebühren für das Telefon betragen 2 € pro Tag einschließlich Gesprächen ins deutsche Festnetz. Ihre Rufnummer steht gut sichtbar auf der Chipkarte, die Sie am Automaten neben der Rezeption erhalten.

Besuchszeiten: Besucher/innen sind prinzipiell jederzeit willkommen, am besten eignet sich der Nachmittag. Bitte nehmen Sie bei Besuchen Rücksicht auf Ihre Zimmernachbarn/-nachbarinnen.

Wertsachen: Wir empfehlen Ihnen, sämtliche Wertsachen im Schließfach in Ihrem Schrank aufzubewahren.

Supermarkt und Drogerie: Diese finden Sie in der Nähe des Haupteingangs (täglich von 8–18 Uhr geöffnet). Neben Zahnbürsten, Zahnpasta, Seife, Shampoo oder Rasiercreme gibt es dort Zeitschriften und Bücher.

Notausgang und Notfälle: Bei einem Brand oder einem anderen Notfall drücken Sie den Alarmknopf. Der Weg zum Notausgang ist beschildert. Rauchen ist grundsätzlich untersagt.

c Welche Regeln und Informationen gibt es in Kliniken bei Ihnen? Was ist bei Krankenbesuchen üblich? Erzählen Sie.

Wenn ich jemanden im Krankenhaus besuche, bringe ich immer … mit.

dreiundneunzig **93**

Musik und Emotionen

6 a In welchen Situationen oder Stimmungen hören Sie welche Musik? Sprechen Sie im Kurs.

Wenn ich jogge, höre ich immer …

Wenn ich gestresst bin, …

b Lesen Sie den Zeitungsartikel über Musik. Welche Themen kommen im Text vor? Markieren Sie.

Musikstudium | Musik und Emotionen | Musik zu bestimmten Anlässen | Musik und Gehirn | Entstehen von Musikgeschmack | Merkmale guter Musik | Filmmusik | Musik und Erinnerung | Musikinstrumente | Musik und Reklame

Was Musik mit uns macht
Musik löst Gefühle aus – sie macht uns fröhlich oder traurig

Der amerikanische Forscher Steven Pinker hat einmal gesagt: „Musik ist Käsekuchen für die Ohren", also etwas Süßes oder Leckeres. Aber Musik kann natürlich auch anders „schmecken".
5 Heavy Metal ist für die Ohren wohl eher scharf und würzig.
Man kann entweder Klassik oder Metal mögen, aber unsere Reaktion auf Musik ist immer gleich. Dabei ist es ganz egal, ob uns die Musik gefällt
10 oder nicht. Jeder kann das beobachten: Bei Dur-Tonarten und schnellen Rhythmen atmen wir zum Beispiel schneller und empfinden eher Freude. Daher spielt man weder bei feierlichen Veranstaltungen noch auf Beerdigungen fröhli-
15 che Musik in Dur. Bei langsamen Stücken in Moll dagegen ist das anders: Der Puls sinkt und man fühlt sich traurig. Die Tonart wirkt aber auch beruhigend. Warum ist das so? Was passiert da in unseren Köpfen? Dafür gibt es eine inte-
20 ressante Erklärung: Die Töne gelangen über die Ohren ins Gehirn. Das Gehirn verarbeitet die Informationen sowohl im Bereich für Sprache als auch im Bereich für Gefühle. Deswegen kann es sein, dass wir fröhlich werden, wenn wir Salsa
25 hören, und dass wir traurig werden oder weinen, wenn wir tragische Musik hören.
Dass Musik unsere Stimmung beeinflusst, wissen wir auch aus dem Kino. Stellen Sie sich einen spannenden Thriller oder eine romantische
30 Liebesszene ohne Musik vor – der Film wäre zwar immer noch gut gespielt und gut gemacht, aber er würde uns alle nicht so berühren. Vermutlich wäre er ziemlich langweilig.
Nicht nur in der Filmbranche oder in der Wer-
35 bung ist Musik wichtig, sondern auch in der Medizin. Personen, die an Alzheimer leiden, die sich an fast nichts mehr erinnern und kaum noch sprechen können, singen bekannte Lieder mit. Mithilfe von Musik erinnern sie sich an Erlebnis-
40 se aus ihrem Leben. Musik ist also einerseits Unterhaltung für uns, andererseits aber viel mehr: Sie beeinflusst unsere Stimmung und sie kann kranken Menschen helfen, weil sie eine ähnliche Wirkung wie Medizin hat.

c Lesen Sie den Text noch einmal. Welche Sätze sind richtig? Kreuzen Sie an.

☐ 1. Nur auf Musik, die wir mögen, reagieren wir mit Emotionen.
☐ 2. Musik in Dur-Tonarten macht die Menschen traurig und ruhig.
☐ 3. Unser Gehirn verarbeitet Musik nur in einem Bereich.
☐ 4. Musik verstärkt die Emotionen in Filmen.
☐ 5. Musik kann die Heilung von Krankheiten unterstützen.

wichtige Informationen aus einem Zeitungsartikel weitergeben, über Musik und Gefühle sprechen

8

d Jemand aus Ihrem Kurs hat den Text nicht gut verstanden. Welche Informationen aus dem Text finden Sie am wichtigsten? Erklären Sie diese in einfachen Worten.

▶ 20–22

Informationen aus Texten weitergeben
Im Text geht es um …
Die wichtigsten Themen sind …
Außerdem steht im Text, dass …
Besonders interessant ist der Punkt …

7 a Lesen Sie die Regel und markieren Sie die zweiteiligen Konnektoren in 6b.

G

Zweiteilige Konnektoren	
sowohl … als auch … / nicht nur …, sondern auch …	das eine **und** das andere
entweder … oder …	das eine **oder** das andere
weder … noch …	das eine **nicht** und das andere auch **nicht**
zwar …, aber …	das eine **mit Einschränkungen**
einerseits …, andererseits …	Gegensatz; eine Sache hat **zwei Seiten**

b Ordnen Sie die Satzteile zu und schreiben Sie die Sätze.

1. Ich mag sowohl klassische Musik
2. Ohne Musik kann ich weder aufräumen
3. Am Wochenende gehe ich entweder auf ein Konzert
4. Tom geht zwar gern auf Konzerte,
5. Einerseits höre ich gern Musik,
6. Ich spiele nicht nur gern Klavier,

aber	A ins Kino.
als auch	B stört sie mich beim Lernen.
andererseits	C putzen.
noch	D Gitarre.
oder	E oft bleibt er lieber zu Hause.
sondern auch	F Jazz.

1F Ich mag sowohl klassische Musik als auch Jazz.

c Spielen Sie in Gruppen. Jede/r würfelt und bildet einen Satz. Wer hat als Erstes zu jedem Konnektor einen Satz gebildet?

⚀	⚁	⚂	⚃	⚄	⚅
Ich mag sowohl … als auch …	Einerseits sehe ich …, andererseits …	Ich kaufe zwar oft …, aber …	Ich esse weder … noch …	Ich gehe nicht nur gern …, sondern auch …	Entweder machst du jetzt … oder …

8 Musik in Ihrem Kopf. Welche Lieder verbinden Sie mit besonderen Erinnerungen? Welches Lied geht Ihnen oft durch den Kopf? Welches Lied mögen Sie gar nicht?

„Close your eyes" von Felix Jaehn ist so ein Lied, das mir ganz gut gefällt. Aber …

9 a Aussprache: Satzmelodie. Hören Sie und bewegen Sie die Arme: nach oben ↗, nach unten ↘ oder zur Seite →.

2.15

▶ P4

○ Ich höre im Moment → oft Salsa. ↘
● Salsa? ↗ Hast du gerade gute Laune? ↗
○ Ja, → aber ich höre auch Tango. ↘
● Warum hörst du Tango? ↘ Ist Tango nicht eher traurige Musik? ↗
○ Tango kann sowohl traurig → als auch fröhlich sein. ↘
● Hm, → ich höre lieber Rock und Pop. ↘

Satzmelodie
↗ bei Ja-/Nein-Fragen, Nachfragen, sehr höflichen Fragen/Äußerungen
↘ bei Aussagen, Aufforderungen und W-Fragen
→ bei nicht abgeschlossenen Äußerungen und bei Unsicherheit

b Hören Sie noch einmal und sprechen Sie nach.

2.16

8 eine Diskussion im Radio verstehen, Lerntipps geben

Gedächtnisleistung

10 a Woran können Sie sich noch erinnern? Notieren Sie.

1. Was war das erste deutsche Wort, das Sie gelernt haben?
2. Was waren heute im Kurs die ersten Worte des Lehrers / der Lehrerin?
3. Notieren Sie fünf neue deutsche Wörter aus der letzten Kursstunde.
4. Was hatten Sie gestern an?
5. Was hatte Ihr Partner / Ihre Partnerin in der letzten Kursstunde an?
6. Was haben Sie an Ihrem letzten Geburtstag gegessen?

> **Gut gesagt: Wenn man etwas vergessen hat**
> Das fällt mir gerade nicht ein.
> Keine Ahnung!
> Ich komme gerade nicht drauf.
> Da bin ich wirklich überfragt.
> Mir liegt es auf der Zunge.

b Sprechen Sie in Gruppen über Ihre Antworten in 10a. Warum können Sie sich an manche Dinge gut erinnern und an andere nicht?

11 a Lesen Sie die Programmankündigung. Was ist das Thema? Wer ist im Studio?

> Heute geht es in unserer Sendung um das Lernen und sinnvolle Tipps dazu. Viele Aspekte sind beim Sprachenlernen wichtig, aber ohne Motivation und eine positive Einstellung wird es schwer – das meint zumindest Dr. Gregor Schellbach. Er beschäftigt sich seit 15 Jahren als Lerncoach mit diesem Thema. Unser zweiter Studiogast ist Ina Dahlmeyer. Sie unterrichtet an einer Gesamtschule und versucht, ihren Klassen Techniken zu vermitteln, die beim Lernen helfen.
> → zur Sendung

b Hören Sie die Radiosendung. In welcher Reihenfolge sprechen die Personen über die Themen? Nummerieren Sie.

____ Lerntipps   ____ Lerntypen   ____ Lernzeiten

c Lesen Sie die Aussagen und hören Sie die Radiosendung noch einmal. Wer sagt das? Notieren Sie M (Moderator), S (Dr. Gregor Schellbach) oder D (Ina Dahlmeyer).

1. Es gibt keine feste Tageszeit, zu der man am besten lernt. ____
2. Wenn man motiviert ist, lernt man effektiver. ____
3. Beim Lernen sollte man mehrere Sinne nutzen. ____
4. Es hilft, kleine Mengen zu lernen und Pausen zu machen. ____
5. Neue Wörter sollte man in einem besonderen Kontext verwenden. ____
6. Man lernt besser, wenn man seinen eigenen Lerntyp kennt. ____

12 a Welche deutschen Wörter können Sie sich schlecht merken? Wählen Sie sieben bis zehn schwierige Wörter und schreiben Sie damit eine kurze, ungewöhnliche Geschichte.

Irina hatte Geburtstag und von ihrer Vorgesetzten einen Kühlschrank als Geschenk bekommen. ...

> **Wörter lernen**
> Wenn Sie (schwierige) Wörter in einem besonderen Kontext verwenden, können Sie sich diese besser merken. Denken Sie sich zum Beispiel eine fantasievolle Geschichte mit diesen Wörtern aus. Überprüfen Sie einige Tage später, wie gut Sie sich an die Wörter erinnern können.

b Welche Lerntipps kennen Sie noch? Arbeiten Sie in Gruppen, recherchieren und sammeln Sie Tipps. Bilden Sie dann neue Gruppen mit Personen aus den anderen Gruppen und berichten Sie sich gegenseitig.

besondere Orte vorstellen

8

Mit allen Sinnen

13 a Arbeiten Sie zu dritt. Jede/r wählt einen Ort und beantwortet die Fragen.

1. Was kann man da machen?
2. Für wen ist das besonders geeignet?
3. Wie viel Zeit soll man einplanen?

Unsere Ausflugstipps: Die Welt mal anders erleben

Wir stellen Ihnen heute drei besondere Orte vor, an denen Sie einen anderen Blick auf die Welt bekommen – mit allen Sinnen und außerdem mit viel Spaß.

Besuchen Sie die *Villa Sinnenreich* in Rohrbach (Oberösterreich), ein nicht alltägliches Museum für alle Altersgruppen und besonders für neugierige Menschen mit Humor. Hier können Sie ungewöhnliche Dinge mit allen Sinnen erleben und sich über Manches wundern: Es beginnt mit essbaren Tickets, geht weiter über verschiedene visuelle Tricks und ein „Fühlschiff" bis zu besonderen Hörerlebnissen. Auch kreativ können Sie werden und Experimente machen. Am besten reservieren Sie einen ganzen Tag für dieses Museum der speziellen Art.

Lieben Sie die Natur und Bäume und würden gern mehr darüber wissen? Möchten Sie mal die Perspektive wechseln? Dann ist der *Baumwipfelpfad* im Bayerischen Wald der richtige Ort für Sie und Ihre Familie. Genießen Sie nicht nur die Ruhe und Schönheit der Natur, sondern auch einen traumhaften Blick in die Ferne. Der Pfad und der Aussichtsturm sind barrierearm und familienfreundlich, deshalb kommt man auch mit Kinderwagen oder Rollstuhl bequem ans Ziel. Für den Pfad empfehlen wir knapp zwei Stunden. Im Tier-Freigelände und in den Restaurants direkt nebenan vergehen weitere Stunden sehr schnell.

Im *Haus der Musik* in Wien erfahren Sie an einem halben Tag Spannendes über Musik, Klänge, Komponisten und die Wiener Philharmoniker. Sie können das Orchester zum Beispiel virtuell dirigieren und lernen seine Geschichte kennen. Im Bereich „Sonotopia" erleben Sie die Welt der Klänge: Wie entstehen sie? Wie breiten sie sich aus? Spielen Sie auf Rieseninstrumenten oder formen Sie eigene Klänge. Allen Musikinteressierten ab fünf Jahren empfehlen wir einen Besuch in diesem interaktiven Museum.

b Stellen Sie „Ihren" Ort in der Gruppe vor.

c Welchen Ort aus 13a würden Sie gern besuchen? Warum? Sprechen Sie.

Ich interessiere mich sehr für …, deshalb …

… klingt für mich am spannendsten, denn …

8 hören und sehen

Tanzen ist Leidenschaft

14 a *DanceAbility*. Sehen Sie Szene 20. Sprechen Sie zu zweit und beschreiben Sie, was Sie gesehen haben.

die Bühne | tanzen | der Rollstuhl | der Verein | das Training | die Menschen mit/ohne Behinderung | die Aufführung | die Musik | sich bewegen | der Rhythmus | die Gruppe

b Lesen Sie den Satz aus dem Film. Was bedeutet „Menschen mit unterschiedlichen Fähigkeiten"? Sprechen Sie im Kurs.

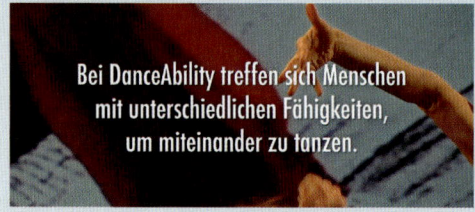

15 a *Tanzen bedeutet für mich …* Lesen Sie die Sätze und sehen Sie Szene 21. Wer sagt das? Ergänzen Sie Maja, Anne, Stefan oder Gudrun.

1. Tanzen ist Leidenschaft, Liebe, Geborgenheit und das drücke ich aus. _____
2. Durch das Tanzen habe ich viel Selbstvertrauen bekommen. _____
3. Wir kopieren keine Bewegungen, wir übersetzen sie in die eigene Körpersprache. _____
4. Mit der DanceAbility-Methode lernt man zu improvisieren. _____
5. Durch das Tanz-Training kann man den eigenen Körper besser akzeptieren. _____
6. Ich bin, wie ich bin, genau richtig und kann noch viel dazulernen. _____
7. Die Zuschauer/innen sehen, was ein Mensch mit Down-Syndrom schaffen kann. _____
8. Durch DanceAbility hat sich mein Tanzen verändert. _____

b Tauschen Sie Ihr Buch mit einem Partner / einer Partnerin. Sehen Sie die Szene noch einmal und kontrollieren Sie die Antworten.

16 a *Auf Tour*. Sehen Sie Szene 22. Arbeiten Sie zu zweit und formulieren Sie zu jedem Foto einen Satz. Vergleichen Sie dann im Kurs.

b Und Sie? Tanzen Sie gern? Oder machen Sie etwas anderes mit Leidenschaft? Sprechen Sie im Kurs.

kurz und klar: Redemittel und Grammatik 8

Hilfe anbieten
Brauchen Sie / Brauchst du noch Hilfe?
Kann ich noch etwas für Sie/dich tun?
Sie brauchen / Du brauchst mich nur zu rufen, wenn ich Ihnen/dir helfen soll.
Was kann ich für Sie/dich tun?
Und sonst noch etwas?

Hilfe annehmen
Ja, das wäre sehr nett.
Gern, vielen Dank.
Danke, das wäre toll.

Hilfe ablehnen
Nein, danke, das ist nicht nötig/notwendig.
Danke, aber Sie brauchen / du brauchst mir nicht zu helfen.

dringend raten / warnen
Sie sollten / Du solltest nicht so viel …
Ich kann Ihnen/dir nur dringend raten, …
Ich muss Sie/dich warnen: …
Es ist dringend notwendig, dass Sie/du …
Das ist nicht gut für Sie/dich!
Seien Sie / Sei vorsichtig!

Informationen aus Texten weitergeben
Im Text geht es um …
Die wichtigsten Themen sind …
Außerdem steht im Text, dass …
Besonders interessant ist der Punkt …

nicht/kein oder *nur* + *brauchen* + *zu* + Infinitiv

nicht/kein* + *brauchen* + *zu	
Das **brauchst** du **nicht zu** machen.	= Das musst du nicht machen.
Er **braucht kein** Fieber **zu** messen.	= Er muss kein Fieber messen.
nur* + *brauchen* + *zu	
Sie **brauchen** mich **nur zu** rufen.	= Sie müssen mich nur rufen.

Reflexivpronomen im Akkusativ und Dativ

Ich ziehe	**mich**	an.
Ich ziehe	**mir**	**den** Pullover an.
	Dativ	Akkusativ

	ich	du	er/es/sie	wir	ihr	sie/Sie
Akkusativ	mich	dich	sich	uns	euch	sich
Dativ	mir	dir				

Wenn es bei reflexiven Verben ein Reflexivpronomen <u>und</u> ein Akkusativobjekt gibt, steht das Reflexivpronomen im Dativ.

Zweiteilige Konnektoren

sowohl … als auch … / **nicht nur …, sondern auch …**	das eine **und** das andere	Ich höre **sowohl** Klassik **als auch** Pop. Ich höre **nicht nur** Klassik, **sondern auch** Pop.
entweder … oder …	das eine **oder** das andere	Er hört **entweder** Rock **oder** Heavy Metal.
weder … noch …	das eine **nicht** und das andere auch **nicht**	Sie hört **weder** Pop **noch** Jazz.
zwar …, aber …	das eine **mit** Einschränkungen	Ich höre **zwar** gern Radio, **aber** manchmal nerven die Sprecher/innen.
einerseits …, andererseits …	Gegensatz; eine Sache hat **zwei** Seiten	**Einerseits** höre ich gern laute Musik, **andererseits** stört sie mich manchmal auch.

Zweiteilige Konnektoren können Satzteile oder ganze Sätze verbinden:
Ella spielt **nicht nur** Flöte, **sondern auch** Klavier.
Brian spielt **nicht nur** Gitarre, **sondern** er singt **auch** gut.

Informationen aus Zeitungstexten weitergeben | nachfragen | etwas verneinen | über Bilder sprechen | sagen, wie einem etwas gefällt | ein Kursprogramm verstehen | Personen oder Dinge genauer beschreiben |

Kunststücke

Den Platz um den Leopoldsbrunnen mag ich besonders gern. Der Brunnen steht gegenüber von der Hofburg, auf dem Platz vor dem neuen Haus der Musik. Der Brunnen und die Statuen sind fast 400 Jahre alt, die Hofburg in der heutigen Form 250 Jahre. Das Haus der Musik ist seit 2018 offen. Den Kontrast von alt und neu finde ich schön und interessant.

Marias Kunstblog

Bahnhöfe gefallen mir eigentlich nicht, aber der von Innsbruck ist einfach schön. Egal, ob ich wegfahre oder ankomme: Wenn ich über die Treppe gehe, sehe ich immer dieses Bild mit dem Titel „Innsbrucks Gegenwart". Das stimmt nicht mehr ganz, denn Max Weiler hat es schon 1955 gemalt, aber ich mag die hellen Farben und die fröhlichen Figuren.

Leopoldsbrunnen, die Hofburg spiegelt sich im Haus der Musik

A Bahnhofshalle mit den Bildern von Max Weiler

C Eines der vielen Graffiti von HNRX

1 a Kunst und Kultur in Innsbruck. Sehen Sie die Fotos an. Was gefällt Ihnen am besten? Was gefällt Ihnen nicht? Warum?

b Arbeiten Sie zu fünft. Jede/r liest einen Eintrag aus Marias Kunstblog. Was für ein Kunstwerk ist das? Was findet Maria daran schön? Berichten Sie in der Gruppe.

Auf Brücken, Betonwänden und ganzen Hauswänden finde ich die Kunst von HNRX. Oft spielen die Bilder mit Dingen aus dem Alltag. Ich mag diesen Spieß mit Obst und der Espressokanne in der Mitte. Obwohl HNRX (Maximilian Prantl) inzwischen in ganz Europa aktiv ist: Ich freue mich, dass ich in Innsbruck immer wieder neue Graffiti von ihm entdecken kann.

Anzeigen verstehen und schreiben | ein Interview und eine Impro-Geschichte verstehen | improvisieren | über Singen und Volkslieder sprechen

9

Station Löwenhaus der Hungerburgbahn

Manchmal gibt es auch Überraschungen, zum Beispiel die Installation „Nehmen Sie Platz!", die einige Monate auf dem Platz vor dem Landestheater stand. Ich finde, das ist Kunst, die zum Nachdenken anregt. Wie viele Plätze gibt es in der Stadt, wo sich Menschen aufhalten können und nichts konsumieren müssen? Was machen Leute, die wenig oder kein Geld haben? Mit einem Wort: Wie freundlich ist die Stadt? So einfach, so eine tolle Idee!

Innsbruck liegt mitten in den Bergen. Die Hungerburgbahn verbindet das Zentrum mit dem Stadtteil Hungerburg. Von dort geht es weiter steil hinauf bis auf 2.300 Meter Höhe. Die runden, weichen Formen der Stationen von Zaha Hadid fallen sofort auf. Das ist was für Fans moderner Architektur, also für mich. Man kann hier gut sehen, dass die Stadt lebt und sich weiterentwickelt. Das finde ich gut, denn ich will nicht in einem Museum leben.

„Nehmen Sie Platz!" Installation von Thomas Medicus

2 a Hören Sie eine Radioumfrage. Was gefällt den Personen besonders gut und warum? Notieren Sie.
2.19
Person 1: schöne Gebäude, ...

b Recherchieren Sie ein weiteres Kunstobjekt in Innsbruck oder einer anderen Stadt und stellen Sie es kurz vor.

c Sind Sie heute schon Kunst begegnet? Was haben Sie auf dem Weg zum Kurs gesehen (Gebäude, Graffiti, Statuen ...)? Schreiben Sie einen kurzen Text.

einhunderteins **101**

9 Informationen aus Zeitungstexten weitergeben, nachfragen

Wa(h)re Kunstwerke

3 a Zeitungstexte zum Thema „Kunst". Lesen Sie die Überschriften. Worum könnte es in den Texten gehen? Vermuten Sie.

Tierische Helfer   Kunst aus dem Supermarkt   Putzfrau zu ordentlich

b Arbeiten Sie in Gruppen. Jede Gruppe liest einen Text, sucht die passende Überschrift in 3a und formuliert drei Fragen zum Text. Eine andere Gruppe notiert die Antworten.

A In einem Museum reinigte eine Putzfrau gründlich eine scheinbar schmutzige Gummiwanne. Sie hatte nicht erkannt, dass es sich um ein Kunstwerk handelte, sondern dachte, dass sie auch hier putzen soll. So zerstörte sie aus Versehen die Installation des bekannten Künstlers Martin Kippenberger im Wert von 800.000 Euro. Vermutlich hat die Reinigungsfirma die Putzfrau nicht korrekt informiert, denn eigentlich darf das Reinigungspersonal nicht näher als 20 cm an die Kunstwerke herankommen. Das ist nicht das erste Missgeschick dieser Art – auch Werke von Joseph Beuys hat man beschädigt.

B Ein deutscher Zoo brauchte dringend Geld und hatte eine clevere Idee. Bei einer Auktion hat er ganz besondere Bilder verkauft. Die Künstler sind nicht Menschen, sondern Affen. „Wir haben die Tiere nicht gezwungen, alle haben freiwillig gemalt", meinte der Zoodirektor. Die Bilder sind bunt und abstrakt und kommen bei den Auktionsbesuchern gut an – bis zu 500 Euro bezahlen sie für ein Bild. „Für ein originales Kunstwerk ist das preiswert und ich glaube nicht, dass jemand erraten wird, wer das Bild gemalt hat", meinte eine Käuferin.

C Dass man originale Kunstwerke nur in Ausstellungen oder Galerien kaufen kann, stimmt nicht. Der Kunsthistoriker Mario Terés und die Ethnologin Julia Loytved zeigen mit ihren Kunstsupermärkten, dass es auch anders geht: Sie mieten meist für eine begrenzte Zeit Verkaufsräume in größeren Städten in Deutschland, Österreich oder der Schweiz und verkaufen dort Originale von jungen und zum Teil auch bekannten Künstlerinnen und Künstlern aus dem In- und Ausland. Die meisten Bilder kosten zwischen 69 und 359 Euro und alle Künstler/innen liefern mindestens zehn Bilder zu jeder Preiskategorie.

c Welchen Text haben Sie noch nicht gelesen? Finden Sie im Kurs eine Person, die Sie über diesen Text informiert. Fragen Sie nach.

nachfragen
Habe ich richtig verstanden, dass …?
Könntest du mir noch einmal erklären, was/wer/…?
Mich würde genauer interessieren, warum/ob …
Darf ich noch mal nachfragen, wie viel / ob …?

etwas verneinen, über Bilder sprechen, sagen, wie einem etwas gefällt

9

4 a Lesen Sie die Regeln und die Sätze A–F. Was passt zusammen? Ordnen Sie zu.

A Sie interessiert sich nicht für Kunst. _1d_
B Wir konnten nicht kommen. ___
C Das Bild war nicht teuer. ___
D Ich war nicht heute im Museum. ___
E Sie waren nicht dort. ___
F Das Bild gefällt mir nicht. ___

> **Stellung von *nicht* im Satz**
> 1. a Wenn *nicht* den ganzen Satz verneint, steht es möglichst am Ende des Satzes.
>   Aber: In der Satzverneinung steht *nicht* …
>   b vor dem zweiten Verbteil.
>   c vor Adjektiven und Adverbien.
>   d vor Präpositionalergänzungen.
>   e vor Ortsangaben.
> 2. Wenn *nicht* nur ein Wort verneint, steht es direkt vor diesem Wort.

b Verneinen Sie den ganzen Satz.

1. Die Putzfirma hat ausreichend informiert.
2. Die Putzfrau hat das Kunstwerk erkannt.
3. Die meisten Tiere malen.
4. Die Besucher fanden die Bilder schlecht.
5. Die meisten fragen nach bekannten Künstlern.
6. Er hat das Bild im Kunstsupermarkt gekauft.

c Lebendige Sätze. Bilden Sie zu zweit einen langen Satz mit *nicht*. Schreiben Sie die Wörter/Wortgruppen auf einzelne Zettel und verteilen Sie sie im Kurs. Die Personen mit Zetteln bilden nun den korrekten Satz.

5 a Sehen Sie das Bild von Heimrad Prem an. Wie gefällt es Ihnen? Wie könnte es heißen?

b Hören Sie drei Gespräche über ein Kunstwerk. Wie vielen Personen gefällt das Bild?

c Hören Sie noch einmal. Was drücken die Sätze aus? Notieren Sie ☺, ☺☺, ☹ oder ☹☹.

1. Das Bild gefällt mir total gut. ☺☺
2. Ich finde das eher langweilig. ___
3. Ich finde es ziemlich durcheinander. ___
4. Ich finde es wirklich super. ___
5. Das finde ich besonders gut. ___
6. Mich spricht es eigentlich nicht an. ___
7. Ich finde es relativ witzig. ___
8. Das gefällt mir richtig gut. ___
9. Das ist wirklich nichts für mich. ___

d Lesen Sie die Sätze. Wie ändern die markierten Wörter den Satz? ☺/☹ oder ☺☺/☹☹? Ordnen Sie die Wörter in eine Tabelle.

☺/☹	☺☺/☹☹
	total

1. Das Bild gefällt mir gut. — Das Bild gefällt mir <u>total</u> gut. — Das Bild gefällt mir <u>relativ</u> gut.
2. Ich bin begeistert. — Ich bin <u>ziemlich</u> begeistert. — Ich bin <u>wirklich</u> begeistert.
3. Das Foto ist schrecklich. — Das Foto ist <u>besonders</u> schrecklich. — Das Foto ist <u>eigentlich</u> schrecklich.
4. Das Museum war langweilig. — Das Museum war <u>eher</u> langweilig. — Das Museum war <u>richtig</u> langweilig.

6 Machen Sie eine Ausstellung im Kurs. Jede/r bringt ein Foto von einem Kunstwerk mit und hängt es auf. Sprechen Sie über die Kunstwerke. Verwenden Sie die Ausdrücke aus 5c und d.

9 ein Kursprogramm verstehen

Wir können mehr

7 a Sind Sie gern kreativ? Haben Sie schon mal Theater gespielt, Bilder gemalt, einen Film gemacht …? Erzählen Sie im Kurs.

b Lesen Sie das Programm des Bildungszentrums. Sind die Sätze richtig oder falsch? Kreuzen Sie an.

Bildungszentrum Hausen

| Home | News | **Programm** | Gesucht | Kontakt |

Unser neues Programm – künstlerisch aktiv sein!
Das aktuelle Programm des Bildungszentrums Hausen hat einen neuen Schwerpunkt: Wir werden künstlerisch noch aktiver. Bestimmt ist auch für Sie ein passender Kurs dabei.

Malen mit Alice Marosević – Vielleicht kennen Sie die großen, bunten Bilder der jungen Malerin Alice Marosević. Im Kurs lernen Sie mit ihr, wie Sie Ihre Technik (Aquarell und Ölfarben) verbessern. Alice hilft Ihnen aber auch, Ihre kreativen Ideen umzusetzen. Kurs BZH21.221

lautstark. **Theatergruppe mit Augusto Melo** – Was bewegt uns im Alltag? Der brasilianische Theatermacher Augusto Melo erarbeitet mit seiner Gruppe ein kurzes Stück zu diesem Thema und findet für jede und jeden die passende Rolle. Sie brauchen keine große Erfahrung mit Theater mitzubringen – die machen Sie im Kurs! Kurs BZH21.222

Aus alt mach neu. Upcycling mit Viktor Mair – Wer kennt sie nicht, die praktischen Möbel aus Paletten oder die bunten Vasen aus alten Flaschen? Haben Sie eine Idee, was Sie aus einem alten Ding machen können? Der erfahrene Handwerker und Künstler Viktor Mair hilft Ihnen mit geeigneten Tipps, Ihre künstlerischen Pläne zu realisieren. Kurs BZH21.223

	richtig	falsch
1. Das Bildungszentrum Hausen bietet jetzt mehr künstlerische Aktivitäten an.	☐	☐
2. Die junge Malerin Alice Marosević hat ihre Technik verbessert.	☐	☐
3. Die Theatergruppe *lautstark* besteht aus erfahrenen Schauspielern/Schauspielerinnen.	☐	☐
4. Im Upcycling-Kurs hilft Viktor Mair, wenn Teilnehmer/innen gute Einfälle haben.	☐	☐

c Welche Eigenschaften kommen im Programm vor? Markieren Sie die nominalen Gruppen (Artikel, Adjektiv und Nomen) in 7b. Erstellen Sie dann in Gruppen Lernplakate zu den Adjektivendungen nach dem bestimmten und dem unbestimmten Artikel.

d Ergänzen Sie die Aussagen mit Informationen aus dem Programm.

1. Alice Marosević ist …
2. Sie ist bekannt für …
3. Mit ihr kann man … umsetzen.
4. Augusto Melo ist …
5. Im Kurs spielt man …
6. Alle Teilnehmenden bekommen …
7. Viktor Mair ist …
8. Für den Kurs braucht man …
9. Viktor hat … für jeden Plan.

1. Alice Marosević ist eine junge Malerin.

Personen oder Dinge genauer beschreiben, Anzeigen verstehen und schreiben

9

8 a Lesen Sie die Anzeigen. Zu welchem Kurs in 7b passen die Anzeigen?

Bildungszentrum Hausen

| Home | News | Programm | **Gesucht** | Kontakt |

A **Kleine Gruppe** braucht Hilfe von netter Person, die uns mit coolen Frisuren für die Bühne hilft. Großer Spaß und lange Partys sind inklusive. 😜 Melde dich: 0177 / 333 55 22

B Ich suche für kleines Projekt bunte Farbstifte und Kulis: kurze, lange, dicke, dünne. Wer hat noch welche rumliegen? Binta Haidara ist dankbar. 0319 / 20 84 314

C Suche alte Lampe und alten Fernseher (müssen nicht mehr funktionieren) aus braunem Holz. Hole die Sachen von überall ab. Bitte Nachricht an Mike 0739 / 349 82 11.

b Markieren Sie in 8a die nominalen Gruppen. Ergänzen Sie dann die Endungen in der Tabelle.

G Adjektive ohne Artikel

	maskulin	neutrum	feminin	Plural
Nom.	der Spaß	das Projekt	die Gruppe	die Partys
	groß___ Spaß	kleines Projekt	klein **e** Gruppe	lang___ Partys
Akk.	den Fernseher	das Projekt	die Lampe	die Farbstifte
	alt___ Fernseher	klein___ Projekt	alt___ Lampe	bunt___ Farbstifte
Dat.	dem Spaß	dem Holz	der Person	den Frisuren
	mit großem Spaß	aus braun___ Holz	von nett___ Person	mit cool___ Frisuren

Adjektive ohne Artikel haben die gleiche Endung wie der bestimmte Artikel: der → großer Spaß

c Ergänzen Sie die Anzeigen. Manchmal gibt es mehrere Möglichkeiten.

bequeme | chaotischer | erfahrene | fantasievolle | großem | kleines | kreativen | nettem | runden | verrückte | wunderbarer

1. Wir suchen … Handwerker/innen mit … Ideen für unsere Projekte.
2. Sind Sie Friseur/in, der/die mit … Spaß … Frisuren macht? Willkommen in … Team!
3. Wir meinen Sie! … Person fehlt noch in …, etwas … Gruppe.
4. Wir suchen … Stühle und … Tisch für … Theaterstück.

d Wählen Sie zwei Situationen oder erfinden Sie eigene. Wen/Was suchen Sie dafür? Schreiben Sie zwei Anzeigen.

| Sie wollen den Kursraum neu und schöner gestalten. | Sie wollen eine Musikgruppe / ein Sportteam gründen. | Sie wollen eine Motto-Party veranstalten. |

9 a 2.21 Aussprache: Vokal am Wortanfang. Hören Sie die Ausdrücke. Welche verbindet man beim Sprechen ⌒, welche spricht man getrennt | ? Hören Sie dann noch einmal und sprechen Sie nach.

1. a ist ⌒ bekannt
   b ist | aktiv
2. a mit Ideen
   b mit Freunden
3. a altes Radio
   b altes Auto
4. a jeden Morgen
   b jeden Abend
5. a von uns
   b von dir

b 2.22 Wo spricht man verbunden, wo getrennt? Markieren Sie. Hören Sie dann zur Kontrolle und sprechen Sie nach.

1. Es ist nicht einfach, alles allein zu organisieren. Wir arbeiten deshalb in einem Team.
2. Es macht uns Spaß, ein eigenes Theaterstück zu schreiben und auf der Bühne aktiv zu sein.
3. Am Abend ist unser Kurs und danach gehen wir noch alle gemeinsam essen.

einhundertfünf **105**

9 ein Interview und eine Impro-Geschichte verstehen, improvisieren

Impro-Theater

10 a In welchen Situationen muss man spontan sein und improvisieren? Improvisieren Sie gerne? Sprechen Sie im Kurs.

Ich improvisiere beim Kochen sehr gerne. Oft fehlen mir Zutaten und ich ersetze sie dann durch andere.

Ich habe mal bei einem Referat meine Notizen vergessen, dann …

b ◀)) 2.23 Hören Sie den ersten Teil eines Interviews mit Andreas Wolf, Gründer des Impro-Theaters „fastfood". Machen Sie Notizen zu den Fragen.

1. Was ist Impro-Theater?
2. Wann und wie hat Andreas Wolf „fastfood" gegründet?
3. Wie funktioniert Impro-Theater und was ist anders als im normalen Theater?
4. Wie und wo kann man Impro-Theater lernen?

c Vergleichen und ergänzen Sie Ihre Notizen aus 10b zu zweit.

d ◀)) 2.24 Hören Sie den zweiten Teil des Interviews. Welche Begriffe kommen vor? Markieren Sie.

die Briefmarke · der Schatten · der Detektiv · die Rose · der Spiegel · die Stufe

die Umleitung · die Biene · die Couch · der Topf · der Dieb · das Treppenhaus

e Hören Sie noch einmal. Arbeiten Sie zu zweit. Jede/r wählt eine Person (Philipp oder Herrn Schmidt) und macht Notizen: Was macht die Person? Was passiert? Erzählen Sie dann kurz von Ihrer Person.

f ▶ 23–25 Wie gefällt Ihnen Impro-Theater? Ist es für die Schauspieler/innen schwer oder leicht? Würden Sie gern eine Vorstellung besuchen? Sprechen Sie im Kurs.

11 a Improvisieren Sie nun selbst. Arbeiten Sie in Gruppen. Jede Gruppe wählt einen Begriff und notiert sieben passende Wörter auf einen Zettel.

der Autoverkauf · der Kunstsammler
das Missverständnis · der Backofen

> **!** improvisieren
> Nennen Sie das Erste, was Ihnen einfällt. Wenn Sie lange nachdenken, haben Sie nur mehrere Ideen und müssen sich entscheiden.

b Tauschen Sie die Wörter mit einer anderen Gruppe. Schreiben Sie dann in Ihrer Gruppe eine Geschichte mit allen Wörtern auf dem Zettel.

c Jede Gruppe liest ihre Geschichte der Gruppe vor, von der sie die Wörter bekommen hat. Wie finden Sie die Geschichte (lustig, spannend …)? Haben Sie so eine Geschichte erwartet?

d Wie fanden Sie die Aufgabe? Was war einfach, was war schwer? Sprechen Sie im Kurs.

über Singen und Volkslieder sprechen

9

Singen verbindet

12 a Wann und wo haben Sie zuletzt gesungen? Singen Sie gerne? Sprechen Sie im Kurs.

b Lesen Sie die Forumsbeiträge. Welche Aussage passt zu wem? Kreuzen Sie an.

Lala: Seit der Zeit, als dieses Virus die ganze Welt verändert hat, gibt es in unserer Nachbarschaft eine Tradition: Wir treffen uns im Hof und machen Musik. Toll, wer alles ein Instrument spielt oder singt! Wir sind alle keine Meister, aber unsere „Nachbarschaftsband" spielt inzwischen richtig gut. 🙂 Über die Musik haben wir uns alle viel besser kennengelernt. Und wie ist das bei euch? Singt ihr oder macht ihr Musik?

Stison: Früher habe ich mal im Schulchor gesungen, aber das ist schon lange her und eigentlich singe ich fast nie. Lieber sehe ich mir Casting-Shows mit mehr oder weniger talentierten Sängern an. Das finde ich ziemlich lustig. Aber eigentlich ist singen schon toll und zeitlos. Vielleicht sollte ich doch mal wieder in einen Chor gehen … 🙂

Triangel: Lange Zeit habe ich nur unter der Dusche gesungen, aber dann hat mich mein Neffe gefragt, ob ich zu einem Chor mitkomme, bei dem jeder mitmachen kann. Erst als wir dort waren, habe ich erfahren, dass sie Volkslieder singen. Na ja, die Lieder fand ich am Anfang echt seltsam und uncool. Aber dann hat es riesigen Spaß gemacht, denn jeder kennt die Melodien und Teile vom Text. Ich bin jetzt bei jedem einzigen Treffen dabei.

	Lala	Stison	Triangel
1. Früher fand ich alte, traditionelle Lieder peinlich.	☐	☐	☐
2. Ich höre und sehe anderen gerne beim Singen zu.	☐	☐	☐
3. Singen kommt nie aus der Mode.	☐	☐	☐
4. Wir haben in einer schwierigen Zeit Freundschaft geschlossen.	☐	☐	☐
5. Ich habe lange nur heimlich gesungen.	☐	☐	☐
6. Wir musizieren draußen.	☐	☐	☐

13 a „Die Gedanken sind frei". Was bedeutet das für Sie? Sprechen Sie im Kurs.

🔊 2.25
b Hören Sie das Volkslied „Die Gedanken sind frei" von 1810. Welche Wörter aus dem Lied passen zu den Zeichnungen? Notieren Sie.

Die Gedanken sind frei,
wer kann sie erraten?
Sie fliegen vorbei
wie nächtliche Schatten.
Kein Mensch kann sie wissen,
kein Jäger erschießen.
Es bleibet dabei:
Die Gedanken sind frei!

Und sperrt man mich ein
im finsteren Kerker,
das alles sind rein
vergebliche Werke.
Denn meine Gedanken
zerreißen die Schranken
und Mauern entzwei:
Die Gedanken sind frei!

c Wie gefällt Ihnen das Lied? Warum ist der Text immer noch aktuell?

d Welche anderen deutschen Volkslieder kennen Sie? Wann singt man bei Ihnen Volkslieder? Wie gefallen Ihnen diese Lieder? Erzählen Sie.

🔊 2.26

Gut gesagt: Gedanken
Mach dir mal keine Gedanken.
Darüber muss ich mir erst noch Gedanken machen.
Ich war total in Gedanken.
Hoffentlich kommt er bald wieder auf andere Gedanken.

9 hören und sehen

Im Theater – Wie entsteht ein Bühnenbild?

14 a Ein Theaterstück. Ordnen Sie die Ausdrücke den drei Phasen zu.

A das Theaterprogramm planen   B die Aufführung vorbereiten   C das Stück aufführen

Applaus bekommen ____ | Szenen proben ____ | Schauspieler/innen casten ____ | ein Bühnenbild planen und bauen ____ | ein Theaterstück auswählen ____ | eine Vorstellung besuchen ____ | Licht und Technik prüfen ____ | sich verbeugen ____ | eine/n Regisseur/in suchen ____

▶ 23 **b** *Die Personen hinter der Bühne.* Sehen Sie Szene 23. Welche Aussagen sind richtig?

1. a Ich wusste schon als Kind, dass ich Bühnenbilder werden will.
   b Wenn ich den Auftrag für ein Bühnenbild habe, dann baue ich verschiedene Modelle.
2. a Ich bin beim Staatstheater dafür verantwortlich, dass alle Personen im Theater sicher sind.
   b Ich entwerfe auch künstlerische Konzepte.
3. a Um ein Bühnenbild zu bauen, braucht man viel Zeit.
   b Pro Saison bauen wir ungefähr 30 Bühnenbilder für verschiedene Aufführungen.

▶ 24 **15** *Von der Planung zur Aufführung.* Sehen Sie Szene 24. Bringen Sie die Sätze in die richtige Reihenfolge.

____ A Bis das Bühnenbild fertig ist, braucht es mehrere Tausend Arbeitsstunden.

____ B Der Bühnenbildner bespricht seine Ideen mit dem Regisseur und den Technikern.

____ C Der Raum muss zur Idee vom Theaterstück passen.

____ D Die technische Leitung prüft, ob das Bühnenbild finanziell und technisch möglich ist.

____ E Der Leiter der Werkstatt zeichnet genaue Pläne. Dann beginnt die Werkstatt mit der Arbeit.

____ F Spezielle Effekte muss man extra proben, zum Beispiel wenn es Geld schneien soll.

____ G Wenn die Bühne zum ersten Mal eingerichtet ist, überprüft der technische Direktor alles.

▶ 25 **16 a** *Der Besuch der alten Dame.* Lesen Sie die Beschreibung des Theaterstücks und sehen Sie dann Szene 25. Sprechen Sie in Gruppen über die Fragen.

> Die Hauptfigur ist eine ältere Frau, Claire Zachanassian, die in ihren früheren Wohnort Güllen zurückkommt, wo man sie ungerecht behandelt hatte. Die Leute im Ort sind arm, viele sind arbeitslos. Sie ist inzwischen sehr reich und will den Bewohnern viel Geld schenken, wenn sie ihre Rache unterstützen: Ihr früherer Liebhaber muss sterben.

Passt das Bühnenbild zum Inhalt? Wie finden Sie die Kostüme der Schauspieler/innen?
Was für eine Stimmung machen die Farben und das Licht?

b Gehen Sie gern ins Theater? Warum (nicht)? Welche Theaterstücke haben Sie gesehen? Was war besonders schön oder interessant? Erzählen Sie im Kurs.

kurz und klar: Redemittel und Grammatik

nachfragen
Habe ich richtig verstanden, dass …?
Könntest du mir noch einmal erklären, was/wer/…?
Mich würde genauer interessieren, warum/ob …
Darf ich noch mal nachfragen, wie viel / ob …?

sagen, wie einem etwas gefällt

Aussagen verstärken ☺☺/☹☹
Das Bild gefällt mir **total** gut/schlecht.
Ich finde es **wirklich** super/schrecklich.
Das finde ich **besonders** schön/hässlich.
Die Ausstellung war **richtig** toll/doof.

Aussagen relativieren ☺/☹
Die Ausstellung war **ziemlich** gut/schlecht.
Ich finde das **eher** witzig/langweilig.
Mich spricht es **eigentlich** sehr/nicht an.
Ich bin **relativ** begeistert/enttäuscht.

Stellung von *nicht* im Satz

1. a Wenn *nicht* den ganzen Satz verneint, steht es möglichst am Ende des Satzes: *Das Bild gefällt mir **nicht**.*
   Aber: In der Satzverneinung steht *nicht* …
   b vor dem zweiten Verbteil: *Wir konnten **nicht** kommen.*
   c vor Adjektiven und Adverbien: *Das Bild war **nicht** teuer.*
   d vor Präpositionalergänzungen: *Sie interessiert sich **nicht** für Kunst.*
   e vor Ortsangaben: *Sie waren **nicht** dort.*
2. Wenn *nicht* nur ein Wort verneint, steht es direkt vor diesem Wort: *Ich war **nicht** heute im Museum.*

Wenn ein Satz oder Satzteil mit *nicht* oder *kein* verneint ist, setzt man den folgenden Satz mit *sondern* fort: *Ich war **nicht** heute im Museum, **sondern** gestern.*

Adjektive ohne Artikel

	maskulin	neutrum	feminin	Plural
Nominativ	de**r** Spaß	da**s** Projekt	di**e** Person	di**e** Stifte
	groß**er** Spaß	klein**es** Projekt	nett**e** Person	bunt**e** Stifte
Akkusativ	de**n** Spaß	da**s** Projekt	di**e** Person	di**e** Stifte
	groß**en** Spaß	klein**es** Projekt	nett**e** Person	bunt**e** Stifte
Dativ	de**m** Spaß	de**m** Projekt	de**r** Person	de**n** Stiften
	groß**em** Spaß	klein**em** Projekt	nett**er** Person	bunt**en** Stifte**n**
Genitiv	de**s** Spaß**es**	de**s** Projekt**s**	de**r** Person	de**r** Stifte
	groß**en** Spaß**es**	klein**en** Projekt**s**	nett**er** Person	bunt**er** Stifte

Adjektive ohne Artikel haben die gleiche Endung wie der bestimmte Artikel:

de**r** groß**e** Spaß → groß**er** Spaß; da**s** neue Stück → neu**es** Stück

! Genitiv Singular maskulin und neutrum: *wegen schlechten Wetters, trotz langen Wartens*
Den Genitiv ohne Artikelwort verwendet man fast nur mit Präpositionen wie *wegen* oder *trotz*.

einhundertneun **109**

3 Plattform

Wiederholungsspiel

1 Das Spinnennetz. Spielen Sie in Gruppen.

Sie brauchen einen Würfel, ein Blatt Papier und einen Stift. Alle Spieler/innen haben eine Spielfigur. Setzen Sie Ihre Spielfigur auf „Start" und würfeln Sie. Gehen Sie zu einem Feld und lösen Sie die passende Aufgabe:

Richtig? Sie bekommen die Punktzahl von Ihrem Feld (z. B. Feld 11: +11 Punkte)

Falsch? Sie verlieren die Punktzahl von Ihrem Feld (z. B. Feld 11: -11 Punkte)

Notieren Sie Ihre Punkte. Wer zuerst 200 Punkte hat, gewinnt. Sie können jede Aufgabe nur einmal lösen.

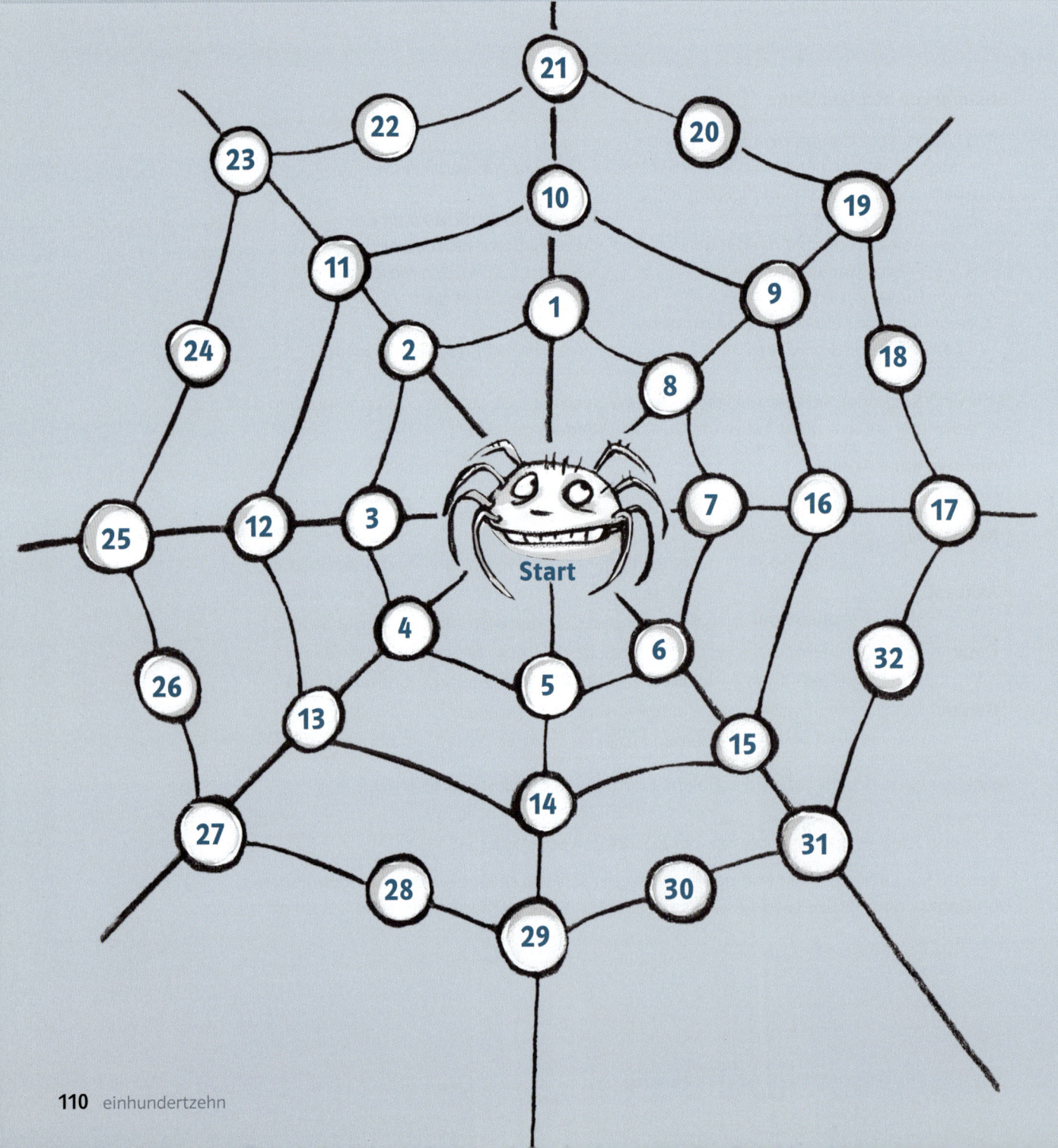

110 einhundertzehn

Plattform 3

Aufgaben

1. Welche Lebensmittel sind gesund? Nennen Sie fünf.
2. Welche Wörter verstärken eine Aussage? Nennen Sie zwei und verwenden Sie sie in diesem Satz: *Die Feier war lustig.*
3. Ordnen Sie den Satz: *das Bild / gesehen haben / nicht / wir / im Museum, sondern im Rathaus.*
4. Ergänzen Sie den Satz: *Seit ich Deutsch lerne, …*
5. Ergänzen Sie den Satz: *Während wir im Kurs sind, …*
6. Was mögen Sie nicht? Verwenden Sie *weder … noch …*
7. Im Krankenhaus: Nennen Sie drei typische Dinge: *die Spritze …*
8. Verneinen Sie den Satz: *Die Deutschlehrerin war gestern krank.*
9. Nennen Sie drei Dinge, über die man sich oft streitet.
10. Ihr Freund / Ihre Freundin ist krank. Sie bieten ihm/ihr Hilfe an. Was sagen Sie?
11. Jemand bietet Ihnen Hilfe an. Sie lehnen höflich ab. Was sagen Sie?
12. Jemand zeigt Ihnen ein Foto. Reagieren Sie unterschiedlich: ☺, ☺☺, ☹
13. Bilden Sie einen Satz mit *bevor*.
14. Wann machen Sie was? Erzählen Sie: *sich die Haare kämmen, sich die Hände waschen, sich die Schuhe ausziehen*
15. Bilden Sie einen Satz mit *nachdem*: *Prüfung machen – Freunde besuchen*
16. Ergänzen Sie Adjektive in der Anzeige: *Suche … Smartphone mit … Ladekabel!*
17. Ergänzen Sie Adjektive in der Anzeige: *Verkaufe … Bilder von … Künstler aus Italien.*
18. Nennen Sie drei typische Sätze in einem Streitgespräch.
19. Was ist Ihr Lieblingslied oder Ihre Lieblingsband? Warum? Erzählen Sie.
20. Ergänzen Sie den zweiteiligen Konnektor: *Er mag Musik sehr gern. Ihm gefällt … Pop … klassische Musik.*
21. Was haben Sie gemacht, nachdem Sie die Schule abgeschlossen hatten?
22. Bilden Sie einen Satz mit *einerseits …, andererseits …*: *ins Konzert gehen – Tickets sehr teuer*
23. Ein Freund / Eine Freundin hat Ihnen vom Impro-Theater erzählt, aber Sie haben nicht alles verstanden. Wie können Sie nachfragen? Formulieren Sie zwei Fragen.
24. Wen sehen Sie häufiger: Familie oder Freunde? Erzählen Sie.
25. Wo steht *nicht* im Satz? Verneinen Sie die Sätze und nennen Sie die Regel: *Heute regnet es. / Der Park ist schön.*
26. Gehen Sie gern ins Museum? Warum (nicht)? Erzählen Sie.
27. An welches Ereignis in Ihrer Kindheit erinnern Sie sich noch gut? Warum? Sagen Sie fünf Sätze im Präteritum.
28. Nennen Sie drei Aspekte, die Ihnen an einer Freundschaft wichtig sind.
29. Wann haben Sie das letzte Mal etwas vergessen, z. B. einen Geburtstag? Erzählen Sie.
30. Was ist Impro-Theater und wie finden Sie die Idee? Erzählen und begründen Sie.
31. Welche Wirkung hat Musik auf Sie? Erzählen Sie.
32. Wie lernen Sie (schwierige) Wörter? Erzählen Sie.

3 Plattform

Reden ist Gold!

2 Schreiben Sie je eine Frage auf eine Karte. Sie können auch eine eigene Frage formulieren. Gehen Sie dann durch den Kursraum. Fragen und antworten Sie. Tauschen Sie dann Ihre Fragen und fragen Sie eine andere Person.

Lieblingsessen?	Lieblingsgetränk?	Lieblingsaktivität?	Lieblingssport?
Lieblingstag?	Lieblingsstadt?	Lieblingsjahreszeit?	Lieblingsfarbe?
Lieblingstier?	Lieblingsbuch?	Lieblingsmusik?	Lieblingsserie?
Lieblingsfilm?			

Was ist deine Lieblingsstadt? — *Madrid.*

3 a Arbeiten Sie zu zweit. Lesen Sie einen Satzanfang vor. Ihr Partner / Ihre Partnerin sucht schnell eine passende Fortsetzung. Es gibt mehrere Möglichkeiten. Dann tauschen Sie.

Seit ich in diesem Kurs bin,	lernen wir die Wörter.
Bevor ich ins Bett gehe,	machen wir einen Spaziergang.
Nachdem wir gegessen haben,	habe ich viele nette Leute kennengelernt.
Während ich meinen Schreibtisch aufräume,	haben wir noch nie zusammen Sport gemacht.
Bis ihr wiederkommt,	höre ich Musik.
Nachdem wir eingekauft haben,	frühstücke ich.
Seitdem wir uns kennen,	kochen wir das Abendessen.
Während du die Hausaufgaben machst,	warte ich hier.
Bevor ich zum Sprachkurs fahre,	sehe ich einen Film oder eine Serie.
Bis du mit der Arbeit fertig bist,	telefoniere ich mit meinen Eltern.

b Arbeiten Sie zu zweit und wählen Sie drei Fotos. Bilden Sie zu jedem Foto zwei bis drei Sätze mit *bis, bevor, nachdem, seit/seitdem* oder *während*.

Plattform 3

4 Nein, wir brauchen das nicht zu machen! Sprechen Sie zu zweit wie im Beispiel. Jede/r stellt zwei weitere Fragen.

Müssen wir die Hausaufgaben machen?
Müssen wir morgen eine Stunde früher kommen?
Müssen wir einen Text schreiben?
Müssen wir die Wörter lernen?
Müssen wir …?

Müssen wir die Hausaufgaben machen?

Nein, wir brauchen die Hausaufgaben nicht zu machen! Müssen wir …?

5 Arbeiten Sie zu dritt. Formulieren Sie abwechselnd Aussagen zu Büchern, Filmen, Serien, Liedern, Museen, Ausstellungen, Sehenswürdigkeiten usw. Die anderen reagieren darauf.

Die Serie „Dark" finde ich richtig spannend!

Stimmt, die ist so super!

Mir gefällt sie auch relativ gut.

… gefällt mir (auch) richtig gut.
… ist wirklich spannend.
Stimmt, … ist ziemlich lustig!
Ja, … ist besonders interessant.
Mir gefällt … auch relativ gut.
Ich finde … eher nicht so toll.
… hat mir nicht ganz so gut gefallen.
… ist wirklich nichts für mich.
… kenne ich gar nicht.

6 a Arbeiten Sie in Gruppen. Eine Person nennt einen Buchstaben. Alle schreiben einen Satz, in dem möglichst viele Wörter mit diesem Buchstaben beginnen. Vergleichen Sie dann.

<u>A</u>m <u>A</u>bend <u>a</u>rbeitet <u>A</u>ntonio <u>a</u>uch.   <u>B</u>en <u>b</u>ringt <u>B</u>arbara <u>b</u>raunes <u>B</u>rot.

b Arbeiten Sie in Gruppen. Eine Person schreibt ein Wort auf. Alle bilden aus den Buchstaben des Wortes einen Satz.

H A U S

<u>H</u>eute <u>a</u>rbeitet <u>U</u>lan <u>s</u>chnell.

7 Wer bildet den längsten Satz? Spielen Sie zu viert.

Ich möchte gern ein interessantes Buch lesen.

Ich möchte gern ein interessantes, spannendes Buch lesen.

Ich möchte gern ein interessantes, spannendes, dickes Buch lesen.

Sprachmittlung

8 Wählen Sie.

2.27

A Ein Freund / Eine Freundin von Ihnen hat bald eine Operation. Das Krankenhaus hat angerufen und eine Nachricht für ihn/sie hinterlassen. Hören Sie die Nachricht und notieren Sie die Informationen für Ihren Freund / Ihre Freundin. Erklären Sie ihm/ihr die wichtigsten Punkte.

Informationen weitergeben
Notieren Sie die wichtigen Informationen und lesen Sie Ihre Notizen. Ist alles klar? Hören Sie dann noch einmal und kontrollieren Sie Ihre Notizen.

2.28

B Sie möchten zusammen mit einem Freund / einer Freundin einen Malkurs besuchen. Hören Sie die Nachricht der Kunstschule, notieren Sie wichtige Informationen und schreiben Sie Ihrem Freund / Ihrer Freundin eine Nachricht mit den Informationen.

einhundertdreizehn 113

3 Plattform

Märchenhaft

9 a Welche Märchen aus Deutschland oder aus Ihrem Land kennen Sie? Wie beginnen Märchen oft? Wie enden sie? Liest oder erzählt man bei Ihnen noch Märchen? Berichten Sie.

b Was sind typische Figuren in Märchen? Sammeln Sie.

das Schloss …

10 a Sehen Sie die Bilder an und lesen Sie die Wörter. Kennen Sie das Märchen?

A – die Königin, das Männchen
C – sich entzweireißen
E – um das Feuer hüpfen
B – das Spinnrad, das Halsband, das Gold, die Müllerstochter
D – das verzweifelte Mädchen, das Stroh
F – der König

b Lesen Sie das Märchen und bringen Sie die Bilder in 10a in die richtige Reihenfolge.

Rumpelstilzchen

Es war einmal ein Müller, der war arm, aber er hatte eine schöne Tochter. Nun sagte er eines Tages zum König: „Ich habe eine Tochter, die Stroh zu Gold spinnen kann." Der König sagte: „Wenn deine
5 Tochter so geschickt ist, wie du sagst, so bring sie morgen in mein Schloss, da will ich sie prüfen."
Als nun das Mädchen zu ihm kam, führte er es in eine Kammer, die ganz voll Stroh lag, gab ihr ein Spinnrad und sprach: „Jetzt mache dich an
10 die Arbeit und wenn du heute Nacht das Stroh nicht zu Gold gesponnen hast, musst du sterben."
Da saß nun die arme Müllerstochter allein in der Kammer und wusste keinen Rat. Sie konnte gar nicht Stroh zu Gold spinnen und ihre Angst wurde
15 immer größer. Da ging die Tür auf und ein kleines Männchen kam herein und sprach: „Guten Abend, warum weinst du so sehr?" „Ach", antwortete das Mädchen, „ich soll Stroh zu Gold spinnen und kann das nicht." Da sprach das Männchen: „Was
20 gibst du mir, wenn ich es dir spinne?" „Mein Halsband", sagte das Mädchen. Das Männchen nahm das Halsband, setzte sich vor das Spinnrad und – schnurr, schnurr, schnurr – spann das Stroh zu Gold. Am Morgen war das ganze Stroh Gold.
25 Als der König kam und das Gold sah, freute er sich, aber er wurde nur noch gieriger. Er brachte die Müllerstochter in eine andere Kammer, die noch viel größer war, und befahl ihr, das Stroh auch in einer Nacht zu Gold zu spinnen.
30 Das Mädchen weinte. Da kam wieder das kleine Männchen und sprach: „Was gibst du mir, wenn ich dir das Stroh zu Gold spinne?" „Meinen Ring", antwortete das Mädchen. Das Männchen nahm den Ring, fing wieder an zu spinnen und hatte
35 bis zum Morgen alles Stroh zu Gold gesponnen. Der König hatte aber immer noch nicht genug Gold, brachte die Müllerstochter in eine noch größere Kammer voll Stroh und sprach: „Das musst du noch in dieser Nacht spinnen, dann
40 sollst du meine Frau werden."

Als das Mädchen allein war, kam das Männchen zum dritten Mal wieder und fragte: „Was gibst du mir diesmal?" „Ich habe nichts mehr, das ich dir geben könnte", antwortete das Mädchen. „So versprich mir, wenn du Königin wirst, dein erstes Kind." Die Müllerstochter versprach also dem Männchen, was es verlangte, und das Männchen spann dafür noch einmal das Stroh zu Gold.
Und als am Morgen der König alles fand, wie er gewünscht hatte, heiratete er die schöne Müllerstochter und sie wurde Königin. Im nächsten Jahr brachte sie ein Kind zur Welt und dachte gar nicht mehr an das Männchen. Da trat es plötzlich in ihre Kammer und sprach: „Nun gib mir, was du versprochen hast." Die Königin erschrak und bot dem Männchen alle Reichtümer des Königreichs an, wenn sie das Kind behalten dürfte, aber das Männchen sprach: „Nein, etwas Lebendes ist mir lieber als alle Schätze der Welt." Da fing die Königin so an zu weinen, dass das Männchen Mitleid hatte: „Drei Tage lasse ich dir Zeit.", sprach es, „Wenn du bis dahin meinen Namen weißt, darfst du dein Kind behalten."
Nun überlegte die Königin die ganze Nacht und dachte an alle Namen, die sie jemals gehört hatte. Sie schickte einen Boten durch das Land, der sich erkundigen sollte, was es sonst noch für Namen gab. Als am nächsten Tag das Männchen kam, fing sie an mit Caspar, Melchior, Balthasar und sagte alle Namen, die sie wusste, aber bei jedem sprach das Männchen: „So heiß' ich nicht."

Am zweiten Tag ließ sie in der Nachbarschaft herumfragen und nannte dem Männchen die ungewöhnlichsten und seltsamsten Namen. Aber es antwortete immer: „So heiß' ich nicht." Am dritten Tag kam der Bote zurück und erzählte: „Ich konnte keinen einzigen neuen Namen finden, aber ich sah im Wald ein kleines Haus und vor dem Haus brannte ein Feuer und um das Feuer sprang ein Männchen, hüpfte auf einem Bein und schrie: ‚Heute back ich, morgen brau ich, übermorgen hol ich der Königin ihr Kind. Ach, wie gut, dass niemand weiß, dass ich Rumpelstilzchen heiß!'"
Die Königin war sehr froh, als sie den Namen hörte, und als bald danach das Männchen hereintrat und fragte: „Nun, Frau Königin, wie heiße ich?" Da fragte sie erst: „Heißt du Kunz?" „Nein." „Heißt du Heinz?" „Nein." „Heißt du etwa Rumpelstilzchen?" „Das hat dir der Teufel gesagt, das hat dir der Teufel gesagt!", schrie das Männchen und packte in seiner Wut den linken Fuß mit beiden Händen und riss sich selbst mitten entzwei.

Brüder Grimm
Jakob Grimm (1785–1863) und Wilhelm Grimm (1786–1859) waren Sprachwissenschaftler und Sammler und Herausgeber von Märchen. Neben ihren weltberühmten Märchensammlungen veröffentlichten sie auch „Das deutsche Wörterbuch" und „Die deutsche Grammatik". Sie gelten als Begründer der Germanistik.

c Wie sind die Personen in diesem Märchen? Arbeiten Sie zu zweit und notieren Sie Stichpunkte zu den Charakteren. Vergleichen Sie dann im Kurs.

König: will noch reicher werden …

d Erstellen Sie einen Zeitstrahl zu den Ereignissen im Märchen.

Müller spricht mit König

⟶

11 **Theater-Projekt: ein Märchen spielen.** Bilden Sie Gruppen und wählen Sie Rumpelstilzchen oder ein anderes Märchen.

- Entscheiden Sie, welche Szenen Sie vorspielen wollen und was der/die Erzähler/in sagt.
- Schreiben Sie ein Drehbuch und erfinden Sie Dialoge für die Szenen im Märchen.
- Verteilen Sie die Rollen (Erzähler/in, König/in, Prinz/Prinzessin …)
- Besorgen Sie die Gegenstände, die Sie brauchen.
- Üben Sie Ihr Theaterstück.
- Spielen Sie das Märchen vor.

über soziales Engagement sprechen | Vorgänge beschreiben | über ein soziales Projekt schreiben | einen Artikel über ein Projekt verstehen | über Institutionen in der Stadt sprechen |

Miteinander

A

C

B

1 a Werte in der Gesellschaft. Arbeiten Sie in Gruppen. Jede/r wählt zwei bis drei Begriffe und erklärt sie den anderen. Geben Sie auch je ein Beispiel.

die Gerechtigkeit | die Freiheit | die Zivilcourage | die Gesundheit | die Fairness | die Demokratie | die Rücksicht | die Bildung | die Sicherheit | der Respekt | die Ehrlichkeit | die Hilfsbereitschaft | die Gleichberechtigung | die gute Erziehung

b Arbeiten Sie zu zweit. Sehen Sie die Fotos an und ordnen Sie die Begriffe aus 1a zu. Vergleichen Sie dann mit einem anderen Paar.

Informationen über die EU verstehen | eine kurze Präsentation halten

10

🔊 **2 a** Hören und notieren Sie. Welche Werte finden die Menschen besonders wichtig?
2.29
Person 1: Meinungsfreiheit und ...

b Hören Sie noch einmal. Welche Gründe/Beispiele nennen die Personen? Ergänzen Sie Ihre Notizen aus 2a.

▶ 26–28 **c** Welche Werte finden Sie für das Leben in einer Gesellschaft am wichtigsten? Begründen Sie.

Für mich ist Respekt am wichtigsten, denn ich finde, man muss andere Menschen ernst nehmen.

Ich finde Bildung sehr wichtig, weil Bildung die Zukunft sichert.

10 über soziales Engagement sprechen

Freiwillig

3 a Soziales Engagement. Sehen Sie die Fotos in 3b an. Was denken Sie: Für wen oder wofür setzen sich die Leute ein? Was machen sie?

b Arbeiten Sie zu dritt. Jede/r liest einen Text und macht Notizen zu den Fragen. Informieren Sie dann die anderen über Ihren Text.

- Was machen die freiwilligen Helfer/innen?
- Wem oder wann helfen sie?
- Welche wichtigen Informationen oder Zahlen über die Organisation gibt es?

A Freiwillige Feuerwehr

Besonders auf dem Land und in kleineren Städten engagieren sich viele Menschen bei der Freiwilligen Feuerwehr und erfüllen eine wichtige Funktion. Oft gibt es auch spezielle Jugendgruppen. Alle Vereinsmitglieder werden in Erster Hilfe ausgebildet und lernen viel rund um das Thema Feuer. Die Feuerwehr ist da, wenn es brennt, bei Unfällen oder auch bei Hochwasser – in den Städten zusammen mit der Berufsfeuerwehr, auf dem Land oft allein. Die Freiwillige Feuerwehr in Frankfurt Ginnheim wird jährlich zwischen 40- und 60-mal gerufen. Die Feuerwehrleute werden von der Zentrale alarmiert. Das kann zu jeder Tages- oder Nachtzeit sein – immer dann, wenn Hilfe benötigt wird.

Im Notfall helfen – das ist mein Ding!

B Die *Tafel*

In Deutschland werden täglich viele Tonnen Lebensmittel vernichtet, obwohl man sie noch essen kann. Besonders von Supermärkten und Kantinen werden übrige Lebensmittel weggeworfen. Gleichzeitig gibt es viele Menschen, die kaum genug Geld für Essen haben. Die Lebensmittel, die qualitativ noch gut sind, werden von der *Tafel* gesammelt und an arme Menschen verteilt. Viele Lebensmittel werden von Firmen gespendet. Die *Tafel* ist in ganz Deutschland aktiv und hilft inzwischen rund 1,6 Millionen Menschen, 30 % davon sind Kinder und Jugendliche. Die Organisation wird von mehr als 60.000 ehrenamtlichen Helfer/innen unterstützt. Allein in Berlin – bei der ersten *Tafel* Deutschlands – gibt es 45 Ausgabestellen, wo bedürftige Menschen Lebensmittel abholen können.

Essen für Menschen in Not!

C Patenschaften

Manche Familien haben Mühe, den Alltag allein zu bewältigen, und werden von ehrenamtlichen Paten/Patinnen unterstützt. Sie helfen bei Behördengängen, bei der Wohnungs- und Arbeitssuche und bei den Hausaufgaben der Kinder. Viele Paten/Patinnen kümmern sich z. B. um ein Kind, geben Nachhilfe, unternehmen etwas mit ihm und hören bei Problemen zu. Normalerweise trifft sich ein Pate / eine Patin einmal pro Woche mit der Familie bzw. dem Kind. So entstehen oft auch Freundschaften und der Pate / die Patin begleitet die Familie manchmal über viele Jahre. Die Kontakte werden von vielen Organisationen vermittelt. So eine Organisation ist z. B. *biffy Berlin*. Der Verein ist 2004 gegründet worden und hat bereits zahlreiche Paten/Patinnen und Familien zusammengebracht.

Luis und ich verstehen uns super!

c Welche Organisation aus 3b gefällt Ihnen am besten? Wo würden Sie selbst gern mithelfen? Begründen Sie.

> **eine Auswahl treffen**
> Ich würde gerne bei … mithelfen, weil …
> Ich könnte mir vorstellen, …
> … finde ich am sinnvollsten/wichtigsten/ interessantesten/…, darum …
> … würde gut zu mir passen, weil …
> … spricht mich am meisten an, da …
> Die Idee / Das Konzept von … überzeugt/ interessiert mich.

Vorgänge beschreiben, über ein soziales Projekt schreiben

10

4 a Aktiv und Passiv. Lesen Sie Text B noch einmal und ergänzen Sie die Passivsätze aus dem Text.

Aktiv → <u>Wer</u> tut etwas?　　　Passiv → <u>Was</u> passiert?

1. Supermärkte werfen Lebensmittel weg.
2. Firmen spenden viele Lebensmittel.
3. 60.000 Helfer/innen unterstützen die Organisation.

1. _____
2. _____
3. _____

Aktiv
Die *Tafel* verteilt die Lebensmittel.
　　　　　　　　　　　Akkusativ

Passiv: *werden* + Partizip II
Die Lebensmittel werden verteilt.
Nominativ　　　　werden　Partizip II

Im Passivsatz kann man mit *von* + Dativ ausdrücken, wer etwas tut: *Die Lebensmittel werden **von der Tafel** verteilt.*

 b Gibt es in Ihrer Sprache Passivformen? Wie bildet man sie?

c Ein Tag bei der *Tafel*. Was passiert? Formulieren Sie Sätze im Passiv.

1. Tagesablauf planen – morgens
2. Lebensmittel abholen – am Vormittag
3. mittags – Lebensmittel verteilen
4. danach – Anfragen beantworten und Anrufer/innen zurückrufen
5. nachmittags – Rechnungen prüfen und bezahlen

1. Der Tagesablauf wird morgens geplant.

5 a Passiv in der Vergangenheit. Lesen Sie den Text und markieren Sie die Passivformen. Ergänzen Sie dann die Regel.

Die erste deutsche *Tafel* wurde 1993 in Berlin gegründet. Das Konzept wurde aus den USA übernommen. Durch das große Interesse der Medien wurde die Idee der Tafel schnell im ganzen Land verbreitet. Mittlerweile sind bundesweit mehr als 940 *Tafeln* gegründet worden.

Passiv in der Vergangenheit

Präteritum: _____ + Partizip II

Perfekt: *sein* + Partizip II + _____

Meistens verwendet man das Präteritum.

b Bei der freiwilligen Feuerwehr. Was ist hier passiert? Schreiben Sie Passivsätze im Präteritum.

ein Feuer melden　　die Feuerwehrleute alarmieren　　die Bewohner/innen retten　　den Brand löschen

6 Welche sozialen Projekte gibt es bei Ihnen (z. B. für Kinder, für ältere Menschen, für die Umwelt …)? Recherchieren Sie ein interessantes Projekt. Schreiben Sie einen kurzen Text ähnlich wie in 3b.

10 einen Artikel über ein Projekt verstehen

Mini-München

7 a Wie funktioniert eine Stadt? Wer macht was? Was kann man wo machen? Sprechen Sie im Kurs.

die Müllabfuhr | die Polizei | das Fundbüro | die Behörde / das Amt | die Regierung | der Bürgermeister / die Bürgermeisterin | die Feuerwehr | das Einwohnermeldeamt | die Post | die Stadtinformation

(sich) anmelden | (sich) abmelden | ausfüllen | leeren | (sich) kümmern um | genehmigen | (sich) erkundigen nach | (sich) beschäftigen mit | beschließen | schützen | zuständig sein für | verantwortlich sein für | reinigen

Die Müllabfuhr leert die Mülltonnen.

b Lesen Sie den Artikel und erklären Sie in zwei bis drei Sätzen, was Mini-München ist.

Soziales Zusammenleben lernen

Was ist nötig, damit das Zusammenleben in einer Stadt funktioniert? Menschen im Alter zwischen 7 und 15 Jahren können das im Sommerprojekt „Mini-München" herausfinden: Sie organisieren ihre Stadt selbst und kümmern sich um alles. Finanziert wird das Programm von der Stadt München.

5 Der öffentliche Verkehr funktioniert zuverlässig, die Straßen sind sicher und sauber, der Müll wird regelmäßig entsorgt. In einer Stadt muss so viel erledigt werden. Es werden neue Schulen und Wohnungen gebraucht und gebaut. Die Bewohner/innen gehen arbeiten und bekommen dafür ihr Gehalt.
10 Zuerst muss Geld eingenommen werden, bevor man einkaufen, ins Kino gehen oder im Restaurant essen kann – wie das Leben eben so ist. Genau das erfahren Kinder und Jugendliche im Alter von 7 bis 15 Jahren, wenn sie im Sommer ihre Stadt, nämlich Mini-München, selbst gestalten. Das Projekt kann alle zwei Jahre durchgeführt werden, weil
15 es so erfolgreich ist – und das seit 30 Jahren. Wichtig für den Erfolg ist vor allem, dass die Spielstadt eine elternfreie Zone ist: Eltern dürfen sich als Besucher im Elterncafé aufhalten und zwar nur dort.

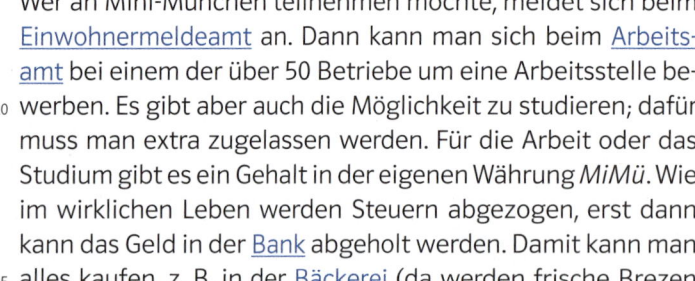

Wer an Mini-München teilnehmen möchte, meldet sich beim Einwohnermeldeamt an. Dann kann man sich beim Arbeitsamt bei einem der über 50 Betriebe um eine Arbeitsstelle be-
20 werben. Es gibt aber auch die Möglichkeit zu studieren; dafür muss man extra zugelassen werden. Für die Arbeit oder das Studium gibt es ein Gehalt in der eigenen Währung *MiMü*. Wie im wirklichen Leben werden Steuern abgezogen, erst dann kann das Geld in der Bank abgeholt werden. Damit kann man
25 alles kaufen, z. B. in der Bäckerei (da werden frische Brezen und Semmeln selbst gebacken), im Restaurant oder im Kaufhaus. Und dann gibt es viele weitere Betriebe: von A wie Architekturbüro bis Z wie die Zeitung *MiMüZ*, die täglich erscheint. Sie informiert ebenso über die Neuigkeiten wie die Online-Redaktion in ihrem Weblog oder das Radio Mikro.

Natürlich gibt es auch Institutionen wie Polizei, Müllabfuhr oder Gerichte. Auch das machen selbst-
30 verständlich die Kinder. Die politische Vertretung hat ihren Sitz im Rathaus. Die Bürger/innen von Mini-München wählen ihre Vertretung selbst, den Stadtrat und den Bürgermeister bzw. die Bürgermeisterin. In Bürgerversammlungen wird über wichtige Vorhaben abgestimmt. Mini-München ist sehr beliebt, deshalb wurde das Modell inzwischen von vielen Städten in mehreren Ländern übernommen.

über Institutionen in der Stadt sprechen, Vorgänge beschreiben

10

c Lesen Sie den Artikel noch einmal. Welche Aussagen sind richtig? Kreuzen Sie an.

Mini-München …
☐ 1. ist ein Spiel, in dem Kinder eine Stadt organisieren.
☐ 2. wird von den Eltern der Kinder mitorganisiert und betreut.
☐ 3. ist ein Programm, das die Stadt München von anderen Städten übernommen hat.

In Mini-München …
☐ 4. arbeiten die Kinder in unterschiedlichen Betrieben.
☐ 5. schreiben die Organisatoren/Organisatorinnen eine Zeitung und einen Weblog.
☐ 6. entscheiden die Bürger und Bürgerinnen über wichtige Projekte.

d Hören Sie. Was finden die Eltern gut? Notieren Sie Stichpunkte. Vergleichen Sie dann zu zweit.

– *Kinder haben Spaß, lernen …*

e Was ist nötig, damit eine Stadt funktioniert? Arbeiten Sie in Gruppen. Einigen Sie sich auf die sieben wichtigsten Punkte.

Am wichtigsten ist, dass es genug Wohnungen und Straßen gibt.

> **Gut gesagt: Partikeln bei Fragen**
> Schade, dass es das früher nicht gab, **stimmt's**?
> Sie geht doch morgen auch wieder hin, **oder**?
> Heute war's super anstrengend, **ne**? (im Norden)
> Am Samstag machen wir mal nichts, **gell**? (im Süden)

Ich finde aber wichtiger, dass …

8 a Passiv mit Modalverb. Lesen Sie noch einmal die Zeilen 5–16 und ergänzen Sie die Sätze.

1. In einer Stadt _____ so viel _____.

2. Zuerst _____ Geld _____.

3. Das Projekt _____ alle zwei Jahre _____.

G
Passiv mit Modalverb
Das Geld **kann** in der Bank **abgeholt werden**.
　　　　Modalverb　　　　Partizip II *werden*

b Sehen Sie das Bild an. Was muss hier alles gemacht werden?

das Geschirr abräumen | den Müll wegwerfen |
die Straßenlampe reparieren |
die Lieferung in den Keller bringen |
die Blumen gießen | die Fenster putzen

9 a Aussprache: Kontrastakzente in Fragen mit *oder*. Hören Sie die Sätze und markieren Sie die Kontrastwörter.

1. Finden Sie das Projekt Mini-München <mark>interessant</mark> oder <mark>uninteressant</mark>?
2. Möchten Sie mehr über das Projekt erfahren oder haben Sie genug Informationen bekommen?
3. Hätten Sie als Kind gern bei Mini-München mitgemacht oder lieber nicht?

b Lesen Sie die Sätze laut und achten Sie auf die Satzmelodie mit Kontrastakzenten. Hören Sie zur Kontrolle.

1. Willst du den Text morgen oder nächste Woche schreiben?
2. Hast du dich schon für ein Projekt entschieden oder überlegst du noch?
3. Bist du gern dabei oder musst du mitmachen?

10 Informationen über die EU verstehen

Europa

10 a Was fällt Ihnen zu Europa und zur Europäischen Union (EU) ein? Sammeln Sie im Kurs.

b Lesen Sie den Text über die EU. Machen Sie Notizen zu den Fragen: Wer? Was? Wann? Warum? Vergleichen Sie im Kurs.

Geschichte der Europäischen Union

Nach dem Zweiten Weltkrieg beschlossen die Politiker in Europa, besser zusammenzuarbeiten, um den Frieden zu schützen. Sie waren sicher, dass Länder, die wirtschaftlich eng zusammenarbeiten, keinen Grund mehr haben, Krieg zu führen. So gründeten zunächst sechs Staaten 1951 die Europäische Gemeinschaft. Aus dieser Gemeinschaft wurde 1992 mit dem Vertrag von Maastricht die Europäische Union. Im Lauf der Zeit sind immer mehr Länder der EU beigetreten und es ist einiges passiert: Seit 2002 benutzen immer mehr EU-Länder dieselbe Währung, den Euro. Die Bürger/innen der EU können seit 1995 im Normalfall ohne Grenzkontrollen reisen, in anderen EU-Ländern studieren und arbeiten und in der ganzen EU Waren und Dienstleistungen kaufen. Aber natürlich gibt es auch Kritik. Skeptiker/innen befürchten z. B., dass die nationalen Besonderheiten der einzelnen Länder immer mehr verschwinden. Anderen gibt es zu viele Vorschriften oder es dauert ihnen zu lange, bis Entscheidungen getroffen werden. Seit dem endgültigen Ausstieg von Großbritannien Anfang 2020 sind 27 Länder Mitglied der EU.

11 a Hören Sie die Präsentation über die EU und ordnen Sie zu.
2.34

1. 1951 unterschrieben einige Länder einen Vertrag, ___
2. Die Länder Belgien, Deutschland, Frankreich, Italien, Luxemburg und die Niederlande hatten das Ziel, ___
3. Zwei weitere Verträge wurden 1957 unterzeichnet, ___
4. Der Vertrag von Maastricht wurde im Jahr 1992, ___
5. Für die Mitgliedsstaaten sind die wichtigsten Werte ___

A um Wirtschaftsbeziehungen und den Umgang mit Atomkraft zu regeln.
B am 7. Februar, geschlossen.
C die Würde des Menschen und die Menschenrechte, Demokratie, Freiheit, Toleranz und Solidarität.
D Krieg in Europa zu vermeiden.
E um die Produktion von Kriegswaffen zu kontrollieren.

eine kurze Präsentation halten **10**

b Hören Sie noch einmal. Was hat Ihnen an der Präsentation gut gefallen? Lesen Sie die Tipps und sammeln Sie im Kurs weitere Tipps für Präsentationen.

Tipps für eine Präsentation / einen Vortrag / ein Referat
- Sprechen Sie laut und deutlich. Fragen Sie nach, ob man Sie gut verstehen kann.
- Wissen Sie nicht weiter oder kommen ins Stocken? Kein Problem! Sagen Sie z. B. „Entschuldigung, jetzt habe ich den Faden verloren." und wiederholen Sie den letzten Teil.
- Werden Sie gestört oder Ihnen fällt z. B. etwas herunter? Nehmen Sie es mit Humor und machen Sie weiter.

c Wie sollte eine Präsentation aufgebaut sein? Ordnen Sie zu.

die wichtigsten Punkte zusammenfassen | Beispiele nennen | Vor- und Nachteile nennen | Informationen zum Thema geben | sich bedanken | über eigene Erfahrungen sprechen | das Thema vorstellen | die eigene Meinung sagen | Inhalt und Struktur der Präsentation erklären

Einleitung	Hauptteil	Schluss

12 a Wählen Sie ein Thema und bereiten Sie eine Präsentation vor. Machen Sie Notizen.

Praktikum im Ausland   Sprachen in der EU   Reisen in Europa   Freiwilliges Engagement

Wählen mit 16 Jahren   Traditionen in Europa   …

b Arbeiten Sie zu zweit. Jede/r übt die Präsentation laut. Der Partner / Die Partnerin gibt Feedback. Beachten Sie die Tipps in 11b und verwenden Sie die Ausdrücke.

Einleitung
Ich halte heute eine Präsentation zum Thema …
Mein Thema heute ist …
Ich möchte heute über … sprechen.
Ich spreche über folgende Punkte: …
In meiner Präsentation möchte ich zuerst …, dann …, danach … und zum Schluss …

Schluss
Abschließend möchte ich kurz zusammenfassen: …
Zum Schluss möchte ich noch einmal sagen, dass …
Vielen/Herzlichen Dank für eure/Ihre Aufmerksamkeit.
Gibt es / Habt ihr / Haben Sie noch Fragen zum Thema?

Hauptteil
Zu meiner ersten Frage / meinem ersten Punkt: …
Damit komme ich zum zweiten/dritten/… Punkt: …
Ich möchte ein (zweites/drittes/…) Beispiel nennen: …
Ich gebe euch/Ihnen ein Beispiel: …
Ich bin der Meinung, dass …
Meiner Meinung nach sollte/könnte …
Ich habe die Erfahrung gemacht, dass …
Bei uns ist es ein wenig anders: …

c Halten Sie Ihre Präsentation jetzt im Kurs.

d Sprechen Sie zu zweit. Welche Tipps aus 11b haben Ihnen geholfen? Welche könnten Sie bei der nächsten Präsentation stärker beachten?

10 hören und sehen

Interkulturelles Dolmetschen – Was ist das?

13 a In welchen Situationen kann ein Dolmetscher / eine Dolmetscherin helfen? Sammeln Sie im Kurs. Überlegen Sie dann: Was könnte interkulturelles Dolmetschen sein?

Ich finde Dolmetscher in offiziellen Situationen wichtig, zum Beispiel beim Amt.

Ja, oder wenn ich etwas zum ersten Mal mache wie die Einschreibung an der Uni.

▶ 26 **b** *Beim Arzt.* Sehen Sie Szene 26. Arbeiten Sie zu zweit. Jede/r wählt eine Person und notiert Informationen zu den Fragen. Vergleichen Sie dann Ihre Notizen.

Güneren Aksoy
1. Seit wann arbeitet sie als interkulturell Übersetzende?
2. Welchen Auftrag hat sie beim Gespräch in der Arztpraxis?
3. Warum ist nicht nur Sprachkompetenz wichtig? Welches Beispiel nennt sie?

Dr. Peter Flubacher
4. Warum hat er Frau Aksoy engagiert?
5. Warum findet er, dass Frau Aksoy eine „zentrale Funktion" hat?
6. Was hat er durch ihre Arbeit gelernt?

c Sehen Sie die Szene noch einmal. Was lernt man in der Ausbildung zum Übersetzenden? Markieren Sie.

sprachliche Techniken | Strategien | Verhalten in angespannten Situationen | Grammatik | Informationen über das Bildungs-, Sozial- und Gesundheitswesen | Erkennen von Situationen, in denen man kulturell vermitteln muss | kulturelle Unterschiede | Aussprache

▶ 27 **14** *Die interkulturelle Vermittlerin.* Sehen Sie Szene 27 und ergänzen Sie Informationen zu Frau Lüscher. Vergleichen Sie dann zu zweit.

Kindheit und Schulzeit

Sprache und Kultur

Zainab Lüscher

Beruf

▶ 28 **15 a** *Unterwegs mit Frau Lüscher.* Sehen Sie Szene 28 und ergänzen Sie die Aussagen.

1. Frau Lüscher fährt zuerst zu …
2. Dann fährt sie …
3. Am ersten Ort soll sie …
4. Bei der Familie ist sie, weil …

b Sehen Sie die Szene noch einmal. Was ist der Unterschied zwischen Dolmetschen und interkulturellem Vermitteln? Erklären Sie und nennen Sie Beispiele.

c Lesen Sie die Aussage von Dr. Flubacher. Was meint er damit? Sprechen Sie in Gruppen und nennen Sie auch Beispiele.

„Es ist sehr erstaunlich, wie ein Mensch plötzlich anders wirkt, wenn er in seiner eigenen Sprache sprechen kann."

Wenn ich nicht in meiner Sprache sprechen kann, bin ich viel stiller. Als eine Freundin mal mit mir bei meiner Familie war, war sie überrascht …

kurz und klar: Redemittel und Grammatik

eine Auswahl treffen
Ich würde gerne bei … mithelfen, weil …
Ich könnte mir vorstellen, …
… finde ich am sinnvollsten/wichtigsten/interessantesten/…, darum …
… würde gut zu mir passen, weil …
… spricht mich am meisten an, da …
Die Idee / Das Konzept von … überzeugt/interessiert mich.

eine Präsentation halten

Einleitung
Ich halte heute eine Präsentation zum Thema …
Mein Thema heute ist …
Ich möchte heute über … sprechen.
Ich spreche über folgende Punkte: …
In meiner Präsentation möchte ich zuerst …, dann …, danach … und zum Schluss …

Hauptteil
Zu meiner ersten Frage / meinem ersten Punkt: …
Damit komme ich zum zweiten/dritten/… Punkt: …
Ich möchte ein (zweites/drittes/…) Beispiel nennen: …
Ich gebe euch/Ihnen ein Beispiel: …
Ich bin der Meinung, dass …
Meiner Meinung nach sollte/könnte …
Ich habe die Erfahrung gemacht, dass …
Bei uns ist es ein wenig anders: …

Schluss
Abschließend möchte ich kurz zusammenfassen: …
Zum Schluss möchte ich noch einmal sagen, dass …
Vielen/Herzlichen Dank für eure/Ihre Aufmerksamkeit.
Gibt es / Habt ihr / Haben Sie noch Fragen zum Thema?

Passiv

Aktiv → **Wer** tut etwas?	Die *Tafel* verteilt	**die Lebensmittel**.
		Akkusativ
Passiv → **Was** passiert?	**Die Lebensmittel werden** (von der *Tafel*)	**verteilt**.
	Nominativ *werden*	Partizip II

Im Passivsatz kann man mit *von* + Dativ ausdrücken, **wer** etwas tut.

Bildung des Passivs

Präsens	*werden* + Partizip II	Die Feuerwehr **wird alarmiert**.
Präteritum	*wurde* + Partizip II	Die Feuerwehr **wurde alarmiert**.
Perfekt	*sein* + Partizip II + *worden*	Die Feuerwehr **ist alarmiert worden**.

Für das Passiv in der Vergangenheit verwendet man meistens das Präteritum.

Passiv mit Modalverb

Das Geld	**kann**	in der Bank	**abgeholt**	werden.
In einer Stadt	**müssen**	viele Dinge	**erledigt**	werden.
	Modalverb		Partizip II	*werden* im Infinitiv

über das Leben in der Stadt sprechen | einen Magazintext verstehen | einen Bericht schreiben | über lebenswerte Städte diskutieren | etwas näher beschreiben | in einer Diskussion vermitteln |

Stadt, Land, Fluss

1 a Sehen Sie die Fotos an. Welches finden Sie typisch für „Leben in der Stadt"? Welche Aspekte fehlen? Vergleichen und begründen Sie.

b Arbeiten Sie zu dritt. Jede/r wählt zwei Fotos. Welche Wörter passen? Beschreiben Sie dann Ihre Fotos in der Gruppe.

das Angebot | die Atmosphäre | die Aussicht | die Fußgängerzone | das Hochhaus | der Bewohner / die Bewohnerin | der Club | der Dreck / der Schmutz | die Erholung | das Fahrzeug | der Fußgänger / die Fußgängerin | das Unternehmen | das Bürogebäude | die Kneipe | der Verkehr | die Lage | der Lärm | die Mobilität | der Nachbar / die Nachbarin | der Stress | das Schaufenster | der Stadtteil / das Viertel | das Tempo / die Geschwindigkeit | das Konzert | der Laden / das Geschäft

einen Blog über Zürich verstehen | verschiedenen Empfängern schreiben |
ein Programm für einen Stadtbesuch erstellen

2 a Stimmen aus Leipzig. Worüber sprechen die Personen? Kreuzen Sie die Themen an.

2.35

	Wohnen	Arbeit	Freizeitangebot	Verkehr/Verkehrsmittel
Person 1	☐	☐	☐	☐
Person 2	☐	☐	☐	☐
Person 3	☐	☐	☐	☐

b Arbeiten Sie zu viert. Hören Sie noch einmal. Jede/r notiert wichtige Informationen zu einem Thema aus 2a. Tauschen Sie dann die Informationen aus.

Thema Wohnen
Person 1: viele alte Häuser wurden renoviert, ...

3 Welche Orte in einer Stadt sind wichtig für Sie? Was machen Sie dort?

Ich finde eine schöne Fußgängerzone wichtig.
Ich mag interessante Geschäfte und ...

11 über das Leben in der Stadt sprechen

Bist du ein Stadtmensch?

4 a In der Stadt oder auf dem Land leben? Diskutieren Sie in Gruppen über die Vor- und Nachteile.

b Lesen Sie die Kommentare im Forum. Zu wem passt welcher Satz? Notieren Sie die Forumsnamen.

HanSolo Lebt ihr lieber in der Stadt oder seid ihr Landmenschen? Was ist für euch wichtig? Ich studiere in einer Großstadt und kann mir kein anderes Leben vorstellen. Interessante Leute? Hier trifft man immer **welche**. Ich brauche diese Inspiration. Hier ist Tag und Nacht etwas los. Irgendein tolles Konzert oder Kulturfest kann man immer besuchen. Wie ist das bei euch?

Bine Landmensch? Anscheinend bin ich einer. Ich wohne und arbeite zwar in der Stadt, aber mir ist es hier eigentlich immer zu laut und stressig. Am Wochenende fahre ich immer aufs Land, an irgendeinen einsamen See zum Baden oder in den Wald. Dort ist auch keiner, der mich stört, und ich kann die Ruhe genießen.

Satti Ich möchte nicht in der Stadt wohnen. Ein schönes Haus mit Garten und ich kann sagen: „Das ist meins!" Das könnte ich mir in der Stadt gar nicht leisten. Überhaupt kostet in der Stadt alles mehr. Und in irgendeiner kleinen Wohnung im Zentrum möchte ich auch nicht leben. Sicher hat die Stadt auch Vorteile, aber ich bleibe lieber in meinem kleinen, gemütlichen Dorf. Hier sprechen viele Leute noch Dialekt, jeder kennt jeden und wir helfen uns auch gegenseitig.

MoMa Kleine Wohnung im Zentrum? Genau so eine habe ich und finde es toll! Ich wohne mitten in der Stadt und ich kenne meine Nachbarn natürlich auch! Trotzdem kann ich hier leben, wie ich will. Das geht in einem Dorf eindeutig nicht. Was ich mache oder nicht, das geht keinen etwas an. Außerdem braucht man auf dem Land ein Auto. Hier in der Stadt brauche ich keins! Ich kann alles mit dem Rad erreichen.

1. … mag den Lärm in der Stadt nicht und fährt oft in die Natur.
2. … gefallen die Menschen und Veranstaltungen in der Stadt.
3. … glaubt, dass man nur in der Stadt wirklich frei leben kann.
4. … findet das Leben in der Stadt zu teuer.

c Lesen Sie die Regel und markieren Sie in 4b alle Artikelwörter, die als Pronomen verwendet werden. Welche Pronomen haben eine andere Endung als das entsprechende Artikelwort?

Artikelwörter als Pronomen
der Bin ich **ein** Landmensch? Ja, ich bin **einer**.
das Ist das **dein** Haus? Ja, das ist **meins**.
die Was für **eine** Stadt ist das? Es ist **keine**, in der …
die Interessante Leute? Hier trifft man **welche**.

d Arbeiten Sie zu zweit. Ergänzen Sie die Pronomen und lesen Sie die Gespräche laut.

1. ○ Gibt es hier in der Nähe eine Bank?
2. ○ Wo finde ich eine Post?
3. ○ In welchem Park kann man gut joggen?
4. ○ Gibt es hier im Viertel ein Schwimmbad?
5. ○ Wo gibt es Geschäfte für Sportsachen?

● Tut mir leid, hier gibt es …
● Gleich da drüben ist …
● Es gibt nur …, den Stadtgarten.
● Nein, hier gibt es leider …
● Im Zentrum gibt es natürlich …

5 Lesen Sie die Regel. Notieren Sie drei Fragen mit *irgend*-. Gehen Sie dann durch den Kursraum. Fragen und antworten Sie.

Kannst du mir irgendein gutes Restaurant empfehlen?

Ja, klar, der Maxhof ist toll.

irgendein/-eine/-welche
als Artikelwort Singularformen wie *ein/e*:
Wir finden **irgendein** Café.
Pluralformen mit *welche*:
Gibt es hier **irgendwelche** Cafés?
als Pronomen Formen wie *ein/e* als Pronomen:
Café? Wir finden **irgendeins**.

11 einen Magazintext verstehen, einen Bericht schreiben

Wenn die Stadt erwacht

6 a Morgens um fünf. Wer arbeitet schon um diese Zeit? Oder immer noch? Wer ist sonst noch unterwegs? Sprechen Sie im Kurs.

b Lesen Sie den Magazinbericht. Welche Personen machen was am frühen Morgen?

Morgens um fünf

Morgens um 5:00 Uhr im Allgemeinen Krankenhaus. Pfleger Ferdy Ziegler ist seit 21:00 Uhr im Dienst. Noch eine Stunde, bis die Kollegen von der Frühschicht kommen. Die Nacht war wie so oft unruhig, zwei Patienten hatten Probleme. „Einer hatte nach einer Operation plötzlich hohes Fieber, ein anderer hat mich
5 sicher zehn Mal gerufen. Und in der Nacht gab es in der Innenstadt einen schweren Unfall und mehrere Verletzte wurden eingeliefert. Also ein ganz normaler Nachtdienst." Ferdy beginnt jetzt, alles für die Übergabe vorzubereiten. Um 7:00 Uhr ist seine Schicht zu Ende und er hat Feierabend.

Nicht weit vom Krankenhaus entfernt liegt die Bäckerei Bucher. Fünf
10 Angestellte und der Chef sind seit 2:00 Uhr bei der Arbeit. In der Backstube ist es sehr warm, es riecht nach frischem Brot, alle arbeiten konzentriert und schnell. Pünktlich um 5:00 Uhr kommt wie jeden Morgen Vera, die Fahrerin, mit einem Auszubildenden. Sie lädt große Körbe mit frischem Brot ins Auto, der Auszubildende hilft ihr dabei. „Ich fahre jetzt zu den
15 größeren Kunden und bringe ihnen ihre Bestellungen."

Zur gleichen Zeit beginnt der Arbeitstag auch im städtischen Bauhof. Das große Tor wird geöffnet, ein Reinigungsfahrzeug macht sich auf den Weg. Bevor das automatische Tor wieder herunterfährt, geht ein Obdachloser mit seinem Schlafsack hinein. Keiner hindert ihn daran oder sagt etwas. Er lächelt und sagt: „Max
20 fährt immer als Erster weg und dann lässt er das Garagentor kurz für mich offen. Ich habe dann bis elf, bis er wieder zurückkommt, einen trockenen Platz zum Schlafen. Der Max ist ein Guter!" Wo der Obdachlose bisher die Nacht verbracht hat, sagt er nicht.

c Lesen Sie noch einmal. Sind die Sätze richtig oder falsch? Kreuzen Sie an.

	richtig	falsch
1. Ferdy hatte heute im Nachtdienst nicht mehr Arbeit als üblich.	☐	☐
2. In der Bäckerei arbeiten seit 2 Uhr nachts fünf Personen.	☐	☐
3. Die Fahrerin lädt das frische Brot allein ins Auto.	☐	☐
4. Im Bauhof der Stadt wird die ganze Nacht gearbeitet.	☐	☐
5. Der Obdachlose kann für ein paar Stunden im Bauhof schlafen.	☐	☐

d Lesen Sie die Regel und ergänzen Sie die Endungen.

1. Nick, ein Bekannt____ von mir, ist Angestellt____ bei der Stadt.
2. Er ist Sozialarbeiter und betreut Jugendlich____.
3. Gestern habe ich mit einer Verwandt____ gesprochen.
4. Sie arbeitet auch mit Jugendlich____.

> **G**
> **Adjektive als Nomen**
> der **O**bdachlos**e** ~~Mann~~   ein **O**bdachlose**r** ~~Mann~~
> die **A**ngestellt**e** ~~Bäckerin~~   eine **A**ngestellt**e** ~~Bäckerin~~
> die **V**erletzt**en** ~~Menschen~~   – **V**erletzt**e** ~~Menschen~~
> Adjektive als Nomen haben die gleiche Endung wie Adjektive vor Nomen.

7 Die erste Stunde Ihres Tages. Was passiert um Sie herum und außerhalb Ihrer Wohnung? Schreiben Sie einen kurzen Text. Tauschen Sie mit einem Partner / einer Partnerin und korrigieren Sie sich gegenseitig.

11 über lebenswerte Städte diskutieren

Lebenswerte Städte

8 a Was macht eine Stadt lebenswert? Sammeln Sie in Gruppen. Welche fünf Punkte werden am häufigsten genannt?

b Lesen Sie den Text. Vergleichen Sie mit Ihrer Sammlung aus 8a. Welche Punkte haben Sie auch genannt?

Was macht Städte attraktiv?

Wie gut man in einer Stadt lebt, hängt von vielen Faktoren ab. Je nach Lebenssituation ist für jeden Menschen etwas anderes wichtig. Das internationale Unternehmen Kisi hat 40 Städte weltweit ausgewählt und ihre Lebensqualität untersucht. Dabei stand die Work-Life-Balance im Vordergrund. 20 Aspekte zu drei thematischen Gruppen wurden von Fachleuten bewertet: *Intensität der Arbeit,*
5 *Institutionen in der Gesellschaft* und die *Lebensqualität der Stadt.*
Für die Intensität der Arbeit wurden nicht nur Daten zur Arbeitszeit gesammelt (Wie viele Stunden Arbeitszeit sind pro Woche vorgeschrieben?), sondern auch weitere Aspekte: Wann beginnt im Durchschnitt der Arbeitstag? Wie hoch ist die Arbeitslosigkeit in der Stadt? Wie lange dauert der Weg zur Arbeit? Gesetze der jeweiligen Staaten spielen da natürlich eine wichtige Rolle. Sie legen
10 fest, wie viel Anspruch man auf Urlaub oder Elternzeit hat.
Auch für die Institutionen der Gesellschaft sind politische Entscheidungen und die gesetzliche Situation wichtig. Dabei wurde berücksichtigt, wie viel der Staat für Bildung, Gesundheit und soziale Sicherheit ausgibt oder welche Möglichkeiten der Kinderbetreuung es gibt. Andere Fragen dazu waren, ob es gute kostenlose Schulen und Hochschulen gibt oder ob alle Personen Zugang zum
15 Gesundheitssystem haben. Nicht vergessen wurden auch gesellschaftliche Werte: Wie sieht es mit der Gender-Gerechtigkeit aus? Wie ist die rechtliche und soziale Situation für Diversität?
Die letzte thematische Gruppe war schließlich die eigentliche Lebensqualität der Stadt. Da ging es um Themen wie Sicherheit und das Angebot im öffentlichen Verkehr. Andere Fragen waren: Wie viele freie Flächen (öffentliche Plätze sowie Grünflächen und Parks) gibt es in der Stadt? Wie ist die
20 Qualität der Luft? Wie gut sind die Möglichkeiten für Freizeit und Fitness? Diese Punkte betreffen ausschließlich die jeweilige Stadt.
Unter den zehn lebenswertesten Städten befinden sich auch vier Städte aus D-A-CH.

c Welche drei Städte liegen Ihrer Meinung nach ganz vorne? Arbeiten Sie in Gruppen. Diskutieren Sie die Gründe für Ihre Entscheidung.

Barcelona	Berlin	Hamburg	Helsinki	München
Oslo	Paris	Stockholm	Vancouver	Zürich

🔊 2.36 **d** Hören Sie einen Radiobericht. Vergleichen Sie mit Ihren Ergebnissen in 8c.

e Was sind die beliebtesten Städte in Ihrem Land? Berichten Sie.

🔊 2.37 **9 a** Hören Sie die vier Personen. Wer sagt was? Kreuzen Sie an.

Das sagt die Person aus …	München	Hamburg	Berlin	Zürich
1. Dort, wo ich wohne, arbeitet man im Durchschnitt länger als in den anderen Städten.	☐	☐	☐	☐
2. Die Stadt tut auch etwas für ärmere Menschen, was ich sehr wichtig finde.	☐	☐	☐	☐
3. Ich lebe gerne in einer Stadt, wo der Arbeitstag nicht so früh beginnt.	☐	☐	☐	☐
4. Das, was eine Stadt im Ranking attraktiv macht, kann für die Menschen auch Nachteile bringen.	☐	☐	☐	☐
5. Das Wetter ist nichts, was im Ranking gewertet wird.	☐	☐	☐	☐

etwas näher beschreiben, in einer Diskussion vermitteln   **11**

b Relativsätze mit *was* und *wo*. Lesen Sie noch einmal die Aussagen in 9a. Markieren Sie in den Sätzen die Ausdrücke, auf die sich *was* und *wo* beziehen.

c Ergänzen Sie *was* oder *wo*. Setzen Sie die Sätze fort.

1. Ich finde alles interessant, …
2. Ich möchte in einer Stadt wohnen, …
3. In meiner Stadt gibt es nichts, …
4. Ein schöner Ort ist für mich, …
5. In … gibt es viele Plätze, …
6. Mir gefällt vieles nicht, …

> **G**
> **Relativsätze mit *was* und *wo***
> *was* bezieht sich auf ganze Sätze oder auf Pronomen wie *alles*, *etwas*, *nichts* oder *das*.
> *wo* bezieht sich auf Ortsangaben.

10 Unsere Stadt soll besser werden. Arbeiten Sie zu viert. Jede/r wählt eine Rolle und notiert Argumente für seine/ihre Projekte. Spielen Sie dann die Diskussion. Gehen Sie auf die unterschiedlichen Standpunkte ein und vermitteln Sie.

R4

Der Stadtrat von Wilburg kann in den nächsten Jahren nur wenige Projekte realisieren. Es gibt maximal 20 Millionen Euro Budget. Überzeugen Sie die anderen, Ihre Projekte umzusetzen.

Stadtrat/Stadträtin für Verkehr	Experte/Expertin für Wohnbau	Experte/Expertin für Bildung	Stadtrat/Stadträtin für Kultur
– Parkhaus im Zentrum (5 Mio.) – neue Linie für die Straßenbahn (11 Mio.)	– neue Wohnungen am Rand der Stadt (7 Mio.) – Umbau von Büros zu Wohnungen (6 Mio.)	– Neubau von Kita und Schule (9 Mio.) – Renovierung von zwei alten Schulen (5 Mio.)	– Kultur-Treffpunkt für alle Bürger/innen (6 Mio.) – Sporthalle mit Open-Air-Arena (9 Mio.)

auf Standpunkte eingehen
Das ist nur ein Aspekt. Man muss auch daran denken, dass …
Wir müssen da auf mehrere Aspekte achten: Erstens …, zweitens … und drittens …
Das sind interessante Punkte, aber … fehlt (meiner Meinung nach) noch.
Wir dürfen aber nicht außer Acht lassen, dass …
Sie vergessen aber, dass …
Was … gesagt hat, stimmt (nicht ganz).

vermitteln
Ich glaube, Sie sehen nur eine Seite. Wichtig ist auch, was … gesagt hat.
Haben Sie auch ein konkretes Beispiel dafür?
Welche Lösung schlagen Sie vor?
Ich denke, Sie haben beide/alle (zum Teil) recht.
Da gebe ich … recht.
Lassen Sie … bitte ausreden. / … war noch nicht fertig. / Sie wurden unterbrochen. Was wollten Sie noch sagen?

11 a Aussprache: Texte vorlesen – Satzzeichen helfen. Lesen Sie den Text leise. Wo machen Sie Pausen? Markieren Sie mit | .

Ich wohne in Köln, | mir gefällt die Stadt sehr gut. Ich verstehe allerdings nicht, warum sie in sämtlichen Rankings immer so weit hinten liegt. Ich kann mir keine schönere Stadt vorstellen. Warum gefällt es mir in Köln so gut? Die Antwort ist ganz einfach: Hier gibt es schöne Museen, viele gute Theater und Kinos, kleine Cafés, den Rhein mit den vielen Schiffen und und und. Noch wichtiger ist, dass hier meine Freunde wohnen. Außerdem habe ich eine sehr gute Arbeitsstelle.

> **!**
> **Pausen**
> Satzzeichen helfen beim Lesen: Sie zeigen, was inhaltlich zusammengehört und wo man beim Vorlesen eine Pause machen kann.

b Hören Sie zur Kontrolle. Lesen Sie dann den Text laut.

2.38

11 einen Blog über Zürich verstehen

In Zürich

12 a Was wissen Sie über die Schweiz? Sammeln Sie im Kurs.

b Lesen Sie Emmas Blog. Welcher Abschnitt (A–D) passt zu welchem Foto? Ordnen Sie zu.

1   2   3   4

8. Juni | 2 Kommentare | geschrieben von Emma

Meine ersten Tage in Zürich

Seit einer Woche wohne ich jetzt in Zürich, mit ca. 415.000 Einwohnern die größte Stadt der Schweiz. Und ich muss sagen, es gefällt mir wirklich gut hier. Die ersten Tage habe ich genutzt, um die Stadt ein bisschen kennenzulernen. Ich bin zwar ein paar Mal falsch abgebogen, aber ich habe alle bekannten Sehenswürdigkeiten gefunden. Also wie eine ganz normale Touristin, obwohl ich jetzt hier lebe. 🙂

A Wirklich schön ist die Altstadt mit den historischen Gebäuden, bunten Fassaden und schmalen Gassen. Mittendrin steht auch das Wahrzeichen von Zürich: das Grossmünster, eine schöne, alte Kirche, wo auch regelmäßig Konzerte stattfinden. Außerdem kann man auf einen der Türme steigen und hat einen schönen Ausblick auf die Stadt.

B Einen noch viel tolleren Ausblick hat man allerdings vom Uetliberg, dem Hausberg von Zürich. Oben – fern vom Lärm der Stadt – gibt es sogar ein schönes Restaurant. Wer zu faul ist, auf den Berg zu wandern, kann auch mit der Bahn rauffahren.

C Mein Favorit ist natürlich der Zürichsee. Er ist sicher einer der Hauptgründe für die hohe Lebensqualität in dieser Stadt. Nirgendwo ist es schöner. Hier treffen sich alle Zürcher/innen. Man kann schwimmen, spazieren gehen oder eine Bootstour machen. Oder auch einfach nur in einem der zahlreichen Cafés sitzen, auf den See schauen und sich entspannen. Schwimmen kann man aber auch in der Limmat, dem Fluss, der durch Zürich fließt. Es gibt sogar richtige Flussbäder, die von den Einheimischen „Badi" genannt werden.

D Toll finde ich auch das alte Industrieviertel Zürich-West. Dort wurden früher Schiffe und Motoren gebaut. Heute stehen Kunst, Design und Kultur im Mittelpunkt. Es ist ein richtiges Trendviertel. Auch das höchste Gebäude der Stadt, der 126 Meter hohe Prime Tower, befindet sich dort. Übrigens bin ich immer mit dem Fahrrad, das hier Velo heißt, rumgefahren. In Zürich kann man sich nämlich bei „Züri rollt" kostenlos Fahrräder mieten, man muss nur 20 Franken Kaution bezahlen. Das Ganze ist eine soziale Initiative, bei der Flüchtlinge z. B. lernen, Fahrräder zu reparieren. So können sie dann hoffentlich eine Stelle in einer Werkstatt finden. Außerdem ist es gut für die Umwelt.

Bis bald, eure
Emma 🙂

> **Gut gesagt: Schweizerdeutsche Ausdrücke**
> die Autowerkstatt → die Garage
> das Fahrrad → das Velo
> der Fahrschein → das Billett
> parken → parkieren

2.39

c Wählen Sie je eine Information aus 12b und ergänzen Sie die Sätze. Vergleichen Sie dann zu zweit.

1. Emma besichtigt Zürich, …
2. In der Altstadt …
3. Wenn man Zürich von oben sehen will, …
4. Zum Schwimmen …
5. Wer sich für Kunst und Design interessiert, …
6. Fahrräder kann man …

d Ein Freund / Eine Freundin von Ihnen möchte nach Zürich reisen. Berichten Sie ihm/ihr in Ihrer Sprache oder auf Deutsch, was Sie über die Stadt wissen.

verschiedenen Empfängern schreiben, ein Programm für einen Stadtbesuch erstellen

11

Meine Stadt

13 a Tourismus in Ihrer Stadt. Was kann man in Ihrer oder einer anderen Stadt machen? Erstellen Sie eine Mindmap wie im Beispiel.

schwimmen im See / in der Limmat
Freizeitaktivitäten
Kunsthaus Zürich
Zürich
Altstadt
Museen
Plätze
Industrieviertel Zürich-West
Besonderheiten
Restaurants/Cafés

b Sie wollen einen Brief / eine E-Mail mit Vorschlägen für einen Tag in Ihrer Stadt schreiben. Welche Formulierungen passen zu wem? Ordnen Sie zu.

1. bald kommen Sie zu uns nach … | 2. Bis bald | 3. Gerne zeigen meine Kollegen und ich Ihnen einige Sehenswürdigkeiten. | 4. Hallo …, | 5. Hoffentlich gefallen dir die Vorschläge. | 6. Viele Grüße | 7. Hoffentlich haben Sie Lust bekommen, die Stadt kennenzulernen. | 8. Sehr geehrter Herr …, / Sehr geehrte Frau …, | 9. ich freue mich sehr, dass du mich bald besuchen kommst. | 10. Liebe …, / Lieber …, | 11. Meine Kollegen und ich freuen uns schon darauf, Sie kennenzulernen. | 12. Mit freundlichen Grüßen | 13. ich freue mich schon darauf, dir „meine Stadt" zu zeigen. | 14. Ich freue mich / Wir freuen uns, Sie bald hier zu begrüßen.

Empfänger/ Empfängerin	A Sie schreiben an einen guten Freund / eine gute Freundin.	B Sie schreiben an einen Geschäftspartner / eine Geschäftspartnerin, den/die Sie noch nicht kennen.
Anrede	10	
Einleitung		
Schluss		
Gruß		

c Wählen Sie eine/n Empfänger/in aus 13b und schreiben Sie den Brief / die E-Mail.

Briefe/E-Mails schreiben
Überlegen Sie vor dem Schreiben:
- Welche Inhalte wollen Sie mitteilen? Machen Sie Notizen.
- An wen schreiben Sie? Welche Anrede ist passend?
- Verwenden Sie passende Formulierungen für die Anrede, die Einleitung, den Schluss und den Gruß.
- Denken Sie in formellen Briefen an das Datum und den Betreff.

11 hören und sehen

Tübingen – ein Stadtporträt

▶ 29 **14 a** *Tübingen am Neckar.* Sehen Sie Szene 29 ohne Ton. Was sehen Sie? Welchen Eindruck haben Sie von Tübingen? Sprechen Sie im Kurs.

b Lesen Sie den Beginn eines Gedichts von Friedrich Hölderlin (1770–1843) über den Fluss Neckar. Zu welchen Teilen passen die Umschreibungen? Ordnen Sie zu.

In deinen Tälern wachte mein Herz mir auf

Zum Leben, ____ deine Wellen umspielten mich, ____

Und all der holden Hügel, die dich

Wanderer! kennen, ist keiner fremd mir. ____

A An deinem Ufer habe ich mich wohlgefühlt.
B Ich kenne die Landschaft auf beiden Seiten des Flusses, wo viele wandern.
C Ich bin im Tal des Flusses geboren.

c Sehen Sie die Szene noch einmal mit Ton. Warum kann man sagen, dass der Neckar den Dichter Hölderlin sein ganzes Leben lang begleitet hat?

▶ 30 **15 a** *Die Universitätsstadt.* Sehen Sie Szene 30. Welche Aussagen sind richtig? Kreuzen Sie an.

☐ 1. Tübingen ist eine sehr alte und gleichzeitig sehr lebendige Stadt. Fast ein Drittel der Einwohner sind Studierende.
☐ 2. Auf dem Rathaus sieht man nur Bilder von wichtigen Männern der Stadt.
☐ 3. Am höchsten Punkt der Stadt liegt das Schloss. Ein Teil gehört zur 1477 gegründeten Universität Tübingen.
☐ 4. Der Mittelpunkt von Baden-Württemberg ist das Schloss.
☐ 5. In der Altstadt liegt auch der Botanische Garten.

b Sehen Sie die Szene noch einmal. Korrigieren Sie die falschen Aussagen aus 15a.

16 a Wie gut kennen Sie Tübingen schon? Welches Foto ist aus Tübingen?

A

B

C

▶ 31 **b** *Mit dem Stocherkahn fahren.* Sehen Sie Szene 31. Wie ist das Stocherkahnfahren nach Tübingen gekommen? Wie lange ist es schon Tradition?

c Sehen Sie die Szene noch einmal und beantworten Sie die Fragen.

1. Warum ist das Stocherkahnfahren kommunikativ und bequem?
2. Was kann man auf der Fahrt sehen?
3. Woran denken die Leute, wenn sie „Tübingen" hören?

d Was finden Sie an Tübingen interessant? Was gefällt Ihnen nicht? Sprechen Sie im Kurs.

in einer Diskussion vermitteln

auf Standpunkte eingehen

Das ist nur ein Aspekt. Man muss auch daran denken, dass …
Wir müssen da auf mehrere Aspekte achten: Erstens …, zweitens … und drittens …
Das sind interessante Punkte, aber … fehlt (meiner Meinung nach) noch.
Wir dürfen aber nicht außer Acht lassen, dass …
Sie vergessen aber, dass …
Was … gesagt hat, stimmt (nicht ganz).

vermitteln

Ich glaube, Sie sehen nur eine Seite. Wichtig ist auch, was … gesagt hat.
Haben Sie auch ein konkretes Beispiel dafür?
Welche Lösung schlagen Sie vor?
Ich denke, Sie haben beide/alle (zum Teil) recht.
Da gebe ich … recht.
Lassen Sie … bitte ausreden. / … war noch nicht fertig. / Sie wurden unterbrochen. Was wollten Sie noch sagen?

Briefe/E-Mails schreiben

	informell	(halb-)formell
Anrede	Liebe …, / Lieber …, / Hallo …,	Sehr geehrter Herr …, / Sehr geehrte Frau …,
Einleitung	ich freue mich sehr, dass …	bald kommen Sie zu uns nach …
	ich freue mich schon darauf, … zu …	Meine Kollegen und ich freuen uns schon darauf, Sie kennenzulernen.
Schluss	Hoffentlich gefallen dir die Vorschläge.	Hoffentlich haben Sie Lust bekommen, … zu …
		Gerne zeigen wir Ihnen einige Sehenswürdigkeiten.
		Ich freue mich / Wir freuen uns, Sie bald hier zu begrüßen.
Gruß	Bis bald / Viele Grüße	Mit freundlichen Grüßen

Artikelwörter als Pronomen

	der	das	die	die
Nom.	ein**er**/kein**er**/mein**er**	ein**s**/kein**s**/mein**s**	eine/keine/meine	**welche**/keine/meine
Akk.	einen/keinen/meinen	ein**s**/kein**s**/mein**s**	eine/keine/meine	**welche**/keine/meine
Dat.	einem/keinem/meinem	einem/keinem/meinem	einer/keiner/meiner	**welchen**/keinen/meinen

○ Ist das **dein** Haus? ● Ja, das ist **meins**.
Interessante Leute? Hier trifft man immer **welche**.

irgendein/-eine/-welche

als Artikelwort
→ Singularformen wie *ein/eine*:
Wir finden **irgendein** Café.
→ Pluralformen mit *welche*:
Gibt es hier **irgendwelche** Cafés?
als Pronomen
→ Formen wie *ein/eine* als Pronomen:
Café? Wir finden **irgendeins**.

Adjektive als Nomen

der **O**bdachlose ~~Mann~~   ein **O**bdachloser ~~Mann~~
die **A**ngestellte ~~Bäckerin~~   eine **A**ngestellte ~~Bäckerin~~
die **V**erletzten ~~Menschen~~   – **V**erletzte ~~Menschen~~

Adjektive als Nomen haben die gleiche Endung wie Adjektive vor Nomen.
In Wörterbüchern haben sie die Angabe *der/die*:
der/die Bekannte

Relativsätze mit *was* und *wo*

was bezieht sich auf ganze Sätze oder auf Pronomen wie *alles, etwas, nichts* oder *das*.	Hier gibt es viele <u>Parks</u>, **was** ich toll finde. Viel Kultur ist <u>etwas</u>, **was** eine Stadt attraktiv macht. Das Wetter ist <u>nichts</u>, **was** für Rankings wichtig ist.
wo bezieht sich auf Ortsangaben.	Hamburg ist <u>eine Stadt</u>, **wo** ich gerne wohnen würde.

Bankgespräche verstehen und führen | Informationen auf einer Webseite verstehen | nach Tätigkeiten fragen |
Argumente verstehen und äußern | Personen, Dinge und Situationen genauer beschreiben |

Geld regiert die Welt?

A

C

B

1 a Sehen Sie die Fotos an und beschreiben Sie sie. Wofür braucht man viel Geld, wofür eher nicht?

b Hören Sie vier Szenen. Zu welchen Fotos passen sie?
2.40

c Hören Sie noch einmal und notieren Sie: Was ist das Wichtigste für die Personen? Vergleichen Sie im Kurs.

Szene 1: Motorrad, Stress und Ärger vergessen ...

über Verhalten diskutieren | eine schwierige Situation beschreiben | einen informativen Text verstehen | über etwas berichten

12

d Was ist Ihnen besonders wichtig und was brauchen Sie dazu? Sprechen Sie in Gruppen.

2 Was würden Sie machen, wenn Sie plötzlich viel Geld bekommen würden? Wofür würden Sie es ausgeben? Was wäre Ihnen nicht so wichtig?

Wenn ich viel Geld hätte, würde ich …

12 Bankgespräche verstehen und führen

Bankgeschäfte

3 a Was macht man bei der Bank? Ordnen Sie zu. Es gibt mehrere Möglichkeiten.

der Betrag | das Konto | der Kredit | das Geld | der Beleg | die Rate | die Gebühr | die Zinsen | die Bankkarte / die Kreditkarte | der Kontoauszug

beantragen | überweisen | einzahlen | drucken | eröffnen | verlangen | sperren | abheben | zahlen | sparen | überziehen

b Hören Sie die Gespräche. Was ist jeweils das Thema?

2.41–42

c Hören Sie noch einmal. Welche Sätze sind richtig? Kreuzen Sie an.

☐ 1. Die Kontoführungsgebühren sind abhängig von der Höhe des Gehalts.
☐ 2. Je mehr Geld Frau Ramon mit der Bankkarte abhebt, desto weniger Gebühr zahlt sie.
☐ 3. Mit der Kreditkarte kann Frau Ramon in Deutschland kostenlos Geld abheben.
☐ 4. Herr Richter braucht einen Kredit für eine Wohnung.
☐ 5. Je höher der Kredit ist, umso günstiger sind die Zinsen.
☐ 6. Das Gehalt von Herrn Richter ist ausreichend für den Kredit.

> **Gut gesagt: Kurzsätze mit *je …, desto …***
> Je schneller, desto besser!
> Je früher, desto lieber!

2.43

d Markieren Sie *je …, desto/umso …* und die Adjektive in 3c und ergänzen Sie die Regel. Welche Formen haben die Adjektive: Grundform, Komparativ oder Superlativ?

> **G** Sätze mit *je …, desto/umso …*
> Nebensatz | Hauptsatz
> **Je** *öfter* man Online-Banking macht, **desto/umso** *leichter* wird es.
> je + _____ | desto/umso + _____

e Ergänzen Sie die Sätze. Schreiben Sie dann zwei eigene Sätze.

1. Je mehr Geld Anna verdient, …
2. Je weniger Bargeld man dabei hat, …
3. Je seltener man persönlich zur Bank muss, …
4. …, desto öfter kauft Thilo online.
5. …, umso netter sind die Bankangestellten.
6. …, desto geringer ist die Rate.

4 a Arbeiten Sie zu zweit. Wählen Sie jeweils passende Ausdrücke und spielen Sie die Situationen. Wechseln Sie die Rollen.

Situation 1
Sie sind nicht mehr zufrieden mit Ihrer Bank und möchten zu einer anderen wechseln. Erkundigen Sie sich dort nach einem Konto.

Situation 2
Sie brauchen diesen Monat einen Kredit für einen neuen, großen Kleiderschrank. Bitten Sie bei Ihrer Bank um einen Kredit.

Kunde/Kundin
Ich möchte gern ein Konto eröffnen / einen Kredit aufnehmen.
Ich habe noch Fragen zu den Konditionen.
Wie hoch sind die Gebühren/Zinsen?
Ich könnte monatlich … Euro zurückzahlen.
Wie bekomme ich einen Kontoauszug / das Geld?

Bankangestellte/r
Was kann ich für Sie tun?
Zu Ihrem Konto bekommen Sie …
Wir empfehlen Ihnen Online-Banking. Da können Sie …
Wie hoch soll der Kredit sein?
Wie schnell möchten Sie den Kredit zurückzahlen?
Die Gebühren/Zinsen betragen …
Sie finden den Kontoauszug / den Kredit …

b Ein Freund / Eine Freundin möchte in Deutschland ein Konto eröffnen. Erklären Sie in Ihrer Sprache oder auf Deutsch, wie es funktioniert und worauf er/sie achten soll.

12
Informationen auf einer Webseite verstehen, nach Tätigkeiten fragen

5 a Lesen Sie die Fragen zum Online-Banking und ordnen Sie sie den Antworten zu.

fastwallet

Ihre Fragen
1. Wie kann ich mich einloggen?
2. Wie kann ich meine PIN ändern?
3. Kann ich meine Kontoübersicht selbst ändern?
4. Welche Gebühren fallen für Überweisungen an?
5. Wie funktioniert die Fotoüberweisung?

Unsere Antworten
____ **A** Wir bieten Ihnen eine Standardübersicht über Ihre Konten. Diese können Sie jederzeit anpassen. Beim nächsten Log-in sehen Sie die geänderte Ansicht.
____ **B** Laden Sie eine fotografierte Rechnung mit Betrag und Kontodaten hoch. Die übernommenen Daten können anschließend bei Bedarf von Ihnen korrigiert werden.
____ **C** Sie haben über unsere Webseite oder über unsere App gesicherten Zugang auf Ihr Konto. Melden Sie sich einfach mit Ihrem Benutzernamen und Ihrem Passwort an.
____ **D** Überweisungen im Inland sind kostenlos, ebenso wie Daueraufträge. Der überwiesene Betrag kommt innerhalb eines Tages beim Empfänger an.
____ **E** Eine gespeicherte PIN können Sie jederzeit ändern, wenn Sie eingeloggt sind. Klicken Sie dafür im Menü *Mein Konto* an und tragen Sie Ihre Wunsch-PIN ein.

b Lesen Sie die Regel und ergänzen Sie die passende Formulierung aus dem Text in 5a.

Partizip II als Adjektiv
Viele Partizipien können als Adjektiv verwendet werden. Sie werden wie Adjektive dekliniert.

– der Betrag, der überwiesen wurde → _____

– eine PIN, die gespeichert wurde → _____

– die Daten, die übernommen wurden → _____

c Ergänzen Sie die Partizipien. Achten Sie auf die Adjektivendungen.

Was passiert, wenn ich meine Karte verliere?
Lassen Sie Ihre Karte sofort sperren und melden Sie uns den Verlust. Wir ersetzen Ihre
(1) _____ Karte innerhalb einer Woche. Zudem erhalten Sie eine neue PIN per Post.

Welche Unterlagen brauche ich für die Kontoeröffnung?
Füllen Sie das Formular aus und unterschreiben Sie es. Schicken Sie das (2) _____
Formular und eine Kopie Ihres Ausweises per Post an uns.

Kann ich Bargeld einzahlen?
Sie können selbstverständlich auch Bargeld einzahlen. Die (3) _____ Beträge werden umgehend auf Ihrem Konto gutgeschrieben.

d Arbeiten Sie zu zweit und formulieren Sie abwechselnd Fragen und Antworten.

die Sachen kaufen | das Formular ausfüllen | den Vertrag unterschreiben | das Passwort speichern | das Fahrrad reparieren | die Kleidung bestellen | den Pass kopieren | den Kontoauszug drucken

Hast du das Formular schon ausgefüllt? *Ja, hier ist das ausgefüllte Formular.*

12 Argumente verstehen und äußern

Total global

6 a Hören Sie das Gespräch zum Thema Globalisierung und notieren Sie: Welche Aspekte werden genannt?

– Wirtschaft → verändert

b Was ist Globalisierung? Welche Aspekte gehören für Sie noch dazu? Sammeln Sie im Kurs.

7 a Pro und contra Globalisierung. Arbeiten Sie zu zweit. Jede/r liest einen Text und notiert die Argumente aus dem Text in Stichworten.

Pro

Ich finde es gut, dass unser Leben internationaler geworden ist. Man findet im Netz sofort alle Informationen, egal, wo auf der Welt etwas passiert ist. Man muss auch bedenken, dass der zunehmende Austausch, auch international, in der Forschung und Wissenschaft immer wichtiger wird. Das ist doch ein großer Vorteil, z. B. auch bei der Bekämpfung von Krankheiten. Durch die Globalisierung verbreitet sich technischer Fortschritt mit rasender Geschwindigkeit und wir haben ein viel größeres Produktangebot als früher. Positiv ist auch, dass es durch die große Konkurrenz viele billige Produkte gibt. Das nützt allen. Für uns Konsumenten sind die sinkenden Preise doch wünschenswert. Ein weiterer Pluspunkt ist, dass viele Länder von der Globalisierung profitieren und es dort wegen der produzierenden Fabriken viel mehr Wohlstand gibt als früher. Außerdem gefällt mir, dass heute alles mobiler ist, auch in der Arbeitswelt. Ich habe zum Beispiel fünf Jahre in Asien gearbeitet, jetzt lebe und arbeite ich in Frankreich. In anderen Ländern zu arbeiten ist heute viel einfacher als früher. Pauschal kann man sagen, es gibt viele überzeugende Argumente für die Globalisierung.
Bernd Christiansen, Toulouse

Contra

Ich sehe die Globalisierung eher kritisch. Mein Nachbar hat bei einem Handyhersteller in der Produktion gearbeitet und vor ein paar Jahren seine Stelle verloren. Die komplette Produktion wurde in ein anderes Land verlegt. Und warum? Weil die Firma dort billiger produzieren kann. Dort arbeiten die Leute unter schlechteren Bedingungen für weniger Geld. Das ist doch ein wichtiges Argument gegen die Globalisierung. Ich finde, man sollte sich überlegen, ob langsam steigende Preise wirklich immer nur negativ sind. Und man muss auch bedenken, dass kleinere Firmen bei dieser wachsenden Konkurrenz auf dem Weltmarkt oft nicht überleben können. Es ist wirklich sehr problematisch, dass die Unterschiede zwischen Arm und Reich immer größer werden. Und dann sind da noch die zunehmenden Umweltprobleme. Durch die Globalisierung werden viele Waren teilweise rund um die Welt transportiert, bevor sie beim Verbraucher ankommen. Das ist aus meiner Sicht ein echter Irrsinn. Man könnte sehr viel CO_2 reduzieren, wenn die herstellenden Firmen dort produzieren, wo die Waren auch gebraucht werden, und nicht irgendwo, wo es billiger ist.
Sada Bousaid, Mannheim

b Informieren Sie Ihren Partner / Ihre Partnerin und erstellen Sie zu zweit eine Tabelle mit Vor- und Nachteilen der Globalisierung. Welche weiteren Vor- und Nachteile fallen Ihnen ein?

c Lesen Sie die Texte noch einmal. Mit welchen Formulierungen nennen die Personen ihre Argumente? Markieren Sie im Text und sammeln Sie im Kurs.

d Welche Rolle spielt die Globalisierung für Sie? Was hat sich in Ihrem Land durch die Globalisierung verändert? Sprechen Sie in Gruppen und nennen Sie Beispiele. Verwenden Sie Ausdrücke aus 7c.

12 Personen, Dinge und Situationen genauer beschreiben

8 a Lesen Sie die Regel und schreiben Sie wie im Beispiel.

1. sinkende Preise: _Preise, die sinken_
2. der zunehmende Austausch: _____
3. wegen der produzierenden Fabriken: _____
4. ein überzeugendes Argument: _____
5. die herstellenden Firmen: _____

> **G**
> **Partizip I als Adjektiv**
> Bildung: Infinitiv + *d* + Adjektivendung
> – Preise, die steigen → steigen**de** Preise
> – bei der Konkurrenz, die wächst → bei der wachsen**den** Konkurrenz
> Partizipien werden wie Adjektive dekliniert.

b Rund um die Welt. Wer ist auf dem Bild? Arbeiten Sie zu zweit und notieren Sie.

1. _eine telefonierende Frau_
2. _____
3. _____
4. _____
5. _____
6. _____
7. _____
8. _____
9. _____
10. _____

c Was haben Sie heute schon gesehen? Gehen Sie durch den Kursraum. Fragen und antworten Sie.

Was hast du heute schon gesehen?
Ich habe lachende Menschen gesehen.
Tom hat lachende Menschen gesehen. Und du?
Ich habe …

9 a Aussprache: Wortakzent. Hören Sie und markieren Sie den Wortakzent.
2.45

1. **zah**len – bezahlen – die Bezahlung
2. fahren – erfahren – die Erfahrung
3. ändern – verändern – die Veränderung
4. sprechen – versprechen – das Versprechen

> **!** Der Wortakzent liegt meistens auf dem Wortstamm.

b Lesen Sie die Wörter in 9a laut und klopfen Sie beim Wortakzent mit der Hand auf den Tisch.

c Wortakzent bei Komposita. Hören Sie und markieren Sie den Wortakzent.
2.46 Lesen Sie dann alle Wörter laut vor.

1. der **Markt** – der **Welt**markt
2. das Wort – das Passwort
3. der Name – der Benutzername
4. der Betrag – der Geldbetrag
5. der Auftrag – der Dauerauftrag
6. die Gebühr – die Kontoführungsgebühr

> **!** Bei Komposita liegt der Wortakzent meistens auf der betonten Silbe des ersten Worts.

12 über Verhalten diskutieren, eine schwierige Situation beschreiben

Mit gutem Gewissen

10 a Sehen Sie die Bilder an und beschreiben Sie die Situationen.

Gewissensfragen

A Bei uns in der Stadt gibt es Zeitungskästen, aus denen man sich die Zeitungen einfach nehmen kann und das Geld selbst einwirft. Das Konzept basiert also auf der Ehrlichkeit der Kunden, denn niemand kann nachprüfen, ob man bezahlt hat oder ob man betrügt. So wird
5 Dieben das Stehlen leicht gemacht. Ich hole mir jeden Morgen meine Zeitung aus dem Kasten, aber natürlich habe ich nicht immer genug Kleingeld. Ist es okay, an manchen Tagen gar nicht oder zu wenig zu bezahlen? Und dafür an anderen Tagen mehr? Im Durchschnitt bezahle ich ja für jede Zeitung. Aber wenn das Geld dann zwischendurch aus dem Kasten geholt wird, ist vielleicht zu wenig drin. Muss ich deshalb
10 auf meine Zeitung verzichten, wenn ich das Kleingeld nicht habe? *Lars S., München*

B Zu meinem letzten Geburtstag habe ich von Freunden eine Vase bekommen, die ich wirklich hässlich finde. Ich war ein bisschen überrascht. Denn wer mich gut kennt, schenkt mir so etwas nicht. Jetzt steht sie im Keller und ist voll Staub. Nächste Woche hat meine Nachbarin Geburtstag. Ich weiß, dass sie die Vase wunderschön finden würde. Ist es in Ordnung, wenn ich ein
15 Geschenk, das ich bekommen habe, weiterverschenke? So muss ich kein Geschenk für sie kaufen und spare Geld. Wären meine Freunde nicht sehr verletzt, wenn sie das erfahren würden? Oder kann man mit geschenkten Dingen tun, was man möchte? Schließlich gehört die Vase ja jetzt mir und ich kann entscheiden. Niemand kann mir einen Vorwurf machen, oder? *Anja P., Bielefeld*

b Lesen Sie die Texte. Sind die Situationen so, wie Sie sie in 10a beschrieben haben?

c Arbeiten Sie in Gruppen und diskutieren Sie die beiden Situationen. Was ist Ihre Meinung? Was würden Sie tun? Begründen Sie.

etwas akzeptieren/ befürworten	**etwas ablehnen**
Ich finde es in Ordnung, wenn …	Ich finde es wirklich nicht gut, wenn …
Für mich ist es okay, …	Auf keinen Fall sollte man …
Ich habe kein Problem damit, dass …	Ich finde es falsch/schlimm/ unmöglich, wenn/dass …
Man muss akzeptieren/ tolerieren, wenn/dass …	So ein Verhalten lehne ich ab, weil …

! in Diskussionen zu Wort kommen
- Signalisieren Sie durch Blickkontakt, Räuspern oder „Entschuldigung", dass Sie etwas sagen möchten.
- Nutzen Sie Pausen der anderen, um zu sprechen.

 d Wählen Sie eine Situation oder finden Sie eine eigene. Schreiben Sie dann zu zweit eine Gewissensfrage wie in 10a auf ein Blatt Papier.

| **A** Ihr Bruder hat Sie zu seinem 30. Geburtstag eingeladen. Er wohnt mehr als 500 Kilometer weit fort und Sie haben wenig Geld. | **B** Sie sind beim Einkaufen und merken nach dem Bezahlen, dass nur drei Becher Joghurt berechnet wurden. Sie haben aber vier genommen. | **C** Sie haben einen Drucker gekauft, der nicht funktioniert, und ihn sofort schlecht bewertet. Der nette Händler hat ihn aber problemlos umgetauscht. |

e Mischen Sie alle Blätter im Kurs und verteilen Sie sie neu. Diskutieren Sie zu zweit.

142 einhundertzweiundvierzig

einen informativen Text verstehen, über etwas berichten

Gutes tun mit Geld

11 a Wen oder was würden Sie gern finanziell unterstützen, wenn Sie genug Geld hätten? Erzählen und begründen Sie.

Ich würde Greenpeace unterstützen, weil …

Dem Kindergarten bei uns um die Ecke würde ich gern Geld geben, denn …

b Lesen Sie den Text und notieren Sie zu jedem Absatz eine Frage.

Die Fuggerei in Augsburg

A Die Fuggerei in Augsburg ist die älteste Sozialsiedlung der Welt. Jakob Fugger, Mitglied der reichen und bekannten Augsburger Kaufmannsfamilie, gründete 1521 diese Siedlung, um armen und bedürftigen Augsburgern zu helfen. Für die damalige Zeit war die Konzeption „Hilfe zur Selbsthilfe" sehr fortschrittlich.

B Handwerker und Arbeiter, die ohne Schuld, z. B. durch Krankheit, in finanzielle Schwierigkeiten geraten waren, konnten in die Fuggerei ziehen. Dort oder auch außerhalb der Fuggerei konnten sie arbeiten und Geld verdienen. Wenn sie sich finanziell erholt hatten, zogen sie wieder aus. Von 1681 bis 1694 lebte auch Franz Mozart, der Urgroßvater von Wolfgang Amadeus Mozart, in der Fuggerei.

C Die Wohnungen sind jeweils 60 Quadratmeter groß, was in der Entstehungszeit ziemlich groß war. Die Fuggerei mit acht Gassen, einer „Stadtmauer" aus Stein, drei Toren und einer Kirche ist wie eine Stadt in der Stadt. Für Besucher/innen ist aber nur ein Tor geöffnet, das jede Nacht geschlossen und von 22 bis 5 Uhr von einem Nachtwächter bewacht wird. Fuggereibewohner/innen, die bis 24 Uhr durch das Tor gehen, geben dem Nachtwächter 50 Cent, danach 1 Euro.

D Noch heute wohnen in den 140 kleinen Wohnungen der 67 Häuser 150 bedürftige Augsburger/innen. Die Bewohner/innen zahlen dafür eine symbolische Jahresmiete von 88 Cent und zusätzlich die Nebenkosten (ca. 85 Euro pro Monat). Um dort wohnen zu dürfen, muss man allerdings Augsburger/in und katholisch sein und sich in der Fuggerei engagieren. Außerdem beten die Bewohner/innen dreimal täglich. Bis heute wird die Siedlung aus dem Stiftungsvermögen von Jakob Fugger finanziert, zu dem zahlreiche Wälder und Immobilien gehören.

E Inzwischen zählt die Fuggerei auch zu den touristischen Attraktionen der Stadt Augsburg. Neben einem Spaziergang durch die Fuggerei kann man das Fuggereimuseum besuchen. Auch zwei Wohnungen kann man besichtigen: eine im Originalzustand mit Möbeln, die aus dem 18. Jahrhundert stammen, und eine, die zeigt, wie die Bewohner/innen heute leben.

c Tauschen Sie die Fragen mit einem Partner / einer Partnerin und beantworten Sie seine/ihre Fragen. Kontrollieren Sie sich gegenseitig.

d Welche Information finden Sie besonders interessant?

e Kennen Sie ähnliche wohltätige Beispiele? Recherchieren Sie in Gruppen und stellen Sie ein Projekt oder eine Aktion im Kurs vor.

12 hören und sehen

Tauschring

▶ 32 **12 a** *Tauschring Mainz.* Sehen Sie Szene 32. Was macht Thomas für Klaus und warum?

b Sehen Sie die Szene noch einmal. Was hören Sie zu den folgenden Begriffen? Machen Sie Notizen und sprechen Sie im Kurs.

Verein | Grund | Mitglieder | Talent | Dankbarkeit | Umwelt

c Arbeiten Sie in Gruppen. Welche Tätigkeiten kann man in diesen Bereichen anbieten? Notieren Sie je Bereich mindestens zwei Tätigkeiten und vergleichen Sie im Kurs.

1. Unterricht
2. Haushalt
3. Garten
4. handwerkliche Arbeit
5. Büro/Computer
6. Gesundheit

▶ 33 **13 a** *Das Tauschblatt.* Sehen Sie Szene 33. Was wird auf dem Tauschblatt notiert? Wie viele „Talente" bekommen Thomas und Elisabeth für ihre Arbeit?

b Sehen Sie die Szene noch einmal und beantworten Sie die Fragen.

1. Seit wann ist Elisabeth im Tauschring aktiv?
2. Wer hat den Mainzer Tauschring gegründet?
3. Woher stammt die Tauschring-Idee ursprünglich?
4. Was war und ist den Mitgliedern wichtig?

c Was denken Sie: Kann man den Wert von Arbeit vergleichen? Wählen Sie eine Aussage und diskutieren Sie zu dritt.

1. „Es ist ganz wichtig, dass jede Tätigkeit gleich viel wert ist. Es geht nur um die Zeit, die getauscht wird, und nicht um den Wert einer Tätigkeit."

2. „Für mein Computerwissen habe ich lange studiert. Wenn ich das anbiete, möchte ich, dass das anerkannt wird. Es ist mehr wert als einfache Tätigkeiten."

3. „Tätigkeiten zu ‚tauschen' ist im Prinzip eine gute Idee. Aber was mache ich, wenn ich unzufrieden bin? Ich würde das Angebot deshalb nur selten nutzen."

▶ 34 **14 a** *Das Internet ist kein Ersatz.* Sehen Sie Szene 34. Warum funktioniert der Tauschring Mainz besser als eine Internetplattform?

b Sehen Sie die Szene noch einmal und notieren Sie, wer was für wen gemacht hat.

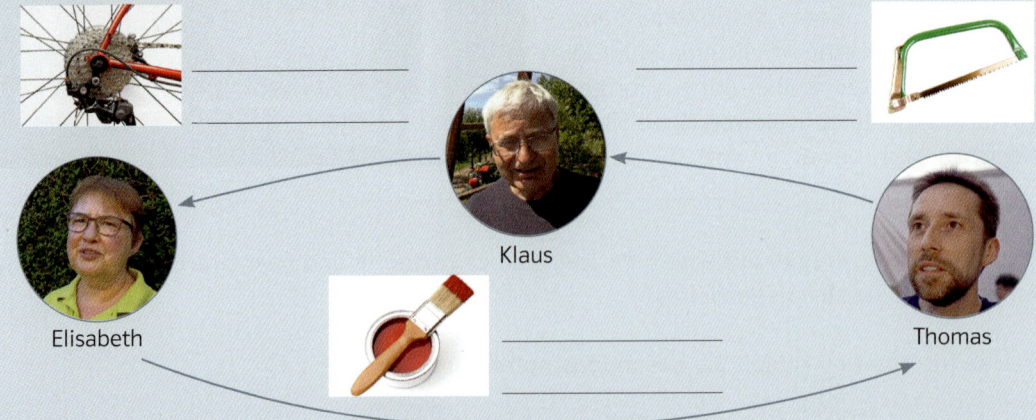

c Machen Sie einen Tauschring im Kurs. Welche Tätigkeit könnten Sie anbieten? Erzählen Sie.

12 kurz und klar: Redemittel und Grammatik

Bankgespräche führen

Kunde/Kundin
Ich möchte gern ein Konto eröffnen / einen Kredit aufnehmen.
Ich habe noch Fragen zu den Konditionen.
Wie hoch sind die Gebühren/Zinsen?
Ich könnte monatlich … Euro zurückzahlen.
Wie bekomme ich einen Kontoauszug / das Geld?

Bankangestellte/r
Was kann ich für Sie tun?
Zu Ihrem Konto bekommen Sie …
Wir empfehlen Ihnen Online-Banking. Da können Sie …
Wie hoch soll der Kredit sein?
Wie schnell möchten Sie den Kredit zurückzahlen?
Die Gebühren/Zinsen betragen …
Sie finden den Kontoauszug / den Kredit …

Argumente nennen

Argumente einleiten
Man muss auch bedenken, dass …
Ich finde, …
Man sollte sich überlegen, ob …
Das ist für mich / aus meiner Sicht …
Pauschal kann man sagen, …

Pro-Argumente nennen
Ich finde es gut, dass …
Ich finde, es gibt viele überzeugende Argumente für …
Das ist doch ein (großer) Vorteil.
Positiv ist auch, dass …
… ist/sind erfreulich.
Ein weiterer Pluspunkt ist, dass …
Außerdem gefällt mir, dass…

Contra-Argumente nennen
Ich sehe … eher kritisch.
Das ist doch ein wichtiges Argument gegen …
Es ist wirklich sehr problematisch, dass …
Dann sind da noch die Probleme mit …
Das ist aus meiner Sicht ein echter Irrsinn.

eine Diskussion führen

etwas akzeptieren/befürworten
Ich finde es in Ordnung, wenn …
Für mich ist es okay, …
Ich habe kein Problem damit, dass …
Man muss akzeptieren/tolerieren, wenn/dass …

etwas ablehnen
Ich finde es wirklich nicht gut, wenn …
Auf keinen Fall sollte man …
Ich finde es falsch/schlimm/unmöglich, wenn/dass …
So ein Verhalten lehne ich ab, weil …

Sätze mit *je …, desto/umso …*

Nebensatz			Hauptsatz		
Je öfter	man Online-Banking	**macht**,	**desto/umso leichter**	**wird**	es.
Je größer	der Kredit	**ist**,	**desto/umso günstiger**	**sind**	die Zinsen.
je + Komparativ	Nebensatz	Verb: Satzende	*desto/umso* + Komparativ	Verb	

Partizip als Adjektiv

Viele Partizipien können als Adjektiv verwendet werden. Sie werden wie Adjektive dekliniert.

Partizip II

die gespeicher**te** PIN	→ die PIN, die gespeichert wurde
ein ausgefüll**tes** Formular	→ ein Formular, das ausgefüllt wurde
die übernomm**enen** Daten	→ die Daten, die übernommen wurden

Partizip I: Infinitiv + *d*

steigen**de** Preise	→ Preise, die steigen
auf dem wachsen**den** Weltmarkt	→ auf dem Weltmarkt, der wächst
ein überzeugen**des** Argument	→ ein Argument, das überzeugt

4 Plattform

Wiederholungsspiel

1 Spielen Sie zu viert.

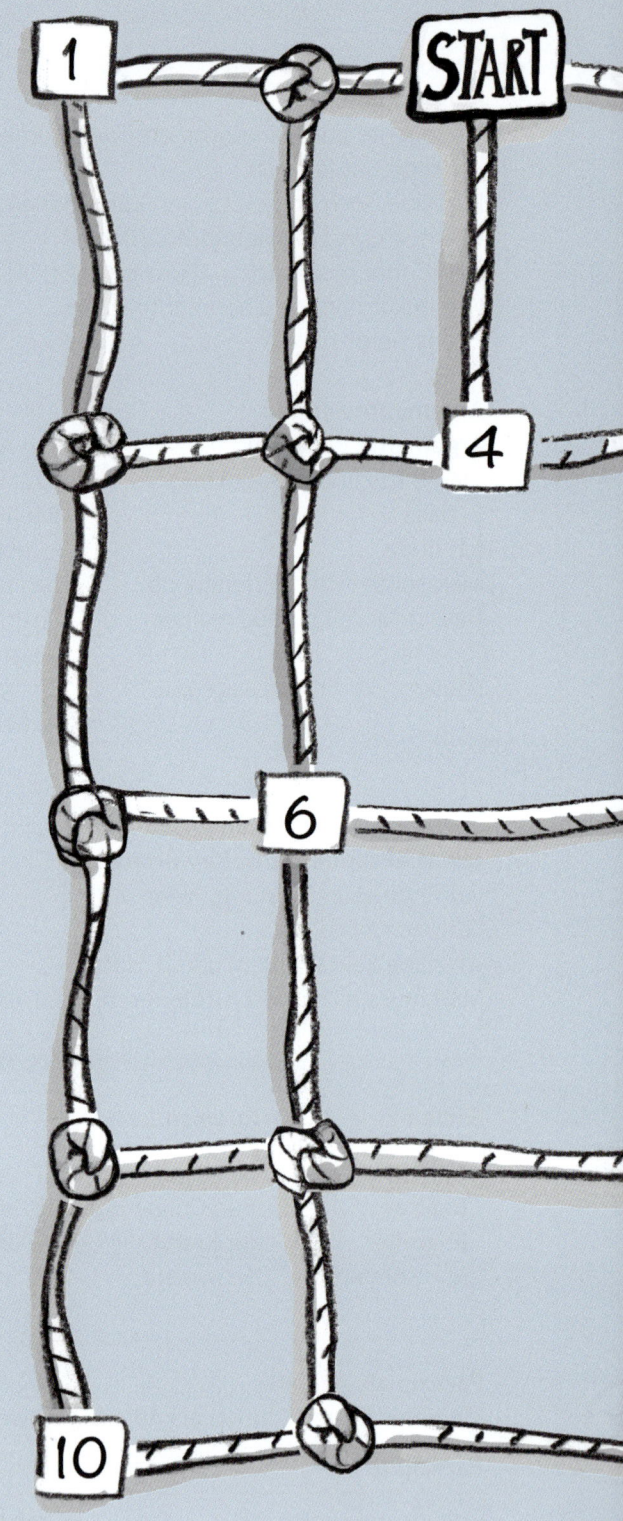

Sie brauchen einen Würfel und für jede/n eine Spielfigur, einen Zettel und einen Stift. Alle Spielfiguren stehen auf „Start".

 Wer die höchste Zahl würfelt, darf beginnen. Gehen Sie mit Ihrer Figur so viele Felder, wie Sie gewürfelt haben – in eine beliebige Richtung. Beantworten Sie dann die Frage schriftlich auf einem Zettel. Achtung! Arbeiten Sie allein. Die anderen dürfen Ihre Antworten nicht sehen. Dann ist der/die Nächste dran. Auf einem Feld darf immer nur eine Figur stehen.

Wer zuerst alle zwölf Fragen beantwortet hat, ruft „Stopp!". Zählen Sie Ihre Punkte: Für jede beantwortete Frage gibt es einen Punkt. Vergleichen Sie dann Ihre Antworten. Für jede richtige Antwort gibt es noch einen Punkt. Wer hat die meisten Punkte?

1. Nach der Party: Was wurde alles gemacht? Schreiben Sie drei Sätze.

2. Wählen Sie ein Beispiel für soziales Engagement. Beschreiben Sie es mit drei Sätzen:
   - Die *Tafel*
   - Freiwillige Feuerwehr
   - Patenschaften

3. Geben Sie drei Tipps für eine gute Präsentation.

4. Was fällt Ihnen zur EU ein? Notieren Sie drei Stichpunkte.

5. Ein Freund / Eine Freundin besucht Sie am Wochenende. Schreiben Sie ihm/ihr eine kurze Nachricht mit einem Vorschlag, was Sie unternehmen könnten.

6. Was gefällt Ihnen an Ihrer Stadt besonders gut? Schreiben Sie zwei bis drei Sätze.

7. Erklären Sie in zwei bis drei Sätzen, warum Sie lieber in der Stadt oder lieber auf dem Land wohnen (würden).

8. Ergänzen Sie die Relativsätze.
   - Ich finde alles wichtig, …
   - Zürich ist eine Stadt, …
   - In Tübingen, …, ist es sehr schön.

9. Rund um Banken und Geld: Notieren Sie drei Nomen und drei Verben zum Thema.

10. Notieren Sie die Partizipien mit der richtigen Endung:
    - Er hat sein … (sparen) Geld komplett ausgegeben.
    - Sie hat ihre … (verlieren) Geldbörse wiedergefunden.
    - Sie hat den … (ausfüllen) Antrag abgeschickt.

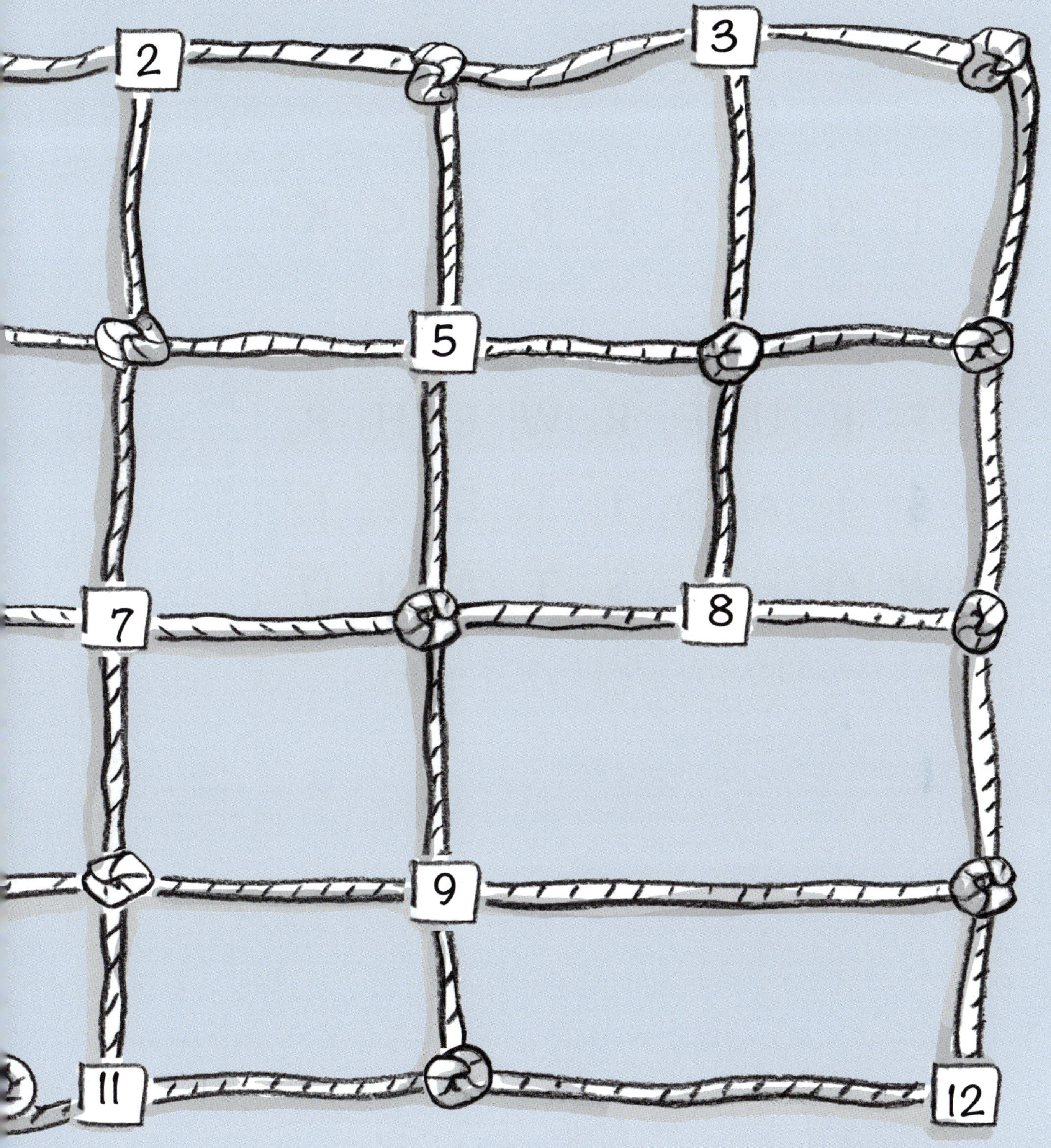

Plattform 4

11. Ergänzen Sie die Artikelwörter als Pronomen:
- Es ist so ruhig hier. Ich glaube, hier ist … (kein).
- Ich muss noch schnell einkaufen. Wo ist ein Supermarkt? – Da drüben ist … (ein).
- Wem gehört denn die Tasche? Ist das … (Sie)?

12. Was wissen Sie über die Fuggerei? Schreiben Sie zwei bis drei Sätze mit wichtigen Informationen.

4 Plattform

Raus mit der Sprache

2 Arbeiten Sie zu dritt. Wählen Sie ein Wort. Bilden Sie mit den Buchstaben des Wortes sieben bis zehn neue Wörter wie im Beispiel. Schreiben Sie dann eine E-Mail an einen Freund / eine Freundin oder einen Text zum Thema. Verwenden Sie in jedem Satz mindestens ein gefundenes Wort.

Gefundene Wörter: in, Nick, bis, Bus, Kinn, bin, Kurs, Uni

Lieber Nick,
ich bin seit einer Woche in Innsbruck. Da mache ich einen Kurs an der Uni. …

! Schreiben Sie jeden Buchstaben Ihres Wortes auf ein Kärtchen. Verschieben Sie die Buchstaben. So finden Sie leichter neue Wörter.

3 Hast du schon gehört? Sprechen und reagieren Sie wie im Beispiel.

Autos in der Stadt – verboten werden	Echt?
viele Banken – geschlossen werden	Wirklich?
immer mehr Produkte – in Handarbeit produziert werden	Was du nicht sagst.
Möbel für das Homeoffice – immer besser verkauft werden	Das kann ich gar nicht glauben.
Geschäfte – auch sonntags geöffnet werden	Das darf doch nicht wahr sein!
Fahrräder – aus Holz gebaut werden	…
immer weniger Lebensmittel – weggeworfen werden	
…	

Hast du schon gehört? Autos werden in der Stadt verboten.

Echt? Autos werden in der Stadt verboten? Das kann ich gar nicht glauben.

4 Spielen Sie zu fünft. Jede/r legt zwei Sachen auf den Tisch. Wem gehört das? Fragen und antworten Sie.

Plattform 4

5 Satzketten mit *je ..., desto ...* Arbeiten Sie in Gruppen und setzen Sie die Satzanfänge fort. Bilden Sie mindestens fünf Sätze pro Satzanfang.

Je früher ich morgens aufstehe, ...
Je mehr Geld man verdient, ...
Je weniger Stress ich habe, ...
Je öfter ich lerne, ...
Je mehr Schokolade man isst, ...

Je früher ich morgens aufstehe, ...

..., desto schneller bin ich morgens im Büro.

Je schneller ich morgens im Büro bin, ...

..., desto besser kann ich ...

Sprachmittlung

6 Wählen Sie.

A Hören Sie die Besprechung. Machen Sie Notizen für den Kundenbesuch. Welche Punkte müssen noch erledigt werden, welche wurden bereits erledigt? Sammeln Sie Ideen für das Programm. Besprechen Sie dann in Gruppen, wer, was, bis wann übernimmt.

B Lesen Sie die Mail der Chefin. Besprechen Sie in Gruppen die Vorschläge und was Sie tun müssen. Notieren Sie die wichtigsten Ergebnisse.

Arbeitsaufträge im Team klären und bearbeiten
- Benennen Sie das Ziel der Aufgabe und überlegen Sie im Team, was Sie alles tun müssen. Notieren Sie die Punkte für alle sichtbar.
- Wiederholen Sie Aussagen der anderen, um Missverständnisse zu vermeiden.
- Wer hat welche Erfahrungen? Wer möchte was übernehmen? Notieren Sie die Namen neben den Aufgaben.
- Besprechen Sie auch, was bis wann gemacht werden muss, und notieren Sie die Termine.
- Fassen Sie am Ende die Ergebnisse der Besprechung zusammen.

Liebes Team,
also, wir hatten ja mal die Idee, einen Flohmarkt mit Büchern, Kinderspielzeug, Klamotten oder Sportartikeln zu machen. Ich finde die Idee immer noch gut und denke, wir sollten uns mal darum kümmern. Könntet ihr das bitte im Team organisieren? Ich glaube, ein Freitag im Frühling wäre ein guter Zeitpunkt, oder? Wie wäre es, wenn wir dann auch Kuchen und Kaffee verkaufen oder grillen? Außerdem könnten wir überlegen, ob das nur für die Mitarbeiter/innen unserer Firma sein soll oder ob auch die Freunde und Familien kommen können. Was denkt ihr? Das Geld vom Flohmarkt könnten wir dann nutzen, um neue Spielgeräte für unseren Betriebskindergarten zu kaufen. Wir haben bisher nur einen Sandkasten im Garten ... Oder habt ihr auch hier eine andere Idee? Und hab' ich sonst noch irgendwas vergessen?
Ich würde es toll finden, wenn ihr das bis zu unserem Treffen am Donnerstag besprecht. Gebt mir dann bitte Bescheid, wer welche Aufgaben übernimmt.
Danke im Voraus und viele Grüße
Simone

4 Plattform

Zwei Gedichte

7 a Sehen Sie die Zeichnung an. Was denkt der Mann wohl? Wie fühlt er sich? Sammeln Sie im Kurs.

🔊 2.48

b Hören Sie das Gedicht und lesen Sie mit. Was kann der Titel „Radwechsel" bedeuten? Sammeln Sie Assoziationen zum Titel.

Der Radwechsel

Ich sitze am Straßenhang.
Der Fahrer wechselt das Rad.
Ich bin nicht gern, wo ich
  herkomme.
Ich bin nicht gern, wo ich
  hinfahre.
Warum sehe ich den
  Radwechsel mit Ungeduld?

Bertolt Brecht (1898–1956)

c Lesen Sie die beiden Sätze aus dem Gedicht. Was denken Sie: Welche Situationen können das sein? Notieren Sie Ihre Gedanken. Vergleichen Sie in Gruppen.

Ich bin nicht gern, wo ich herkomme.	Ich bin nicht gern, wo ich hinfahre.
Man kommt aus der Firma, wo viel Stress und …	

d Lesen Sie das Gedicht noch einmal. Warum ist der Mann ungeduldig? Was denken Sie?

8 a Hören Sie das Gedicht und lesen Sie mit. Was könnten die Gründe sein, warum die Person nicht glücklich ist? Sprechen Sie im Kurs.

> **Der kleine Unterschied**
>
> Es sprach zum Mister Goodwill
> ein deutscher Emigrant:
> „Gewiß, es bleibt dasselbe,
> sag ich nun *land* statt Land,
> sag ich für Heimat *homeland*
> und *poem* für Gedicht.
> Gewiß, ich bin sehr *happy*:
> Doch glücklich bin ich nicht."
>
> *Mascha Kaléko (1907–1975)*

b Lesen Sie die Informationen zum Leben von Mascha Kaléko. Welche Erfahrung aus ihrem Leben verarbeitet sie in diesem Gedicht?

Mascha Kaléko wurde 1907 in Chrzanów im heutigen Polen geboren, zog 1914 mit ihrer Mutter nach Deutschland und verbrachte ihre Schul- und Studienzeit in Berlin.
Dort wurde sie ab 1930 als Dichterin bekannt: 1933 erschien die Gedichtsammlung „Das lyrische Stenogrammheft", zwei Jahre später „Das kleine Lesebuch für Große". Mascha Kaléko hatte viel Erfolg und schrieb auch Texte für Radio und Kabarett. Sie hatte engen Kontakt zu vielen anderen Künstlern und Künstlerinnen ihrer Zeit.
1935 erhielt sie von den Nazis Schreibverbot und 1938 musste sie mit ihrer Familie – kurz nach ihrer Hochzeit mit ihrem zweiten Mann Chemjo Vinaver – vor den Nazis fliehen und in die USA emigrieren.
1957 kehrte sie aus dem Exil nach Berlin zurück, hatte aber nicht mehr so viel Erfolg wie vor 1935. 1960 zog sie mit ihrem Mann nach Israel, jedoch fühlte sie sich dort kulturell und sprachlich isoliert. 1975 starb sie in Zürich – nach ihrem letzten Besuch in Berlin, auf der Rückreise nach Jerusalem.

c Lesen Sie das Gedicht noch einmal. Hat die letzte Zeile jetzt für Sie eine andere Bedeutung?

d Was ist anders, wenn Sie nicht Ihre Sprache sprechen, sondern Deutsch? Wie fühlen Sie sich? Sprechen Sie in Gruppen.

e Wann haben Sie sich mit Deutsch wohlgefühlt? Beschreiben Sie ein Erlebnis. Beantworten Sie in Ihrem Text mindestens drei Fragen.

- Wann und wo war das?
- Wer war dabei?
- Was haben Sie gemacht?
- Warum haben Sie sich wohlgefühlt?
- Was für Gefühle hatten Sie?
- Hat sich Ihre Einstellung zu Deutsch danach geändert?

Ich habe mich richtig wohlgefühlt, als ich zum ersten Mal einen Comic auf Deutsch gelesen habe. Das war …

Sätze

Aussagesätze: Position im Satz
A1 K1, K4, K5, K6, K10

Position 1	Position 2		Satzende
Niklas	wohnt	in Hamburg.	
Wir	können	nicht ins Kino	gehen.
Wir	holen	Sofia	ab.
Gestern	hat	er sechs Stunden	gelernt.

Im Aussagesatz steht das konjugierte Verb auf Position 2. Am Satzende stehen Infinitiv, Partizip II oder Präfix. Das Subjekt steht vor oder nach dem konjugierten Verb.

W-Fragen
A1 K1, K5, K6, K10, K12 A2 K11 B1 K2

Position 1	Position 2		Satzende	
Wie	heißen	Sie?		– Ich heiße Oliver Hansen.
Wen	hast	du zur Party	eingeladen?	– Meine Freunde.
Wann	kannst	du	kommen?	– Um acht.
Was	bringst	du	mit?	– Einen Kuchen.
Worüber	habt	ihr	gesprochen?	– Über das Studium.
Wessen Auto	steht	vor der Tür?		– Ich glaube, das ist Olafs.

In der W-Frage steht das W-Wort auf Position 1. Das konjugierte Verb steht auf Position 2. Am Satzende stehen Infinitiv, Partizip II oder Präfix. Das Subjekt steht nach dem Verb.

Ja-/Nein-Fragen
A1 K2, K5, K6, K7, K10

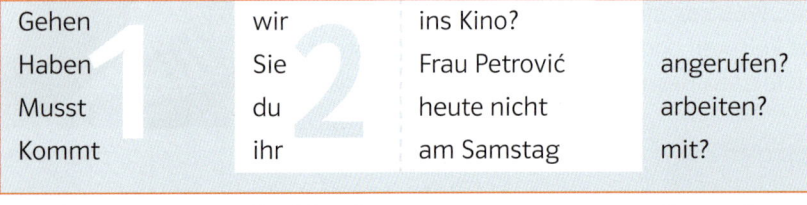

Position 1	Position 2		Satzende	
Gehen	wir	ins Kino?		– Ja.
Haben	Sie	Frau Petrović	angerufen?	– Nein, leider nicht.
Musst	du	heute nicht	arbeiten?	– Doch.
Kommt	ihr	am Samstag	mit?	– Ja, gern.

In der Ja-/Nein-Frage steht das konjugierte Verb auf Position 1. Am Satzende stehen Infinitiv, Partizip II oder Präfix. Das Subjekt steht auf Position 2.

Imperativsätze
A1 K3, K8

Position 1			Satzende
Trinken	Sie	viel Wasser!	
Geh		früh ins Bett!	
Steht		bitte	auf!

Im Imperativsatz steht das konjugierte Verb auf Position 1.

Grammatikübersicht

Stellung von *nicht* im Satz

B1 K9

1. a Wenn *nicht* den ganzen Satz verneint,
      steht es möglichst am Ende des Satzes: *Das Bild gefällt mir **nicht**.*
   Aber: In der Satzverneinung steht *nicht* …
   b vor dem zweiten Verbteil: *Wir konnten **nicht** kommen.*
   c vor Adjektiven und Adverbien: *Das Bild war **nicht** teuer.*
   d vor Präpositionalergänzungen: *Sie interessiert sich **nicht** für Kunst.*
   e vor Ortsangaben: *Sie waren **nicht** dort.*
2. Wenn *nicht* nur ein Wort verneint, steht
   es direkt vor diesem Wort: *Ich war **nicht** heute im Museum.*

Wenn ein Satz oder Satzteil mit *nicht* oder *kein* verneint ist, setzt man den folgenden Satz mit *sondern* fort: *Ich war **nicht** heute im Museum, **sondern** gestern.*

Sätze verbinden

Hauptsatz und Hauptsatz: *und, oder, aber, denn*

A1 K7, K12

Hauptsatz 1			Hauptsatz 2			
Ich	bin	in Köln	**und**	(ich)	mache	ein Praktikum.
Ich	telefoniere		**oder**	(ich)	arbeite	am Computer.
Die Firma	ist	klein,	**aber**	sie	hat	viele Kunden.
Die Stadt	ist	toll,	**denn**	man	kann	viel machen.

Hauptsatz und Hauptsatz: *deshalb/deswegen/darum/daher, trotzdem*

A2 K9 B1 K2

Hauptsatz	Hauptsatz			
Alle spielen schlecht. →	**Sie**	haben		verloren.
Alle spielen schlecht,	**deshalb** **deswegen** **darum** **daher**	haben	sie	verloren.
	Folge/Konsequenz: Konsekutivsatz			
Alle spielen schlecht. ↔	**Sie**	haben		gewonnen.
Alle spielen schlecht,	**trotzdem**	haben	sie	gewonnen.
	Widerspruch/Kontrast: Konzessivsatz			

Grammatikübersicht

Hauptsatz und Nebensatz

A2 K1, K3, K4, K7, K10 B1 K1, K2, K5, K7

Hauptsatz			Nebensatz			
Ben	lädt	die Freunde ein,	**weil**	er	im Urlaub	**war**.
Melina	gefällt	der Urlaub,	**da**	die Strände	schön	**sind**.
Er	findet	gut,	**dass**	ich	Fotos	gepostet **habe**.
Es	hat	immer geregnet,	**sodass**	alles	nass	**wurde**.
Das Zelt	war	**so** nass,	**dass**	wir	nicht	schlafen **konnten**.
Ich	bin	glücklich,	**wenn**	ich	Freunde zu mir	**einlade**.
Die Tasche	hat	einen Akku,	**damit**	man	das Handy	aufladen **kann**.
Der Urlaub	war	schön,	**obwohl**	das Wetter	schlecht	**war**.
Melly	hat	gern Musik gehört,	**als**	sie	14 Jahre alt	**war**.
Wir	warten,		**bis**	du		**zurückkommst**.
Julia	trinkt	Kaffee,	**bevor**	sie	mit Samu	**telefoniert**.
Du	bist	immer müde,	**seit/seitdem**	du	so viel	**arbeitest**.
Ich	räume	auf,	**während**	ich	Musik	**höre**.
Es	gefällt	ihr hier,	**nachdem**	sie	neue Freunde	gefunden **hat**.
		Verb	**Konnektor**	**Subjekt**		**Verb: Satzende**

Der Nebensatz beginnt mit dem Konnektor, dann folgt das Subjekt. Das konjugierte Verb steht ganz am Ende. Trennbare Verben sind im Nebensatz nicht getrennt.

Nebensätze mit *so ... dass*: Wenn im Hauptsatz ein Adjektiv oder Adverb steht, steht *so* meistens direkt davor.

Nebensätze mit *als* gibt es nur in der Vergangenheit. Man verwendet sie für einmalige Ereignisse. Die Dauer kann auch länger sein: *Als Melly 14 Jahre alt war, ...*
Für mehrmalige Ereignisse in der Vergangenheit verwendet man *wenn*: In diesen Sätzen stehen oft Wörter wie *oft, meistens, immer ...*: *(Immer) Wenn Melly traurig war, hat sie französische Musik gehört.*
Im Präsens verwendet man immer *wenn*.

In Nebensätzen mit *nachdem* verwendet man ein anderes Tempus als im Hauptsatz:
im Hauptsatz Präsens → im Nebensatz Perfekt
im Hauptsatz Präteritum → im Nebensatz Plusquamperfekt
In der gesprochenen Sprache kann man auch verwenden:
im Hauptsatz Perfekt → im Nebensatz Plusquamperfekt

Nebensatz vor Hauptsatz

Nebensatz				Hauptsatz		
Da	Köln	sehr bekannt	**ist**,	**gibt**	es	viele Touristen.
(Immer) Wenn	ich	mit Feunden feiern	**kann**,	(dann) **bin**	ich	glücklich.
Als	Melly	14 Jahre alt	**war**,	**hat**	sie	gern Musik gehört.
Nachdem	sie	umgezogen	**war**,	**fühlte**	sie	sich oft einsam.
Konnektor	**Subjekt**		**Verb: Satzende**	**Verb**		

Wenn der Nebensatz am Anfang des Satzes steht, beginnt der Hauptsatz mit dem konjugierten Verb.

Grammatikübersicht

indirekte Fragesätze
A2 K7

W-Fragen

direkte Frage	Hauptsatz	Nebensatz: indirekte Frage
„Warum **fährt** der Zug nicht **weiter**?"	Der Mann fragt,	**warum** der Zug nicht **weiterfährt**.
„Wohin **kann** ich den Koffer **stellen**?"	Die Frau weiß nicht,	**wohin** sie den Koffer **stellen kann**.

Ja-/Nein-Fragen mit *ob*

direkte Frage	Hauptsatz	Nebensatz: indirekte Frage
„**Gibt** es einen bestimmten Parkplatz?"	Bine möchte wissen,	**ob** es einen bestimmten Parkplatz **gibt**.
„**Kann** ich das Auto überall **abstellen**?"	Sie fragt,	**ob** sie das Auto überall **abstellen kann**.

Verwendung

Redewiedergabe	Der Mann fragt, warum der Zug steht.
	Der Mann fragt, ob der Zug bald weiterfährt.
Höflichkeit	Könnten Sie mir sagen, warum der Zug steht?
	Könnten Sie mir sagen, ob der Zug bald weiterfährt?

Relativsätze
A2 K12   B1 K6

Nominativ	2050 gibt es sehr viele Menschen, **die** in Städten **leben**.
Akkusativ	Der Strom, **den** die Hausbewohner **brauchen**, entsteht durch Solarzellen.
Dativ	Zu Menschen, **denen** man oft **begegnet**, hat man eine engere Beziehung.
Präposition + Akkusativ	Alle Dinge, **auf die** man im Alltag nicht **verzichten kann**, findet man in der Nähe.
Präposition + Dativ	Man trifft andere Bewohner, **mit denen** man sich **unterhalten kann**.

Die Relativpronomen im Nominativ, Akkusativ und Dativ haben die gleichen Formen wie die bestimmten Artikel: *der/den/dem, das/das/dem, die/die/der, die*   ! Dativ Plural: *denen*
Die Präposition steht vor dem Relativpronomen und bestimmt den Kasus.

Eingeschobene Relativsätze

Menschen, **die** man oft **trifft**, werden manchmal gute Freunde.

Der Relativsatz steht meistens direkt hinter dem Bezugswort und kann auch mitten im Satz stehen. Manchmal ist der Relativsatz nur nahe beim Bezugswort: *Ich habe **das Bild** gekauft, **das** hier hängt.*

Relativsätze mit *was* und *wo*
B1 K11

was bezieht sich auf ganze Sätze oder auf Pronomen wie *alles, etwas, nichts* oder *das*.	Hier gibt es viele Parks, **was** ich toll finde. Viel Kultur ist etwas, **was** eine Stadt attraktiv macht. Das Wetter ist nichts, **was** für Rankings wichtig ist. Die Stadt hat alles, **was** ich mag. Ist es das, **was** du gesucht hast?
wo bezieht sich auf Ortsangaben.	Hamburg ist eine Stadt, **wo** ich gerne wohnen würde.

G Grammatikübersicht

Infinitiv mit *zu* — B1 K1

nach bestimmten Verben	anfangen, aufhören, sich entscheiden, planen, vergessen, versuchen, vorhaben, vorschlagen …	Ich habe vergessen, dich an**zu**rufen.
nach Adjektiven + *sein/finden*	anstrengend, gut, interessant, langweilig, schön, spannend, wichtig … sein/finden	Es ist langweilig, den ganzen Tag am Strand **zu** sein.
nach Nomen + *haben/machen*	(keine) Lust haben, (keine) Zeit haben, (keinen) Spaß machen …	Ich habe keine Zeit, ins Reisebüro **zu** gehen.

Bei trennbaren Verben steht *zu* zwischen Präfix und Verbstamm: *anzurufen, einzuladen* …

Nebensätze mit *damit* oder *um … zu*: Finalsatz — B1 K5

Aktion: Hauptsatz	Ziel: Nebensatz
Die Taschen haben einen Akku,	**damit** man das Handy immer **aufladen kann**.
Viele Kunden kaufen die Taschen mit Solarzellen,	**damit** sie in der Natur Strom **haben**.
Viele Kunden kaufen die Taschen mit Solarzellen,	**um** in der Natur Strom **zu** **haben**.

damit und *um … zu* haben die gleiche Bedeutung.
Man verwendet **immer** *damit*, wenn die **Subjekte** in Haupt- und Nebensatz **nicht gleich** sind.
Man verwendet *damit* **oder** *um … zu*, wenn die **Subjekte** in Haupt- und Nebensatz **gleich** sind.
In Sätzen mit *um … zu* entfällt das Subjekt. Das Verb steht im Infinitiv.

Nebensätze mit *bevor, bis, nachdem, seit/seitdem, während*: Temporalsatz — B1 K7

bevor	Julia trinkt Kaffee, **bevor** sie **telefoniert**.
bis	Wir warten, **bis** du **zurückkommst**.
nachdem	**Nachdem** Matilda **umgezogen** war, **fühlte** sie sich oft einsam.
	Es **gefällt** ihr in Freiburg gut, **nachdem** sie neue Freunde **gefunden hat**.
seit/seitdem	**Seit** du wieder **arbeitest**, bist du gestresst.
	Seitdem du den Job **gewechselt hast**, bist du ständig erschöpft.
während	**Während** ich **aufräume**, kochst du für uns.

In Nebensätzen mit *nachdem* verwendet man ein anderes Tempus als im Hauptsatz:
im Hauptsatz Präsens → im Nebensatz Perfekt
im Hauptsatz Präteritum → im Nebensatz Plusquamperfekt
In der gesprochenen Sprache kann man auch verwenden:
im Hauptsatz Perfekt → im Nebensatz Plusquamperfekt

Zweiteilige Konnektoren — B1 K8

sowohl … als auch … / nicht nur …, sondern auch …	das eine **und** das andere	Ich höre **sowohl** Klassik **als auch** Pop. Ich höre **nicht nur** Klassik, **sondern auch** Pop.
entweder … oder …	das eine **oder** das andere	Er hört **entweder** Rock **oder** Heavy Metal.
weder … noch …	das eine **nicht** und das andere auch **nicht**	Sie hört **weder** Pop **noch** Jazz.
zwar …, aber …	das eine **mit Einschränkungen**	Ich höre **zwar** gern Radio, **aber** manchmal nerven die Sprecher/innen.
einerseits …, andererseits …	Gegensatz; eine Sache hat **zwei Seiten**	**Einerseits** höre ich gern laute Musik, **andererseits** stört sie mich manchmal auch.

Zweiteilige Konnektoren können Satzteile oder ganze Sätze verbinden:
*Ella spielt **nicht nur** Flöte, **sondern auch** Klavier.*
*Brian spielt **nicht nur** Gitarre, **sondern** er singt **auch** gut.*

Sätze mit *je ..., desto/umso ...*   B1 K12

Nebensatz			Hauptsatz		
Je öfter	man Online-Banking	**macht**,	**desto/umso leichter**	**wird**	es.
Je größer	der Kredit	**ist**,	**desto/umso günstiger**	**sind**	die Zinsen.
je + Komparativ		Verb: Satzende	*desto/umso* + Komparativ	Verb	

irreale Bedingungssätze mit Konjunktiv II   B1 K4

Ich **würde** noch einen Kaffee **trinken**,	**wenn** ich noch Zeit **hätte**.
Wenn Boris nicht so gestresst **wäre**,	**könnten** wir länger Pause **machen**.

Irreale Bedingungssätze drücken etwas aus, was nicht Realität ist. Sie bestehen aus einem Hauptsatz und einem Nebensatz mit *wenn*. In beiden Satzteilen stehen die Verben im Konjunktiv II.

Verb

Präsens: Konjugation   A1 K1, K2, K6

	wohnen	**arbeiten**	**heißen**	**ab|holen**	**sprechen**	**fahren**	Endung
ich	wohn**e**	arbeit**e**	heiß**e**	hol**e** ab	sprech**e**	fahr**e**	**-e**
du	wohn**st**	arbeit**est**	heiß**t**	hol**st** ab	spr**i**ch**st**	f**ä**hr**st**	**-(e)st**
er/es/sie	wohn**t**	arbeit**et**	heiß**t**	hol**t** ab	spr**i**ch**t**	f**ä**hr**t**	**-(e)t**
wir	wohn**en**	arbeit**en**	heiß**en**	hol**en** ab	sprech**en**	fahr**en**	**-en**
ihr	wohn**t**	arbeit**et**	heiß**en**	hol**t** ab	sprech**t**	fahr**t**	**-(e)t**
sie/Sie	wohn**en**	arbeit**en**	heiß**en**	hol**en** ab	sprech**en**	fahr**en**	**-en**

unregelmäßige Verben

e → i	**sprechen** (du spr**i**chst, er/es/sie spr**i**cht)
	lesen (du l**ie**st, er/es/sie l**ie**st)
	ebenso: an|sehen, essen, geben, helfen, sehen, treffen ...
	! nehmen (du n**imm**st, er/es/sie n**imm**t)
a → ä	**fahren** (du f**ä**hrst, er/es/sie f**ä**hrt)
	laufen (du l**äu**fst, er/es/sie l**äu**ft)
	ebenso: an|fangen, ein|fallen, ein|laden, raten, schlafen, waschen ...

! wissen	
ich	**weiß**
du	**weiß**t
er/es/sie	**weiß**
wir	wiss**en**
ihr	wiss**t**
sie/Sie	wiss**en**

sein und *haben*   A1 K1, K2, K6

	sein		**haben**	
	Präsens	Präteritum	Präsens	Präteritum
ich	**bin**	**war**	hab**e**	ha**tt**e
du	**bist**	**warst**	**hast**	ha**tt**est
er/es/sie	**ist**	**war**	**hat**	ha**tt**e
wir	**sind**	**waren**	hab**en**	ha**tt**en
ihr	**seid**	**wart**	hab**t**	ha**tt**et
sie/Sie	**sind**	**waren**	hab**en**	ha**tt**en

G Grammatikübersicht

werden
A2 K6

	Präsens	Präteritum	Perfekt	Verwendung
ich	werde	wurde	bin geworden	*werden* + Nomen:
du	wirst	wurdest	bist geworden	Er wird Fernfahrer.
er/es/sie	wird	wurde	ist geworden	*werden* + Adjektiv:
wir	werden	wurden	sind geworden	Sie wird arbeitslos.
ihr	werdet	wurdet	seid geworden	*werden* + Altersangabe:
sie/Sie	werden	wurden	sind geworden	Sie wird 45 (Jahre alt).

Imperativ
A1 K3, K8

	du	ihr	Sie	
kommen	Komm!	Kommt!	Kommen Sie!	~~du~~ läufst → Lauf!
aufstehen	Steh auf!	Steht auf!	Stehen Sie auf!	~~ihr~~ macht → Macht!
anfangen	Fang an!	Fangt an!	Fangen Sie an!	Verben mit *-ten* haben im Imperativ oft die
sein	Sei aktiv!	Seid aktiv!	Seien Sie aktiv!	Endung *-e*: Warte! Arbeite nicht so viel!

Modalverben
A1 K5, K6, K8 A2 K2

	müssen		können		wollen	
	Präsens	Präteritum	Präsens	Präteritum	Präsens	Präteritum
ich	muss	musste	kann	konnte	will	wollte
du	musst	musstest	kannst	konntest	willst	wolltest
er/es/sie	muss	musste	kann	konnte	will	wollte
wir	müssen	mussten	können	konnten	wollen	wollten
ihr	müsst	musstet	könnt	konntet	wollt	wolltet
sie/Sie	müssen	mussten	können	konnten	wollen	wollten

	dürfen		sollen		weitere Modalverben:
	Präsens	Präteritum	Präsens	Präteritum	**möchten**: ich möchte, du möchtest,
ich	darf	durfte	soll	sollte	er/es/sie möchte, wir möchten,
du	darfst	durftest	sollst	solltest	ihr möchtet, sie/Sie möchten
er/es/sie	darf	durfte	soll	sollte	**mögen**: ich mag, du magst,
wir	dürfen	durften	sollen	sollten	er/es/sie mag, wir mögen,
ihr	dürft	durftet	sollt	solltet	ihr mögt, sie/Sie mögen
sie/Sie	dürfen	durften	sollen	sollten	

nicht/kein oder *nur* + *brauchen* + *zu* + Infinitiv
B1 K8

nicht/kein + *brauchen* + *zu*	Das **brauchst** du **nicht zu** machen. = Das musst du nicht machen.
	Er **braucht kein** Fieber **zu** messen. = Er muss kein Fieber messen.
nur + *brauchen* + *zu*	Sie **brauchen** mich **nur zu** rufen. = Sie müssen mich nur rufen.

lassen
B1 K2

ich	lasse
du	lässt
er/es/sie	lässt
wir	lassen
ihr	lasst
sie/Sie	lassen

Sie	**lässt**	ihr Handy	**reparieren**.
Sie	**hat**	ihr Handy	**reparieren lassen**.

Sie repariert ihr Handy. = Sie macht es selbst.
Sie lässt ihr Handy reparieren. = Sie macht es nicht selbst.

Grammatikübersicht

reflexive Verben

A2 K4 B1 K8

	sich freuen	sich anziehen
ich	freue **mich**	ziehe **mir** den Pulli an
du	freust **dich**	ziehst **dir** den Pulli an
er/es/sie	freut **sich**	zieht **sich** den Pulli an
wir	freuen **uns**	ziehen **uns** die Pullis an
ihr	freut **euch**	zieht **euch** die Pullis an
sie/Sie	freuen **sich**	ziehen **sich** die Pullis an

Ich ziehe **mich** an.

Ich ziehe **mir** den Pullover an.
  Dativ   Akkusativ

Wenn es bei reflexiven Verben ein Reflexivpronomen und ein Akkusativobjekt gibt, steht das Reflexivpronomen im Dativ.

Eine Liste mit reflexiven Verben finden Sie im Anhang.

Perfekt

A1 K10, K11 A2 K1

| *haben* + Partizip II | Daniel | **hat** | sechs Stunden | **gelernt**. |
| *sein* + Partizip II | Er | **ist** | nach Hause | **gefahren**. |

Perfekt mit *sein* bei Verben der Ortsveränderung A → 🚶 → B:
fahren – ist gefahren, gehen – ist gegangen, kommen – ist gekommen …
! *bleiben – ist geblieben, passieren – ist passiert*

Partizip II

regelmäßige Verben: ge…(e)t	
machen	**ge**mach**t**
arbeiten	**ge**arbeite**t**

Verben auf *-ieren*: …t	
studieren	studier**t**
telefonieren	telefonier**t**

unregelmäßige Verben: ge…en	
fahren	**ge**fahr**en**
bleiben	**ge**bl**ie**b**en**
finden	**ge**f**u**nd**en**
gehen	**ge**g**a**ng**en**
nehmen	**ge**n**om**m**en**

Eine Liste mit unregelmäßigen Verben finden Sie im Anhang.

! *denken – **ge**d**ach**t, wissen – **ge**w**uss**t*

trennbare Verben: Präfix + ge…t/en	
an|kommen	ist an**ge**komm**en**
um|tauschen	hat um**ge**tausch**t**
an|ziehen	hat an**ge**z**og**en
trennbare Präfixe: *ab-, an-, auf-, aus-, ein-, mit-, zu-, zurück-* …	

nicht trennbare Verben: Präfix + …t/en	
bekommen	hat bekomm**en**
gefallen	hat gefall**en**
empfehlen	hat empf**ohl**en
erzählen	hat erzähl**t**
nicht trennbare Präfixe: *be-, emp(f)-, ent-, er-, ge-, ver-, zer-*	

Perfekt von *sein* und *haben*
Die Perfektformen *ich bin gewesen, ich habe gehabt* verwendet man nur selten.
Man verwendet *ich **war**, ich **hatte***.

Grammatikübersicht

Präteritum
B1 K3

	regelmäßige Verben: -(e)t- + Endung			unregelmäßige Verben: Vokaländerung		
	arbeiten	**ausprobieren**		**sehen**	**gefallen**	
ich	arbeit**ete**	probier**te** aus	-e	s**a**h	gef**ie**l	–
du	arbeit**etest**	probier**test** aus	-est	s**a**hst	gef**ie**lst	-st
er/es/sie	arbeit**ete**	probier**te** aus	-e	s**a**h	gef**ie**l	–
wir	arbeit**eten**	probier**ten** aus	-en	s**a**hen	gef**ie**len	-en
ihr	arbeit**etet**	probier**tet** aus	-et	s**a**ht	gef**ie**lt	-t
sie/Sie	arbeit**eten**	probier**ten** aus	-en	s**a**hen	gef**ie**len	-en
	Verben, die mit *d* oder *t* enden, bilden das Präteritum mit -et + Endung.			Bei *ich* und *er/es/sie* gibt es keine Endung.		

! denken – er d**ach**t**e**; wissen – er w**uss**t**e**; bringen – er br**ach**t**e**; mögen – er m**och**t**e**; kennen – er k**ann**t**e**; nennen – er n**ann**t**e**

über Vergangenes berichten: Perfekt und Präteritum

1. Beim Sprechen oder in persönlichen Texten wie E-Mails verwendet man meistens das **Perfekt**.
2. In offiziellen Texten wie Zeitungsartikeln, Berichten und literarischen Texten verwendet man häufig das **Präteritum**.
3. Einige Verben verwendet man fast immer im Präteritum: *sein*, *haben* und die Modalverben.

*Ich **bin** gestern ins Kino **gegangen**.*
*Ich **habe** einen lustigen Film **gesehen**.*

Sebastian Hilpert **war** zwölf Jahre lang Berufssoldat, aber dann **fühlte** er sich nicht mehr glücklich und

*Ich **war** im Kino. Ich **hatte** zuerst keine Lust, aber dann **wollte** ich den Film doch sehen.*

Plusquamperfekt
B1 K7

jetzt	Wir **fahren** gemeinsam an die Ostsee.		Gegenwart → Präsens
früher	Wir **verloren** uns aus den Augen.		Vergangenheit → Präteritum, Perfekt
	Wir **haben beschlossen**, etwas zu ändern.		
noch früher	Wir **hatten** uns fast jeden Tag	**getroffen**.	Vorvergangenheit → Plusquamperfekt
	Wir **waren** viel zusammen	**gereist**.	
	haben/sein im Präteritum	Partizip II	

Futur I
B1 K6

Ich	**werde**	oft in der Bibliothek	**sein**.
Angelo	**wird**	einen Spaziergang	**machen**.
	werden		Infinitiv

So kann man auch Zukunft ausdrücken

Zeitangabe + Verb im Präsens	Morgen **bringe** ich meiner Tochter etwas Süßes **mit**.
Modalverb *wollen* oder *möchten*	Ich **will** nicht mehr alles im letzten Moment **machen**.
Verben wie *vorhaben*, *anfangen* …	Ich **habe vor**, die Ruhe zu genießen.

Grammatikübersicht

Konjunktiv II
Formen

A2 K5, K8, K11 B1 K4

	sein	haben	Modalverben					andere Verben: würde + Infinitiv werden
			können	müssen	dürfen	wollen	sollen	
ich	wäre	hätte	könnte	müsste	dürfte	wollte	sollte	würde lesen
du	wärst	hättest	könntest	müsstest	dürftest	wolltest	solltest	würdest fahren
er/es/sie	wäre	hätte	könnte	müsste	dürfte	wollte	sollte	würde besuchen
wir	wären	hätten	könnten	müssten	dürften	wollten	sollten	würden reisen
ihr	wärt	hättet	könntet	müsstet	dürftet	wolltet	solltet	würdet denken
sie/Sie	wären	hätten	könnten	müssten	dürften	wollten	sollten	würden machen

Verwendung

höfliche Bitte	**Könntest** du mir (bitte) **helfen**?
	Würdest du mir bitte das Buch **geben**?
Wunsch	Ich **hätte** gern mehr Zeit.
	Ich **würde** dich gern öfter **besuchen**.
Ratschlag	An deiner Stelle **wäre** ich pünktlicher.
	Du **solltest** mit der U-Bahn **fahren**.
irreale Bedingung	Ich **würde** noch einen Kaffee **trinken**, wenn ich Zeit **hätte**.
	Wenn Boris nicht so gestresst **wäre**, **könnten** wir länger Pause machen.

Passiv

B1 K10

Aktiv → **Wer** tut etwas?	Die *Tafel* verteilt	**die Lebensmittel**.
		Akkusativ
Passiv → **Was** passiert?	**Die Lebensmittel** werden (von der *Tafel*)	verteilt.
	Nominativ werden	Partizip II

Im Passivsatz kann man mit *von* + Dativ ausdrücken, **wer** etwas tut.

Bildung

Präsens	*werden* + Partizip II	Die Feuerwehr **wird alarmiert**.
Präteritum	*wurde* + Partizip II	Die Feuerwehr **wurde alarmiert**.
Perfekt	*sein* + Partizip II + *worden*	Die Feuerwehr **ist alarmiert worden**.

Für das Passiv in der Vergangenheit verwendet man meistens das Präteritum.

Passiv mit Modalverb

Das Geld	**kann**	in der Bank	**abgeholt**	werden.
In einer Stadt	**müssen**	viele Dinge	**erledigt**	werden.
	Modalverb		Partizip II	*werden* im Infinitiv

Verben mit Präposition

A2 K11 B1 K4

sich freuen auf + Akk.	Wir **freuen** uns **auf dich**.
sich erinnern an + Akk.	Er **erinnert** sich **an den** Ausflug.
sprechen mit + Dat.	Sie **spricht mit mir**.

Eine Liste mit Verben mit Präposition finden Sie im Anhang.

Grammatikübersicht

Verben mit Dativ und Akkusativ A2 K9

Dativ vor Akkusativ

Nominativ: Wer?	Verb	Dativ: Wem?	Akkusativ: Was?
Wir	erklären	den Gästen	die Regeln.
Wir	leihen	euch	Helme.
		Person	Sache

Akkusativ = Pronomen → Akkusativ vor Dativ

	Nominativ: Wer?	Verb	Akkusativ: Was?	Dativ: Wem?
Die Regeln?	Wir	erklären	sie	den Gästen.
Die Helme?	Wir	leihen	sie	euch.
			Sache	Person

! Der Akkusativ muss nicht immer eine Sache sein: *Ich stelle dir meine Freunde vor.*
weitere Verben: einer Person etwas bringen, empfehlen, geben, schenken, schicken, vorlesen, vorschlagen, vorstellen, wünschen, zeigen …

Nomen

bestimmter Artikel A1 K2

maskulin	**der** Stift
neutrum	**das** Buch
feminin	**die** Tablette
Plural	**die** Stifte, Bücher, Tabletten

Singular und Plural A1 K2

Endungen	Singular	Plural	ebenso:
(¨)-	der Kuchen	die Kuchen	der Kilometer, der Schlüssel
	der Apfel	die **Ä**pfel	der Vater, der Bruder
-(e)n	die Stunde	die Stunde**n**	die Farbe, die Gruppe
	die Person	die Person**en**	die Zahl, die Nachricht
(¨)-e	der Tag	die Tag**e**	der Film, der Kurs
	der Arzt	die **Ä**rzt**e**	die Nacht, der Fluss
(¨)-er	das Bild	die Bild**er**	das Kind, das Ei
	das Buch	die B**ü**ch**er**	das Fahrrad, der Mann
-s	das Auto	die Auto**s**	der Chef, der Test

Kasus A1 K2, K4, K7 B1 K2

	maskulin	neutrum	feminin	Plural
Nominativ	**der** Raum	**das** Zimmer	**die** Familie	**die** Gäste
Akkusativ	**den** Raum	**das** Zimmer	**die** Familie	**die** Gäste
Dativ	**dem** Raum	**dem** Zimmer	**der** Familie	**den** Gäste**n**
Genitiv	**des** Raum**es**	**des** Zimmer**s**	**der** Familie	**der** Gäste

Maskuline und neutrale Nomen mit nur einer Silbe haben im Genitiv Singular die Endung *-es*: *des Raumes, des Hauses.*
Im Dativ Plural ist die Endung *-n*.

Grammatikübersicht **G**

Genitiv von Namen: -s
A2 K1

die Schwester von Julia → Julia**s** Schwester
die Freunde von Lilly → Lilly**s** Freunde
! die Freundin von Jona**s** → Jonas**'** Freundin
! *auch nach -ß, -x, -z*: Frau Weiß**'** Kollegin, Ma**x'** Bruder, Li**z'** Freund

n-Deklination: maskuline Nomen
B1 K6

mit Endung -e	der Kollege, der Junge, der Kunde, der Experte, der Name, der Löwe, der Affe …
viele Bezeichnungen für Personen, Berufe und Tiere	der Mensch, der Herr, der Nachbar, der Architekt, der Bauer, der Bär, der Elefant, der Planet …
Internationalismen mit Endung *-and, -ant, -at, -ent, -graf, -ist* und *-oge*	der Doktorand, der Praktikant, der Automat, der Student, der Fotograf, der Journalist, der Pädagoge …

Die Endung ist außer im Nominativ Singular immer *-(e)n*:
Siehst du den Elefanten? Das ist das Auto meines Nachbarn.
Die meisten Nomen der n-Deklination bezeichnen Menschen und Tiere.

Adjektive als Nomen
B1 K11

der **O**bdachlos**e** ~~Mann~~   ein **O**bdachlos**er** ~~Mann~~
die **A**ngestellt**e** ~~Bäckerin~~   eine **A**ngestellt**e** ~~Bäckerin~~
die **V**erletzt**en** ~~Menschen~~   – **V**erletzt**e** ~~Menschen~~

Adjektive als Nomen haben die gleiche Endung wie Adjektive vor Nomen.
In Wörterbüchern haben sie die Angabe *der/die*: *der/die Bekannte*

weitere Adjektive als Nomen: der/die Angehörige, der/die Arbeitslose, der/die Auszubildende, der/die Bekannte, der/die Deutsche, der/die Erwachsene, der/die Jugendliche, der/die Kranke, der/die Verwandte …

Artikelwörter

bestimmter, unbestimmter Artikel und Negationsartikel
A1 K2, K3, K4, K7, K11 B1 K2

	Nominativ	Akkusativ	Dativ	Genitiv
maskulin	der/ein/kein Mann	den/einen/keinen Mann	dem/einem/keinem Mann	des/eines/keines Mann**es**
neutrum	das/ein/kein Kind	das/ein/kein Kind	dem/einem/keinem Kind	des/eines/keines Kind**es**
feminin	die/eine/keine Frau	die/eine/keine Frau	der/einer/keiner Frau	der/einer/keiner Frau
Plural	die/–/keine Kinder	die/–/keine Kinder	den/–/keinen Kinder**n**	der/[ ]*/keiner Kinder

* Beim unbestimmten Artikel im Genitiv gibt es keinen Plural. Man verwendet die Präposition *von* + Dativ: *Sie bekommt Nachrichten von Gästen.*

G Grammatikübersicht

Possessivartikel A1 K5

	maskulin	neutrum	feminin	Plural
ich	**mein** Sohn	**mein** Kind	**meine** Tochter	**meine** Eltern
du	**dein** Sohn	**dein** Kind	**deine** Tochter	**deine** Eltern
er	**sein** Sohn	**sein** Kind	**seine** Tochter	**seine** Eltern
es	**sein** Sohn	**sein** Kind	**seine** Tochter	**seine** Eltern
sie	**ihr** Sohn	**ihr** Kind	**ihre** Tochter	**ihre** Eltern
wir	**unser** Sohn	**unser** Kind	**unsere** Tochter	**unsere** Eltern
ihr	**euer** Sohn	**euer** Kind	**eure** Tochter	**eure** Eltern
sie	**ihr** Sohn	**ihr** Kind	**ihre** Tochter	**ihre** Eltern
Sie	**Ihr** Sohn	**Ihr** Kind	**Ihre** Tochter	**Ihre** Eltern

Possessivartikel: Kasus A1 K5 A2 K2 B1 K2

	Nominativ		Akkusativ		Dativ		Genitiv	
der	kein	mein Hund	kein**en**	mein**en** Hund	kein**em**	mein**em** Hund	kein**es**	mein**es** Hundes
das	kein	mein Kind	kein	mein Kind	kein**em**	mein**em** Kind	kein**es**	mein**es** Kindes
die	kein**e**	mein**e** Mutter	kein**e**	mein**e** Mutter	kein**er**	mein**er** Mutter	kein**er**	mein**er** Mutter
die	kein**e**	mein**e** Eltern	kein**e**	mein**e** Eltern	kein**en**	mein**en** Eltern	kein**er**	mein**er** Eltern

Interrogativartikel A1 K11

Welcher? Welches? Welche?

	Nominativ	Akkusativ	Dativ
der Mantel	Welch**er** Mantel?	Welch**en** Mantel?	Mit welch**em** Mantel?
das Kleid	Welch**es** Kleid?	Welch**es** Kleid?	Mit welch**em** Kleid?
die Jacke	Welch**e** Jacke?	Welch**e** Jacke?	Mit welch**er** Jacke?
die Schuhe	Welch**e** Schuhe?	Welch**e** Schuhe?	Mit welch**en** Schuhe**n**?

Was für ein/e? A2 K8

	Nominativ	Akkusativ	Dativ
der Mantel	Was für **ein** Mantel?	Was für **einen** Mantel?	Mit was für **einem** Mantel?
das Kleid	Was für **ein** Kleid?	Was für **ein** Kleid?	Mit was für **einem** Kleid?
die Jacke	Was für **eine** Jacke?	Was für **eine** Jacke?	Mit was für **einer** Jacke?
die Schuhe	Was für – Schuhe?	Was für – Schuhe?	Mit was für – Schuhe**n**?

Die Antwort auf Fragen mit *Was für ein/e* hat meistens den unbestimmten Artikel:
○ Was für ein Filmprojekt möchten Sie gern mal übersetzen?
● Am liebsten **eine** romantische Komödie mit Bradley Cooper.

Demonstrativartikel A1 K11 B1 K2

dieser, dieses, diese

	Nominativ	Akkusativ	Dativ	Genitiv
der Mantel	dies**er** Mantel	dies**en** Mantel	mit dies**em** Mantel	dies**es** Mantel**s**
das Kleid	dies**es** Kleid	dies**es** Kleid	mit dies**em** Kleid	dies**es** Kleid**es**
die Jacke	dies**e** Jacke	dies**e** Jacke	mit dies**er** Jacke	dies**er** Jacke
die Schuhe	dies**e** Schuhe	dies**e** Schuhe	mit dies**en** Schuhe**n**	dies**er** Schuhe

Grammatikübersicht

irgendein/-eine/-welche

B1 K11

als Artikelwort
- Singularformen wie *ein/eine*: *Wir finden **irgendein** Café.*
- Pluralformen mit *welche*: *Gibt es hier **irgendwelche** Cafés?*

als Pronomen
- Formen wie *ein/eine* als Pronomen: *Café? Wir finden **irgendeins**.*

Adjektive

sein + Adjektiv

A1 K3, K9

Die Wohnung **ist teuer**.
Die Wohnung **ist** nicht **billig**.
Die Wohnung **ist** sehr **teuer**.
Die Wohnung **ist** zu **teuer**.

Komparativ und Superlativ

	Komparativ	Superlativ
billig	billig**er**	am billig**sten**
leicht	leicht**er**	am leicht**esten**
groß	gr**ö**ß**er**	am gr**ö**ß**ten**
kurz	k**ü**rz**er**	am k**ü**rz**esten**
teuer	teu**r**er	am teuer**sten**
nah	n**ä**h**er**	am n**ä**ch**sten**
gut	**besser**	am **besten**
gern	**lieber**	am **liebsten**
viel	**mehr**	am **meisten**

Vergleiche mit *als* und *wie*

A2 K3

Das Tablet ist **praktisch**er **als** der Laptop.
Der Laptop ist **(genau)so praktisch wie** das Tablet.
Der Laptop ist **nicht so leicht wie** das Tablet.

Viele kurze Adjektive haben im Komparativ und Superlativ einen Umlaut.
Viele Adjektive mit der Endung *d, t, s/ss/ß* oder *z* bilden den Superlativ mit *-esten*.

Adjektive nach dem bestimmten Artikel

A2 K5 B1 K2

	der	das	die	die
Nom	der schwarz**e** Rock	das weiß**e** T-Shirt	die weiß**e** Bluse	die bequem**en** Schuhe
Akk	den schwarz**en** Rock	das weiß**e** T-Shirt	die weiß**e** Bluse	die bequem**en** Schuhe
Dat	dem schwarz**en** Rock	dem weiß**en** T-Shirt	der weiß**en** Bluse	den bequem**en** Schuhe**n**
Gen	des schwarz**en** Rock**es**	des weiß**en** T-Shirt**s**	der weiß**en** Bluse	der bequem**en** Schuhe

Adjektive nach dem unbestimmten Artikel

A2 K6 B1 K2

	der	das	die	die
Nom	ein schön**er** Abend	ein aktuell**es** Thema	eine groß**e** Sängerin	günstig**e** Preise
Akk	einen schön**en** Abend	ein aktuell**es** Thema	eine groß**e** Sängerin	günstig**e** Preise
Dat	einem schön**en** Abend	einem aktuell**en** Thema	einer groß**en** Sängerin	günstig**en** Preise**n**
Gen	eines schön**en** Abend**s**	eines aktuell**en** Thema**s**	einer groß**en** Sängerin	günstig**er** Preise

kein- und mein-, dein-, ...
Im Singular wie nach dem unbestimmten Artikel: *Das ist ein/kein/sein schön**es** Restaurant.*
Die Pluralendung ist nach einem Artikelwort immer *-en*: *Das sind die/keine/unsere günstig**en** Preise.*

Grammatikübersicht

Adjektive ohne Artikel   B1 K9

	der	das	die	die
Nominativ	der Spaß großer Spaß	das Projekt kleines Projekt	die Person nette Person	die Stifte bunte Stifte
Akkusativ	den Spaß großen Spaß	das Projekt kleines Projekt	die Person nette Person	die Stifte bunte Stifte
Dativ	dem Spaß großem Spaß	dem Projekt kleinem Projekt	der Person netter Person	den Stiften bunten Stiften
Genitiv	des Spaßes großen Spaßes	des Projekts kleinen Projekts	der Person netter Person	der Stifte bunter Stifte

Adjektive ohne Artikel haben die gleiche Endung wie der bestimmte Artikel:

der große Spaß → großer Spaß; das neue Stück → neues Stück

! Genitiv Singular maskulin und neutrum: *wegen schlechten Wetters, trotz langen Wartens*
Den Genitiv ohne Artikelwort verwendet man fast nur mit Präpositionen wie *wegen* oder *trotz*.

Komparativ und Superlativ vor Nomen   B1 K5

Komparativ	Der Geschirrspüler ist **besser**. Der Geschirrspüler ist die **bessere** Wahl.	Das Handy ist **moderner**. Ich hätte gern ein **moderneres** Handy.
Superlativ	Mehrwegflaschen sind **am besten**. Mehrwegflaschen sind die **beste** Alternative.	Der Saft ist **am teuersten**. Das ist der **teuerste** Saft.

Komparative und Superlative, die vor Nomen stehen, muss man deklinieren. Sie haben die gleichen Endungen wie die Grundform der Adjektive.
! keine Endung bei *mehr* und *weniger*: *Ich hätte gern mehr Zeit.*
Der Geschirrspüler verbraucht weniger Wasser.

Partizip als Adjektiv   B1 K12

Viele Partizipien können als Adjektiv verwendet werden. Sie werden wie Adjektive dekliniert.

Partizip II

die gespeicherte PIN	→ die PIN, die gespeichert wurde
ein ausgefülltes Formular	→ ein Formular, das ausgefüllt wurde
die übernommenen Daten	→ die Daten, die übernommen wurden

Partizip I: Infinitiv + *d*

steigende Preise	→ Preise, die steigen
auf dem wachsenden Weltmarkt	→ auf dem Weltmarkt, der wächst
ein überzeugendes Argument	→ ein Argument, das überzeugt

Pronomen

Personalpronomen

A1 K1, K2, K6, K11

Nominativ	Akkusativ	Dativ
ich	mich	mir
du	dich	dir
er	ihn	ihm
es	es	ihm
sie	sie	ihr
wir	uns	uns
ihr	euch	euch
sie	sie	ihnen
Sie	Sie	Ihnen

Nominativ: Wo ist Tino? Da ist **er**.
Akkusativ: Der Salat ist für **ihn**.
Dativ: Ich spreche mit **ihm**.

Reflexivpronomen

A2 K4 B1 K8

	ich	du	er/es/sie	wir	ihr	sie/Sie
Akkusativ	mich	dich	sich	uns	euch	sich
Dativ	mir	dir				

Ich ziehe		**mich**		an.
Ich ziehe	**mir**	**den** Pullover	an.
	Dativ	Akkusativ	

Wenn es bei reflexiven Verben ein Reflexivpronomen <u>und</u> ein Akkusativobjekt gibt, steht das Reflexivpronomen im Dativ.

Eine Liste mit reflexiven Verben finden Sie im Anhang.

Indefinitpronomen

A1 K12 A2 K12

Die Pronomen **man**, **jemand** und **niemand** stehen für Personen.
Man verwendet sie immer im Singular.
niemand/jemand ist mit und ohne Endung richtig.

*Kann **man** hier Getränke kaufen?*
*Hast du **jemand(en)** gefunden?*
*Ich habe mit **niemand(em)** gesprochen.*

Die Pronomen **alles**, **etwas/was**, **nichts** stehen für Sachen.

*Hast du **alles**?*
*Willst du **etwas/was** essen?*
*Auf den Karten steht **nichts**.*

Relativpronomen

A2 K12 B1 K6

		Nominativ	Akkusativ	Dativ
der	Das ist der Mann,	**der** das Bild kauft.	**den** ich kenne.	**dem** ich oft helfe.
das	Das ist das Tier,	**das** ganz klein ist.	**das** ich füttere.	**dem** ich Wasser gebe.
die	Das ist die Sängerin,	**die** krank war.	**die** wir gern mögen.	**der** ich gern zuhöre.
die	Das sind die Bands,	**die** bekannt sind.	**die** wir sehen wollen.	**denen** wir im Netz folgen.

Die Relativpronomen haben die gleichen Formen wie die bestimmten Artikel, nur der Dativ Plural ist anders: ~~den~~ – **denen**.

Artikelwörter als Pronomen

B1 K11

	der	das	die	die
Nom	ein**er**/kein**er**/mein**er**	ein**s**/kein**s**/mein**s**	eine/keine/meine	**welche**/keine/meine
Akk	einen/keinen/meinen	ein**s**/kein**s**/mein**s**	eine/keine/meine	**welche**/keine/meine
Dat	einem/keinem/meinem	einem/keinem/meinem	einer/keiner/meiner	**welchen**/keinen/meinen

○ Ist das **dein** Haus? ● Ja, das ist **meins**.
Interessante Leute? Hier trifft man immer **welche**.

Grammatikübersicht

Pronomen und Pronominaladverbien   B1 K4

Personen: Präposition + Pronomen

Rufen Sie **den Personalchef** an. **Mit ihm** können Sie **sprechen**, wenn Sie Fragen haben.

Dinge und Ereignisse: *da(r)* + Präposition

Bei vielen Institutionen gibt es **Bewerbungstrainings**. **Daran** kann jeder **teilnehmen**.

Die Präposition beginnt mit einem Vokal: *da**r**-* (da**r**an, da**r**auf, da**r**über …)

Verben mit Präposition und Nebensatz   B1 K4

Worauf wartet er?   Er wartet **auf** eine Antwort.
Er wartet **darauf**,   dass er eine Antwort bekommt.
Er wartet **darauf**,   eine Antwort zu bekommen.

Präpositionen

A1 K6, K7   A2 K5   B1 K2

für + Akkusativ	*mit* + Dativ	*wegen* + Genitiv
○ **Für wen** ist das Wasser?	○ **Mit wem** fährt Laura?	○ Warum hast du kein Auto?
● Das Wasser ist **für den** Hund / **für ihn**.	● Sie fährt **mit einem** Freund und **einer** Freundin / **mit mir**.	● **Wegen** der **hohen** Kosten.
ohne + Akkusativ		*trotz* + Genitiv
Ohne Ihren Pass / **Ohne ihn** können Sie nicht reisen.		Deine Wohnung ist **trotz der** Technik gemütlich.

Zeitangaben   A1 K5, K6, K12   B1 K3

Wochentage/Tageszeiten	Präpositionen mit Dativ		Präpositionen mit Genitiv	
am Montag, **am** Vormittag, **von** Montag **bis** Samstag, **von** morgens **bis** abends	ab	**ab dem** Moment	außerhalb	**außerhalb des** Urlaub**s**
	an	**am** Montag	innerhalb	**innerhalb einer** Stunde
	bis zu	**bis zum** Abend	während	**während eines** Konzert**s**
Uhrzeit	in	**im** August		
um halb drei, **um** 14:30 Uhr, **von** neun **bis** halb zwei, **von** 9:00 Uhr **bis** 13:30 Uhr	nach	**nach dem** Urlaub		
	seit	**seit einer** Woche		
	vor	**vor der** Reise		

Ortsangaben: Präpositionen mit Dativ   A1 K7   A2 K7

Wohin?	zu	Sie geht **zur** Bank.
	bis zu	Geh **bis zum** Kaufhaus und dann links.
	an … vorbei	Sie geht **am** Kaufhaus vorbei.
Wo?	bei	Sie ist **beim** Chef.
	gegenüber von	Das Haus ist **gegenüber vom** Park.
Woher?	aus	Er kommt **aus dem** Haus.
	von	Sie kommt **von der** Chefin

Ortsangaben: Präpositionen mit Akkusativ   A2 K7

Wohin?	durch	Sie geht **durch den** Park.

Grammatikübersicht

Präpositionen: Zusammenfassung

A1 K5, K6, K7, K12 A2 K5, K7 B1 K2, K3

mit Akkusativ	mit Dativ	mit Genitiv
bis, für, durch, gegen, ohne, um	ab, an … vorbei, aus, bei, bis zu, gegenüber von, mit, nach, seit, von, von … bis, zu	außerhalb, innerhalb, trotz, während, wegen

Kurzformen

an + de**m** → a**m**   in + de**m** → i**m**   von + de**m** → vo**m**   zu + de**m** → zu**m**
bei + de**m** → bei**m**   in + da**s** → in**s**   zu + de**r** → zu**r**

Wechselpräpositionen mit Akkusativ oder Dativ

A1 K7, K9 A2 K10

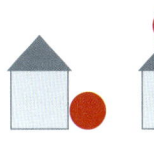        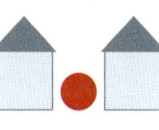

an   auf   hinter   in   neben   über   unter   vor   zwischen

Wo? ● Präposition + Dativ	Wohin? ⊕ Präposition + Akkusativ
der Tisch → **unter dem** Tisch	der Tisch → **unter den** Tisch
das Haus → **im** Haus	das Haus → **ins** Haus
die Garage → **vor der** Garage	die Garage → **vor die** Garage
die Stühle → **zwischen den** Stühlen	die Stühle → **zwischen die** Stühle

Positionsverben: Wo?
stehen   Der Müll **steht neben der** Garage.
liegen   Das Kissen **liegt unter dem** Stuhl.
hängen   Ein Poster **hängt am** Gartenhaus.

Richtungsverben: Wohin?
stellen   Sie **stellen** das Fahrrad **in die** Garage.
legen   Sie **legen** das Kissen **auf den** Stuhl.
hängen   Sie **hängen** die Lampions **in den** Baum.

Fragewörter

W-Fragen mit Präposition

A2 K11

Mit **wo(r)** + **Präposition** fragt man nach Dingen und Ereignissen.	○ **Worüber** ärgert sich Milan? ○ **Worauf** freut sich Milan?	● Über die Prüfung. ● Auf den Ausflug.
Mit **Präposition + Fragewort** fragt man nach Personen.	○ **Über wen** ärgert sich Milan? ○ **Mit wem** hat Mereth gesprochen?	● Über einen Freund. ● Mit Ben.

Wenn die Präposition mit Vokal beginnt, braucht man ein „r": wo**r**über, wo**r**auf …

Unregelmäßige Verben

ab|biegen, er biegt ab, bog ab, ist abgebogen
ab|fahren, er fährt ab, fuhr ab, ist abgefahren
ab|fliegen, er fliegt ab, flog ab, ist abgeflogen
ab|geben, er gibt ab, gab ab, hat abgegeben
ab|hängen, er hängt ab, hing ab, hat abgehangen
ab|heben, er hebt ab, hob ab, hat abgehoben
ab|schließen, er schließt ab, schloss ab, hat abgeschlossen
ab|schreiben, er schreibt ab, schrieb ab, hat abgeschrieben
ab|ziehen, er zieht ab, zog ab, hat abgezogen
an|bieten, er bietet an, bot an, hat angeboten
an|fallen, er fällt an, fiel an, ist angefallen
an|fangen, er fängt an, fing an, hat angefangen
an|geben, er gibt an, gab an, hat angegeben
an|gehen, er geht an, ging an, ist angegangen
an|haben, er hat an, hatte an, hat angehabt
an|kommen, er kommt an, kam an, ist angekommen
an|nehmen, er nimmt an, nahm an, hat angenommen
an|schließen, er schließt an, schloss an, hat angeschlossen
an|sehen, er sieht an, sah an, hat angesehen
an|sprechen, er spricht an, sprach an, hat angesprochen
an|ziehen, er zieht an, zog an, hat angezogen
auf|fallen, er fällt auf, fiel auf, ist aufgefallen
auf|geben, er gibt auf, gab auf, hat aufgegeben
auf|halten, er hält auf, hielt auf, hat aufgehalten
auf|heben, er hebt auf, hob auf, hat aufgehoben
auf|laden, er lädt auf, lud auf, hat aufgeladen
auf|nehmen, er nimmt auf, nahm auf, hat aufgenommen
auf|stehen, er steht auf, stand auf, ist aufgestanden
auf|treten, er tritt auf, trat auf, ist aufgetreten
aus|denken, er denkt aus, dachte aus, hat ausgedacht
aus|fallen, er fällt aus, fiel aus, ist ausgefallen
aus|geben, er gibt aus, gab aus, hat ausgegeben
aus|gehen, er geht aus, ging aus, ist ausgegangen
aus|halten, er hält aus, hielt aus, hat ausgehalten
aus|sehen, er sieht aus, sah aus, hat ausgesehen
aus|sprechen, er spricht aus, sprach aus, hat ausgesprochen
aus|steigen, er steigt aus, stieg aus, ist ausgestiegen
aus|tragen, er trägt aus, trug aus, hat ausgetragen
aus|ziehen, er zieht aus, zog aus, hat ausgezogen
bedenken, er bedenkt, bedachte, hat bedacht
befinden, er befindet, befand, hat befunden
behalten, er behält, behielt, hat behalten
beißen, er beißt, biss, hat gebissen
bei|treten, er tritt bei, trat bei, ist beigetreten
bekommen, er bekommt, bekam, hat bekommen
benehmen, er benimmt, benahm, hat benommen
beraten, er berät, beriet, hat beraten
beschließen, er beschließt, beschloss, hat beschlossen
beschreiben, er beschreibt, beschrieb, hat beschrieben
besitzen, er besitzt, besaß, hat besessen
besprechen, er bespricht, besprach, hat besprochen
bestehen, er besteht, bestand, hat bestanden
betragen, er beträgt, betrug, hat betragen
betreffen, er betrifft, betraf, hat betroffen
betrügen, er betrügt, betrog, hat betrogen
beweisen, er beweist, bewies, hat bewiesen
bewerben, er bewirbt, bewarb, hat beworben
beziehen, er bezieht, bezog, hat bezogen
bieten, er bietet, bot, hat geboten
bitten, er bittet, bat, hat gebeten

bleiben, er bleibt, blieb, ist geblieben
brechen, er bricht, brach, hat/ist gebrochen
brennen, er brennt, brannte, hat gebrannt
bringen, er bringt, brachte, hat gebracht
davon|gehen, er geht davon, ging davon, ist davongegangen
denken, er denkt, dachte, hat gedacht
durch|streichen, er streicht durch, strich durch, hat durchgestrichen
ein|fallen, er fällt ein, fiel ein, ist eingefallen
ein|gehen, er geht ein, ging ein, ist eingegangen
ein|laden, er lädt ein, lud ein, hat eingeladen
ein|nehmen, er nimmt ein, nahm ein, hat eingenommen
ein|steigen, er steigt ein, stieg ein, ist eingestiegen
ein|tragen, er trägt ein, trug ein, hat eingetragen
ein|werfen, er wirft ein, warf ein, hat eingeworfen
ein|ziehen, er zieht ein, zog ein, ist eingezogen
empfangen, er empfängt, empfing, hat empfangen
empfehlen, er empfiehlt, empfahl, hat empfohlen
empfinden, er empfindet, empfand, hat empfunden
entfallen, er entfällt, entfiel, ist entfallen
enthalten, er enthält, enthielt, hat enthalten
entlassen, er entlässt, entließ, hat entlassen
entscheiden, er entscheidet, entschied, hat entschieden
entschließen, er entschließt, entschloss, hat entschlossen
entsprechen, er entspricht, entsprach, hat entsprochen
entstehen, er entsteht, entstand, ist entstanden
erfahren, er erfährt, erfuhr, hat erfahren
erfinden, er erfindet, erfand, hat erfunden
ergreifen, er ergreift, ergriff, hat ergriffen
erhalten, er erhält, erhielt, hat erhalten
erkennen, er erkennt, erkannte, hat erkannt
erraten, er errät, erriet, hat erraten
erscheinen, er erscheint, erschien, ist erschienen
erschießen, er erschießt, erschoss, hat erschossen
erschließen, er erschließt, erschloss, hat erschlossen
essen, er isst, aß, hat gegessen
fahren, er fährt, fuhr, ist gefahren
fallen, er fällt, fiel, ist gefallen
fern|sehen, er sieht fern, sah fern, hat ferngesehen
finden, er findet, fand, hat gefunden
fliegen, er fliegt, flog, ist geflogen
fließen, er fließt, floss, ist geflossen
frei|nehmen, er nimmt frei, nahm frei, hat freigenommen
fressen, er frisst, fraß, hat gefressen
geben, er gibt, gab, hat gegeben
gefallen, er gefällt, gefiel, hat gefallen
gehen, es geht, ging, ist gegangen
gelingen, er gelingt, gelang, ist gelungen
gelten, er gilt, galt, hat gegolten
genießen, er genießt, genoss, hat genossen
geraten, er gerät, geriet, ist geraten
geschehen, es geschieht, geschah, ist geschehen
gewinnen, er gewinnt, gewann, hat gewonnen
gießen, er gießt, goss, hat gegossen
gut|schreiben, er schreibt gut, schrieb gut, hat gutgeschrieben
gut|tun, er tut gut, tat gut, hat gutgetan
halten, er hält, hielt, hat gehalten
hängen, er hängt, hing, hat gehangen
heim|fahren, er fährt heim, fuhr heim, ist heimgefahren
heißen, er heißt, hieß, hat geheißen
helfen, er hilft, half, hat geholfen

unregelmäßige Verben

heran|kommen, er kommt heran, kam heran, ist herangekommen
heraus|finden, er findet heraus, fand heraus, hat herausgefunden
herum|springen, er springt herum, sprang herum, ist herumgesprungen
herunter|fahren, er fährt herunter, fuhr herunter, ist heruntergefahren
herunter|fallen, er fällt herunter, fiel herunter, ist heruntergefallen
herunter|laden, er lädt herunter, lud herunter, hat heruntergeladen
hervor|heben, er hebt hervor, hob hervor, hat hervorgehoben
hinein|gehen, er geht hinein, ging hinein, ist hineingegangen
hin|gehen, er geht hin, ging hin, ist hingegangen
hin|sehen, er sieht hin, sah hin, hat hingesehen
hinterlassen, er hinterlässt, hinterließ, hat hinterlassen
hoch|laden, er lädt hoch, lud hoch, hat hochgeladen
kaputt|gehen, er geht kaputt, ging kaputt, ist kaputtgegangen
kennen, er kennt, kannte, hat gekannt
klingen, er klingt, klang, hat geklungen
kommen, er kommt, kam, ist gekommen
krank|schreiben, er schreibt krank, schrieb krank, hat krankgeschrieben
laden, er lädt, lud, hat geladen
lassen, er lässt, ließ, hat gelassen
laufen, er läuft, lief, ist gelaufen
leid|tun, er tut leid, tat leid, hat leidgetan
leiden, er leidet, litt, hat gelitten
leihen, er leiht, lieh, hat geliehen
lesen, er liest, las, hat gelesen
liegen, er liegt, lag, hat/ist gelegen
lügen, er lügt, log, hat gelogen
messen, er misst, maß, hat gemessen
mit|bringen, er bringt mit, brachte mit, hat mitgebracht
mit|kommen, er kommt mit, kam mit, ist mitgekommen
mit|nehmen, er nimmt mit, nahm mit, hat mitgenommen
mit|singen, er singt mit, sang mit, hat mitgesungen
nach|denken, er denkt nach, dachte nach, hat nachgedacht
nach|geben, er gibt nach, gab nach, hat nachgegeben
nach|sehen, er sieht nach, sah nach, hat nachgesehen
nach|sprechen, er spricht nach, sprach nach, hat nachgesprochen
nehmen, er nimmt, nahm, hat genommen
nennen, er nennt, nannte, hat genannt
raten, er rät, riet, hat geraten
rauf|fahren, er fährt rauf, fuhr rauf, ist raufgefahren
reiten, er reitet, ritt, ist geritten
rennen, er rennt, rannte, ist gerannt
riechen, er riecht, roch, hat gerochen
rufen, er ruft, rief, hat gerufen
rum|fahren, er fährt rum, fuhr rum, ist rumgefahren
rum|liegen, er liegt rum, lag rum, hat/ist rumgelegen
runter|laden, er lädt runter, lud runter, hat runtergeladen
scheinen, er scheint, schien, hat geschienen
schief|gehen, es geht schief, ging schief, ist schiefgegangen
schießen, er schießt, schoss, hat geschossen
schlafen, er schläft, schlief, hat geschlafen
schließen, er schließt, schloss, hat geschlossen
schneiden, er schneidet, schnitt, hat geschnitten
schreiben, er schreibt, schrieb, hat geschrieben
schreien, er schreit, schrie, hat geschrien
schweigen, er schweigt, schwieg, hat geschwiegen
schwimmen, er schwimmt, schwamm, ist geschwommen
sehen, er sieht, sah, hat gesehen
singen, er singt, sang, hat gesungen
sinken, er sinkt, sank, ist gesunken
sitzen, er sitzt, saß, hat/ist gesessen
sprechen, er spricht, sprach, hat gesprochen
springen, er springt, sprang, ist gesprungen
statt|finden, er findet statt, fand statt, hat stattgefunden
stehen, er steht, stand, hat/ist gestanden
stehlen, er stiehlt, stahl, hat gestohlen
steigen, er steigt, stieg, ist gestiegen
sterben, er stirbt, starb, ist gestorben
stinken, er stinkt, stank, hat gestunken
streichen, er streicht, strich, hat gestrichen
streiten, er streitet, stritt, hat gestritten
teil|nehmen, er nimmt teil, nahm teil, hat teilgenommen
tragen, er trägt, trug, hat getragen
treffen, er trifft, traf, hat getroffen
trinken, er trinkt, trank, hat getrunken
tun, er tut, tat, hat getan
übernehmen, er übernimmt, übernahm, hat übernommen
übertreiben, er übertreibt, übertrieb, hat übertrieben
überweisen, er überweist, überwies, hat überwiesen
überziehen, er überzieht, überzog, hat überzogen
um|sehen, er sieht um, sah um, hat umgesehen
um|steigen, er steigt um, stieg um, ist umgestiegen
um|ziehen, er zieht um, zog um, ist umgezogen
unterbrechen, er unterbricht, unterbrach, hat unterbrochen
unterhalten, er unterhält, unterhielt, hat unterhalten
unternehmen, er unternimmt, unternahm, hat unternommen
unterscheiden, er unterscheidet, unterschied, hat unterschieden
unterschreiben, er unterschreibt, unterschrieb, hat unterschrieben
unterstreichen, er unterstreicht, unterstrich, hat unterstrichen
verbieten, er verbietet, verbat, hat verboten
verbinden, er verbindet, verband, hat verbunden
verbringen, er verbringt, verbrachte, hat verbracht
vergehen, er vergeht, verging, ist vergangen
vergessen, er vergisst, vergaß, hat vergessen
vergleichen, er vergleicht, verglich, hat verglichen
verhalten, er verhält, verhielt, hat verhalten
verlassen, er verlässt, verließ, hat verlassen
verleihen, er verleiht, verlieh, hat verliehen
verlieren, er verliert, verlor, hat verloren
vermeiden, er vermeidet, vermied, hat vermieden
verraten, er verrät, verriet, hat verraten
verschieben, er verschiebt, verschob, hat verschoben
verschreiben, er verschreibt, verschrieb, hat verschrieben
verschwinden, er verschwindet, verschwand, ist verschwunden
verstehen, er versteht, verstand, hat verstanden
verzeihen, er verzeiht, verzieh, hat verziehen
vorbei|fliegen, er fliegt vorbei, flog vorbei, ist vorbeigeflogen
vorbei|kommen, er kommt vorbei, kam vorbei, ist vorbeigekommen
vor|haben, er hat vor, hatte vor, hat vorgehabt
vor|kommen, er kommt vor, kam vor, ist vorkommen
vor|nehmen, er nimmt vor, nahm vor, hat vorgenommen
vor|schlagen, er schlägt vor, schlug vor, hat vorgeschlagen
vor|singen, er singt vor, sang vor, hat vorgesungen
vor|tragen, er trägt vor, trug vor, hat vorgetragen
vor|ziehen, er zieht vor, zog vor, hat vorgezogen
wachsen, er wächst, wuchs, ist gewachsen
waschen, er wäscht, wusch, hat gewaschen
weg|fahren, er fährt weg, fuhr weg, ist weggefahren
weg|laufen, er läuft weg, lief weg, ist weggelaufen
weg|werfen, er wirft weg, warf weg, hat weggeworfen

unregelmäßige Verben / Verben mit Präposition

weg|ziehen, er zieht weg, zog weg, ist weggezogen
weh|tun, er tut weh, tat weh, hat wehgetan
weiter|geben, er gibt weiter, gab weiter, hat weitergegeben
weiter|helfen, er hilft weiter, half weiter, hat weitergeholfen
werfen, er wirft, warf, hat geworfen
widersprechen, er widerspricht, widersprach, hat widersprochen
wieder|geben, er gibt wieder, gab wieder, hat wiedergegeben
wiegen, er wiegt, wog, hat gewogen
wissen, er weiß, wusste, hat gewusst
zerreißen, er zerreißt, zerriss, hat zerrissen
ziehen, er zieht, zog, hat/ist gezogen
zu|lassen, er lässt zu, ließ zu, hat zugelassen
zu|nehmen, er nimmt zu, nahm zu, hat zugenommen
zurück|bekommen, er bekommt zurück, bekam zurück, hat zurückbekommen
zurück|bringen, er bringt zurück, brachte zurück, hat zurückgebracht
zurück|fahren, er fährt zurück, fuhr zurück, ist zurückgefahren
zurück|geben, er gibt zurück, gab zurück, hat zurückgegeben
zurück|gehen, er geht zurück, ging zurück, ist zurückgegangen
zurück|kommen, er kommt zurück, kam zurück, ist zurückgekommen
zurück|laufen, er läuft zurück, lief zurück, ist zurückgelaufen
zurück|rufen, er ruft zurück, rief zurück, hat zurückgerufen

zusammen|sitzen, er sitzt zusammen, saß zusammen, ist zusammengesessen
zusammen|stoßen, er stößt zusammen, stieß zusammen, ist zusammengestoßen
zu|sehen, er sieht zu, sah zu, hat zugesehen
zwingen, er zwingt, zwang, hat gezwungen

besondere Verben
haben, er hat, hatte, hat gehabt
sein, er ist, war, ist gewesen
werden, er wird, wurde, ist geworden

Modalverben
dürfen, er darf, durfte, hat gedurft*
können, er kann, konnte, hat gekonnt*
müssen, er muss, musste, hat gemusst*
sollen, er soll, sollte, hat gesollt*
wollen, er will, wollte, hat gewollt*

möchten, er möchte, mochte, hat gemocht*
mögen, er mag, mochte, hat gemocht*

* Das Perfekt ist selten.

Verben mit Präposition

Verb	Präposition	Beispiel
ab|hängen	von + D.	Wie gut man in einer Stadt lebt, hängt von vielen Faktoren ab.
sich amüsieren	über + A.	Er amüsiert sich oft über seine Kinder.
an|kommen	auf + A.	Bei einer Bewerbung kommt es auf gute Unterlagen an.
an|passen	an + A.	Wir passen die Farbe der Wände an die Möbel an.
an|regen	zu + D.	Ich mag Kunst, die zum Nachdenken anregt.
sich ärgern	über + A.	Mein Nachbar ärgert sich über den Lärm.
sich auf|regen	über + A.	Reg dich doch nicht immer über meine Unpünktlichkeit auf.
aus|gehen	von + D.	Experten gehen davon aus, dass …
sich aus|kennen	mit + D.	Ich kenne mich gut mit Computern aus.
basieren	auf + D.	Das Konzept der Zeitungskästen basiert auf der Ehrlichkeit der Kunden.
sich bedanken	bei + D.	Was für ein tolles Geschenk! Hast du dich schon bei Oma bedankt?
berichten	über + A.	Die Zeitung berichtet über einen Unfall im Stadtzentrum.
sich beschäftigen	mit + D.	Ich arbeite am Gericht und beschäftige mich viel mit Verbrechen.
sich beschweren	über + A.	Frau Koller beschwert sich manchmal über die Nachbarn.
bestehen	aus + D.	Die Theatergruppe besteht aus erfahrenen Schauspielern und Schauspielerinnen.
sich beteiligen	an + D.	Luna möchte sich gerne aktiv am Projekt „Wildkatze" beteiligen.
sich beziehen	auf + A.	Worauf bezieht sich Ihre Frage?
denken	an + A.	An wen denkst du gerade?
deuten	auf + A.	Deuten Sie auf die Bilder.
sich eignen	für + A.	Coole Fotos vom letzten Urlaub eignen sich nicht für eine Bewerbung.
ein|gehen	auf + D.	In einer Diskussion sollte man auch auf die Standpunkte von anderen eingehen.
sich einigen	auf + A.	Bei einem Streit ist wichtig, dass man ruhig bleibt und sich am Ende einigt.
sich ein|setzen	für/gegen + A.	Er setzt sich für den Schutz der Nashörner ein.
sich engagieren	für/gegen + A.	Jenny engagiert sich für den Naturschutz.
sich entscheiden	für/gegen + A.	Entscheidest du dich für eine Reise nach Berlin?
sich entschließen	zu + D.	Ich habe mich zu einem Urlaub auf der Alm entschlossen.
sich erinnern	an + A.	Ich erinnere mich gern an die Party vor einem Jahr.
sich erkundigen	nach + D.	Guten Tag, ich wollte mich nach dem Stand meiner Bewerbung erkundigen.
sich freuen	auf + A.	Freust du dich auf die Party morgen?
sich freuen	über + A.	Ich habe mich so über die Geschenke gefreut.

Verben mit Präposition

führen	zu + D.	Welche Ereignisse können zu Veränderungen führen?
gehören	zu + D.	Zum Alltag gehören Konflikte.
sich gewöhnen	an + A.	An den langen Arbeitsweg habe ich mich gewöhnt.
sich handeln	um + A.	Bei diesem Gegenstand handelt es sich um ein wertvolles Kunstwerk.
heran|kommen	an + A.	Wenn Sie nichts sehen, kommen Sie doch näher an das Bild heran.
hindern	an + D.	Niemand hindert mich daran, ein eigenes Geschäft zu eröffnen.
sich informieren	über + A.	Julia informiert sich über Restaurants in Köln.
sich interessieren	für + A.	Interessierst du dich für Tiere?
sich irren	in + D.	Oh, Entschuldigung! Ich habe mich wohl im Raum geirrt.
kämpfen	für/gegen + A.	Er kämpft für eine bessere Bezahlung.
klicken	auf + A.	Klick auf die Datei, um sie zu öffnen.
kommen	auf + A.	Ich komme gerade nicht auf die Lösung.
kommen	zu + D.	Die Diskussion kam leider zu keinem Ergebnis.
sich konzentrieren	auf + A.	Konzentrieren Sie sich auf wichtige Informationen im Text.
sich kümmern	um + A.	Ich kümmere mich um meine Katze.
leiden	an + D.	Meine Oma leidet an Alzheimer.
machen	zu + D.	Wir haben die Wohnung zu einem Smart Home gemacht.
profitieren	von + D.	Viele Länder profitieren von der Globalisierung.
raten	zu + D.	Ich rate dir, auf deine Gesundheit zu achten.
sich registrieren	bei + D.	Registrieren Sie sich beim Kundenservice und werden Sie Kunde.
schätzen	an + D.	An meinem Chef schätze ich vor allem seine Ruhe und Freundlichkeit.
schützen	vor + D.	Das Medikament schützt vor Erkältung.
sorgen	für + A.	Ich sorge für drei Katzen im Haus.
sich spiegeln	in + D.	Die Wolken spiegeln sich im Wasser.
sprechen	mit + D.	Hast du schon mit deinem Bruder gesprochen?
stammen	aus + D.	Die Möbel stammen aus dem 18. Jahrhundert.
stecken	in + D.	Welche Lebensweisheit steckt in der Geschichte?
stehen	für + A.	Das Herz-Symbol steht für die Liebe.
sich streiten	mit + D.	Streitest du dich manchmal mit deinen Freunden?
träumen	von + D.	Viele Menschen träumen von einem Leben wie früher.
überzeugen	von + D.	Überzeuge den Arbeitgeber von deinen Qualitäten.
sich unterhalten	mit + D.	Ich unterhalte mich gern mit meiner Nachbarin.
unternehmen	mit + D.	Hast du schlechte Laune? Unternimm etwas mit Freunden.
verbringen	mit + D.	Ich verbringe am liebsten Zeit mit meiner Familie.
sich verlieben	in + A.	Ich habe mich frisch verliebt – in meine Nachbarin.
sich verstehen	mit + D.	Ich verstehe mich nicht so gut mit meinem Mitbewohner.
verzichten	auf + A.	Kannst du auf Schokolade verzichten?
sich vor|bereiten	auf + A.	Hast du dich gut auf die Prüfung vorbereitet?
warnen	vor + D.	Er warnt sie vor dem Hund in seinem Garten.
warten	auf + A.	Er wartet auf den Zug, der schon wieder Verspätung hat.
wirken	auf + A.	Das Bild wirkt auf mich sehr modern.
sich wundern	über + A.	Wundere dich nicht über ihn – er hat heute schlechte Laune.
zählen	zu + D.	Sonja zählt Verena und Felix zu ihren besten Freunden.

Reflexive Verben

sich **amüsieren**	Er amüsiert sich oft über seine Kinder.
sich **an|schaffen**	Ich schaffe mir alle zwei Jahre ein neues Handy an.
sich **an|schließen**	Beim Plogging kann man sich einer Gruppe anschließen.
sich **an|strengen**	Ich strenge mich jeden Tag in der Arbeit an.
sich **ärgern**	Mein Nachbar ärgert sich, wenn wir zu laut feiern.
sich **auf|halten**	Sie hält sich viel in der Küche der WG auf.
sich **auf|regen**	Reg dich doch nicht immer über meine Unpünktlichkeit auf.
sich **aus|breiten**	Wie breiten sich Klänge im Raum aus?
sich **aus|denken**	Ich denke mir gerne fantasievolle Geschichten aus.
sich **aus|kennen**	Ich kenne mich gut mit Computern aus.
sich **aus|ruhen**	Wann ruhst du dich aus?
sich **bedanken**	Was für ein tolles Geschenk! Hast du dich schon bei Oma bedankt?
sich **beeilen**	Beeil dich, wir warten!
sich **befinden**	Die Kaffeeküche befindet sich neben dem Eingang rechts.
sich **benehmen**	Du benimmst dich heute sehr komisch.
sich **beschäftigen**	Ich arbeite am Gericht und beschäftige mich viel mit Verbrechen.
sich **beschweren**	Frau Koller beschwert sich manchmal über die Nachbarn.
sich **beteiligen**	Luna möchte sich gerne aktiv am Projekt „Wildkatze" beteiligen.
sich **beziehen**	Worauf bezieht sich Ihre Frage?
sich **eignen**	Coole Fotos vom letzten Urlaub eignen sich nicht für eine Bewerbung.
sich **ein|loggen**	Wenn du dich eingeloggt hast, kannst du das Programm komplett nutzen.
sich **ein|setzen**	Er setzt sich für den Schutz der Nashörner ein.
sich **einigen**	Bei einem Streit ist wichtig, dass man ruhig bleibt und sich am Ende einigt.
sich **engagieren**	Jenny engagiert sich für den Naturschutz.
sich **entscheiden**	Welches Getränk möchtest du? Hast du dich entschieden?
sich **entschließen**	Ich habe mich zu einem Urlaub auf der Alm entschlossen.
sich **ereignen**	Auf der Autobahn hat sich ein schrecklicher Unfall ereignet.
sich **erholen**	Ich will mich im Urlaub erholen.
sich **erinnern**	Ich erinnere mich gern an die Party vor einem Jahr.
sich **erkälten**	Sie hat sich im Zug erkältet.
sich **erkundigen**	Guten Tag, ich wollte mich nach dem Stand meiner Bewerbung erkundigen.
sich **ernähren**	Ernähren Sie sich gesund?
sich **gewöhnen**	An den langen Arbeitsweg habe ich mich gewöhnt.
sich **handeln**	Bei diesem Gegenstand handelt es sich um ein wertvolles Kunstwerk.
sich **informieren**	Julia informiert sich auf der Homepage über die Firma.
sich **interessieren**	Interessierst du dich für Tiere?
sich **irren**	Oh, Entschuldigung! Ich habe mich wohl im Raum geirrt.
sich **kämmen**	Kämmst du dich gleich nach dem Aufstehen?
sich **konzentrieren**	Wenn Sie das Handy ausmachen, können Sie sich besser konzentrieren.
sich **kümmern**	Ich kümmere mich um meine Katze.
sich **langweilen**	Wann langweilst du dich?
sich **leisten**	Die modernste Technik können sich wegen der hohen Kosten nicht alle leisten.
sich **lohnen**	Die Reparatur ist wirklich teuer und lohnt sich nicht.
sich **räuspern**	Moment, ich muss mich mal kurz räuspern.
sich **registrieren**	Sie laden die App auf Ihr Handy herunter und registrieren sich.
sich **schminken**	Ich schminke mich nur zu besonderen Anlässen.
sich **setzen**	Hallo, komm rein und setz dich!
sich **spiegeln**	Die Wolken spiegeln sich im Wasser.
sich **streiten**	Streitest du dich manchmal mit deinen Freunden?
sich **überlegen**	Überlegen Sie sich eine Geschichte.
sich **um|sehen**	Sieh dich mal um: So viele Leute sind heute da!
sich **unterhalten**	Ich hoffe, die Gäste tanzen auf der Party und unterhalten sich.
sich **verhalten**	Wie verhält man sich im Alltag und in der Arbeit richtig?
sich **verirren**	Ich habe mich im Stadtzentrum verirrt.
sich **verlieben**	Ich habe mich frisch verliebt – in meine Nachbarin.
sich **verspäten**	Entschuldigung, ich verspäte mich. Die U-Bahn kommt nicht.
sich **verstehen**	Ich verstehe mich nicht so gut mit meinem Mitbewohner.
sich **vor|nehmen**	Nimmst du dir an Silvester immer etwas vor?
sich **vor|stellen**	Stell dir vor: Ich habe ein Vorstellungsgespräch!
sich **wohl|fühlen**	Hier in Kiel fühle ich mich wohl.
sich **wundern**	Wundere dich nicht über ihn – er hat heute schlechte Laune.

Quellenverzeichnis

Cover Dieter Mayr, München; **4.1; 8.1** Shutterstock (Sina Ettmer Photography), New York; **4.2; 19.1** Shutterstock (Goran Jakus), New York; **4.3; 29.3** Shutterstock (Syda Productions), New York; **5.1; 45.1** Shutterstock (PHOTOCREO Michal Bednarek), New York; **5.2; 60.3** Shutterstock (Smileus), New York; **5.3; 64.3** Shutterstock (andrey_l), New York; **6.1; 82.1** Shutterstock (Jacob Lund), New York; **6.2; 90.4** Shutterstock (moreimages), New York; **6.3; 100.3** HNRX (HNRX), Inzing; **7.1; 117.4** Shutterstock (Prostock-studio), New York; **7.2; 127.3** Robin Kunz Fotografie; **7.3; 137.1** Shutterstock (Lukas Gojda), New York; **8.2** Shutterstock (Sergey Krasnoshchokov), New York; **8.3** Shutterstock (Bas Meelker), New York; **9.1** Shutterstock (Elena Odareeva), New York; **9.2** Shutterstock (Rudy Balasko), New York; **10.1** Shutterstock (WAYHOME studio), New York; **10.2** Shutterstock (fizkes), New York; **10.3-4; 32.9; 105.2; 107.2; 107.4; 132.5-6** Shutterstock (pixelliebe), New York; **11.1** Getty Images (FredFroese), München; **11.2** Shutterstock (August_0802), New York; **11.3** Shutterstock (Andreas Nesslinger), New York; **12.1** Shutterstock (Sina Ettmer Photography), New York; **12.2** Shutterstock (ricok), New York; **15.1** Getty Images (Christopher Ames), München; **15.2** Getty Images (archives), München; **15.3** Shutterstock (1000 Words Photos), New York; **16.1** Getty Images (mheim3011), München; **16.2** Shutterstock (TorriPhoto), New York; **16.3** Shutterstock (Dja65), New York; **18.1** Shutterstock (pikselstock), New York; **18.2** Westend61 GmbH / Alamy Stock Foto; **19.2** Shutterstock (Tyler Nottley), New York; **19.3** Shutterstock (Witsawat.S), New York; **20.1** Shutterstock (Jacob Lund), New York; **20.2** Shutterstock (Dragon Images), New York; **20.3** Shutterstock (fizkes), New York; **21.1** Shutterstock (Anton Starikov), New York; **21.2** Shutterstock (Anna Photographer), New York; **21.3** Shutterstock (Art of Life), New York; **21.4** Shutterstock (Andrii A), New York; **21.5** Shutterstock (ozanuysal), New York; **22.1** Getty Images (Peathegee Inc), München; **24.1** Münchner Verkehrsgesellschaft; **24.2** Ritter Sport; **24.3** EDEKA; **24.4** Werbung Deutsche bahn; **28.1** dpa-Zentralbild; **28.2** Bäckerei Staib; **28.3** industryview / Alamy Stock Foto; **29.1** Shutterstock (Gorodenkoff), New York; **29.2** Getty Images (William Vanderson), München; **30.1** Sebastian Hilpert – animalperson.org; **31.1** picture-alliance (Joerg Carstensen/dpa), Frankfurt; **32.1** Getty Images (Andrey_KZ), München; **32.2** Getty Images (busypix), München; **32.3; 38.4; 39.3** Getty Images (studiocasper), München; **32.4** Shutterstock (Nicole Lienemann), New York; **32.5** Getty Images (dionisvero), München; **32.6** Shutterstock (Faberr Ink), New York; **32.7** Shutterstock (Ali Babashzade), New York; **32.8** Shutterstock (kaa67alex), New York; **32.10** Shutterstock (Crazy nook), New York; **32.11** Shutterstock (Alexander Lysenko), New York; **33.1** Shutterstock (Sergey Nivens), New York; **34.1** Shutterstock (Iakov Filimonov), New York; **34.2** Shutterstock (yamix), New York; **34.3** Shutterstock (Shawn Hempel), New York; **34.4** Shutterstock (Manu Padilla), New York; **34.5** Klett-Archiv (Angela Kilimann), Stuttgart; **35.1** Shutterstock (Dragon Images), New York; **35.2** Shutterstock (Syda Productions), New York; **38.1** Getty Images (SergeyIT), München; **38.2** Shutterstock (Fotocrisis), New York; **38.3** 123RF.com (Tatiana Popova), Nidderau; **38.5** 123RF.com (rawpixel), Nidderau; **39.1** Shutterstock (UllrichG), New York; **39.2** Shutterstock (5 second Studio), New York; **39.4** Shutterstock (Billion Photos), New York; **42.1** Shutterstock (Benny Thaibert), New York; **42.2** Parlamentsdirektion / Kinderbüro der Universität Wien / Franz Stürmer; **42.3** picture alliance / Lehtikuva Oy | Lehtikuva Oy; **42.4** Shutterstock (Neirfy), New York; **42.5** Shutterstock (Eddy Galeotti), New York; **42.6** Shutterstock (Patryk Kosmider), New York; **43.1** Shutterstock (Massimo Todaro), New York; **43.2** Shutterstock (Mikko Hietanen), New York; **44.1** Shutterstock (Bokehboo Studios), New York; **44.2** Shutterstock (Gorodenkoff), New York; **45.2** Shutterstock (Oliver Hoffmann), New York; **45.3** Shutterstock (sebra), New York; **46.1** Dieter Mayr (Dieter Mayr), München; **46.2** Dieter Mayr, München; **46.3** Dieter Mayr, München; **47.1** Dieter Mayr, München; **47.2** Dieter Mayr, München; **48.1** Shutterstock (hvostik), New York; **49.1** Shutterstock (Cosmic_Design), New York; **50.1** Shutterstock (Black or White), New York; **50.2** Shutterstock (Razvan Ionut Dragomirescu), New York; **50.3** Shutterstock (Color Mind), New York; **54.1** SWM; **54.2** Shutterstock (N. Minton), New York; **55.1** Shutterstock (frank60), New York; **55.2** Shutterstock (Nuk2013), New York; **55.3** Shutterstock (Juergen Faelchle), New York; **58.1** SIRPLUS; **58.2** SUNNYBAG/Philip Platzer; **58.3** ©RECUP; **60.1** Shutterstock (Sisika), New York; **60.2** Shutterstock (Nastiusha), New York; **60.4** Shutterstock (Kichigin), New York; **61.1** Klett-Archiv (Helen Schmitz), Stuttgart; **61.2** BUND/Thomas Stephan; **62.1** Shutterstock (SpeedKingz), New York; **64.1** Shutterstock (Digital Storm), New York; **64.2** Shutterstock (De Visu), New York; **65.1** Shutterstock (HQuality), New York; **65.2** TUI (TUI/Christian Wyrwa), Schweden; **65.3** Shutterstock (Miriam Doerr Martin Frommherz), New York; **66.1** Shutterstock (nampix), New York; **66.2** Shutterstock (Monkey Business Images), New York; **68.1** Daimler AG; **68.2** © Boeri / Stefano Boeri Architetti; **71.1** Getty Images (TF-Images), München; **72.1** Shutterstock (Jason Patrick Ross), New York; **72.2** Shutterstock (LeManna), New York; **72.3** Shutterstock (Jaromir Chalabala), New York; **77.1** Dieter Mayr, München; **77.2** Dieter Mayr, München; **77.3** Dieter Mayr, München; **77.4** Dieter Mayr, München; **77.5** Dieter Mayr, München; **77.6** Dieter Mayr, München; **77.7** Dieter Mayr, München; **78.1** 123RF.com (rebius), Nidderau; **78.2** 123RF.com (Isselee Eric Philippe), Nidderau; **78.3** 123RF.com (Sergiy Nigeruk Nigeruk), Nidderau; **78.4** 123RF.com (Unal Ozmen), Nidderau; **78.5** 123RF.com (Piotr Pawinski), Nidderau; **78.6** 123RF.com (picsfive), Nidderau; **78.7** 123RF.com (stillfx), Nidderau; **78.8** 123RF.com (Mariusz Blach), Nidderau; **78.9** Getty Images (PeterHermesFurian), München; **78.10** 123RF.com (Rico Koedder), Nidderau; **79.1** Shutterstock (freisein), New York; **79.2** picture alliance/dpa/dpa-infografik GmbH; **79.3** Shutterstock (hbmedia), New York; **79.4** Shutterstock (DStarky), New York; **82.2** Shutterstock (XiXinXing), New York; **82.3** Shutterstock (goodluz), New York; **84.1** Dieter Mayr, München; **84.2** Dieter Mayr, München; **84.3** Dieter Mayr, München; **86.1** picture-alliance (Photo12/Ann Ronan Picture Librar), Frankfurt; **86.2** Julian Baumann; © VG Bild-Kunst, Bonn 2021. Alle Werke Rosa Loy: Galerie Kleindienst, Leipzig/ Kohn Gallery, Los Angeles/ Gallery Baton Seoul, Korea; **86.3** picture-alliance (Eventpress | Eventpress Fuhr (Deutsche Filmakademie e.V.)), Frankfurt; **90.1** Shutterstock (staras), New York; **90.2** Shutterstock (Kleber Cordeiro), New York; **90.3** Shutterstock (Krakenimages.com), New York; **90.5** Shutterstock (Studio Dagdagaz), New York; **90.6** Shutterstock (Jacek Chabraszewski), New York; **90.7** Shutterstock (PosiNote), New York; **90.8** Shutterstock (Cesarz), New York; **91.1** Shutterstock (Gorodenkoff), New York; **91.2** Shutterstock (Explode), New York; **91.3** Shutterstock (tadamichi), New York; **91.4** Shutterstock (Alex from the Rock), New York; **93.1** Shutterstock (Vlad Neshte), New York; **94.1** Shutterstock (Master1305), New York; **96.1** Shutterstock (gualtiero boffi), New York; **96.2** Shutterstock (antoniodiaz), New York; **96.3** Shutterstock (Studio Romantic), New York; **97.1** VILLA sinnenreich; **97.2** Quelle: Erlebnis Akademie AG/Baumwipfelpfad Bayerischer Wald; **97.3** Stairplay (c) HdM, Foto: ZONE Media; **100.1** © Innsbruck Tourismus / Moser; **100.2** Paul Rusch, Innsbruck; **101.1** Paul Rusch, Innsbruck; **101.2** Thomas Medicus (Thomas Medicus), Innsbruck; **102.1** © artwork: Estate of Martin Kippenberger, Galerie Gisela Capitain, Cologne / Ausstellungsansicht Modell Martin Kippenberger, Kunsthaus Graz, 2007, Foto: UMJ; **102.2** Heinz Hachel | affenbrut.de; **102.3** Sven Moschitz; **103.1** Galerie van de Loo, München/VG Bild-Kunst, Bonn 2021; **104.1; 105.1** Shutterstock (sreewing), New York; **104.2** Shutterstock (Pixel-Shot), New York; **104.3** Shutterstock (LightField Studios), New York; **104.4** Shutterstock (Bildagentur Zoonar GmbH), New York; **106.1** Volker Derlath; **106.2** Shutterstock (CEPTAP), New York; **106.3** Shutterstock (Alex Linch), New York; **106.4** Shutterstock (Ysbrand Cosijn), New York; **106.5** Shutterstock (Tiger Images), New York; **106.6** Shutterstock (Sachiczko), New York; **106.7** Shutterstock (socrates471), New York; **106.8** Shutterstock (nnattalli), New York; **106.9** Shutterstock (irin-k), New York; **106.10** Shutterstock (Konstantin Stepanenko), New York; **106.11** Shutterstock (FabrikaSimf), New York; **106.12** Shutterstock (Ljupco Smokovski), New York; **106.13** Shutterstock (Ben Bullard), New York; **107.1** Shutterstock (kraftwerk), New York; **107.3** Shutterstock (My Portfolio), New York; **107.5** Shutterstock (Ksenya Savva), New York; **111.1** Shutterstock (Gorodenkoff), New York; **111.2** Shutterstock (Sabine Schoenfeld), New York; **111.3** Shutterstock (New Africa), New York; **111.4** Shutterstock (Alexander Raths), New York; **111.5** Shutterstock (Vectorry), New York; **111.6** Shutterstock (Anna Frajtova), New York; **111.7** Shutterstock (Cookie Studio), New York; **112.1** Shutterstock (View Apart), New York; **112.2** Shutterstock (Zoriana Zaitseva), New York; **112.3** Shutterstock (YAKOBCHUK VIACHESLAV), New York; **112.4** Shutterstock (Andrey_Popov), New York; **112.5** Shutterstock (Roman Samborskyi), New York; **112.6** Shutterstock (alexandre zveiger), New York; **116.1** Shutterstock (Alexandru Nika), New York; **116.2** Shutterstock (Zolnierek), New York; **116.3** Shutterstock (Andrey_Popov), New York; **117.1** Shutterstock (Lady_Luck), New York; **117.2** Shutterstock (Monkey Business Images), New York; **117.3** Shutterstock (Bogdan Sonjachnyj), New York; **118.1** Shutterstock (Kzenon), New York; **118.2** Monique Wüstenhagen/Cottbusser Tafel; **118.3** Klett-Archiv (Angela Kilimann), Stuttgart; **120.1** Kultur & Spielraum e.V. (Albert Kapfhammer), München; **120.2** Kultur & Spielraum e.V. (Albert Kapfhammer), München; **122.1** Shutterstock (Peter Hermes Furian), New York; **122.2** Shutterstock (symbiot), New York; **122.3** Shutterstock (Gena96), New York; **122.4** Shutterstock (Alexandros Michailidis), New York; **122.5** Shutterstock (photo.ua), New York; **122.6** Shutterstock (sunakri), New York; **122.7** Shutterstock (Roman Borodaev), New York; **122.8** Shutterstock (Belish), New York; **126-127.1** Shutterstock (koosen), New York; **126.1** Shutterstock (Gaid Kornsilapa), New York; **126.2** Shutterstock (Martina Schikore), New York; **126.3** KULTURFABRIK LEIPZIG (Falk Johnke), Leipzig; **127.1** Shutterstock (2199_de), New York; **127.2** Shutterstock (Evgenia Kibke73), New York; **129.1** Shutterstock (Minerva Studio), New York; **129.2** Shutterstock (Kzenon), New York; **129.3** Shutterstock (Anatolii kostyk), New York; **130.1** Shutterstock (Framalicious), New York; **130.2** Shutterstock (canadastock), New York; **132.1** © Halter/Swiss Prime Site; **132.2** Shutterstock (S-F), New York; **132.3** Shutterstock (marako85), New York; **132.4** Shutterstock (Roman Babakin), New York; **133.1** Getty Images (JaCZhou), München; **134.1** picture alliance / Heritage-Images | © Fine Art Images/Heritage; **134.3** Shutterstock (Ben Molyneux), New York; **134.4** Shutterstock (Lukasz Pajor), New York; **136.1** Shutterstock (Sokor Space), New York; **136.2** Shutterstock (RossHelen), New York; **136.3** Shutterstock (Drazen Zigic), New York; **137.2** Shutterstock (Twinsterphoto), New York; **137.3** Shutterstock (Photographee.eu), New York; **137.4** Shutterstock (Monkey Business Images), New York; **138.1** Shutterstock (Artem Samokhvalov), New York; **139.1** Shutterstock (logomills), New York; **139.2** Shutterstock (Rawpixel.com), New York; **140.1** Shutterstock (Koldunov), New York; **140.2** Shutterstock (Krakenimages.com), New York; **143.1** Bridgeman Images (Luisa Ricciarini), Berlin; **143.2** Fürstlich und Gräflich Fuggersche Stiftungen; **143.3; 147.1** Fürstlich und Gräflich Fuggersche Stiftungen; **144.3** Shutterstock (arturnichiporenko), New York; **144.5** Shutterstock (Sanit Ratsameephot), New York; **144.7** Shutterstock (Karramba Production), New York; **146.1** Shutterstock (Photographee.eu), New York; **148.1** Shutterstock (Miro Tartan), New York; **149.1** Shutterstock (Andrey_Popov), New York; **150.1** akg-images, Berlin; **151.1** Rowohlt Verlag GmbH (Rowohlt Verlag GmbH), Hamburg

Quellenverzeichnis

S. 70 „Kaum erwarten" Musik & Text: Wincent Weiss, Kevin Zaremba, Konrad Wissmann, Matthias Kurpiers © Sony/ATV Music Publishing Allegro (Germany) I Ed. mit freundlicher Genehmigung der Sony/ATV Germany GmbH und © BMG Rights Management GmbH; International Copyright Secured; All Rights Reserved; Used by permission of Hal Leonard Europe Limited.; **S. 134** Aus der Ode „Der Nekar" von Friedrich Hölderlin. Gedichte 1800–1804.; **S. 150** und Kursbuch Track **2.48** „Der Radwechsel", aus: Bertolt Brecht, Werke. Große kommentierte Berliner und Frankfurter Ausgabe, Band 12: Gedichte 2. © Bertolt-Brecht-Erben / Suhrkamp Verlag 1988.; **S. 151** und Kursbuch Track **2.49** Gedicht von Mascha Kaléko aus „In meinen Träumen läutet es Sturm", herausgegeben von Gisela Zoch-Westphal, Originalausgabe 1977, 27. durchgesehene Auflage 2007, 35. Auflage 2017 © dtv Verlagsgesellschaft mbH & Co. KG, München

Audios
Aufnahme und Postproduktion: Plan 1, Christoph Tampe, München
Sprecherinnen und Sprecher: Tobias Baum, Berenike Beschle, Julia Cortis, Kerstin Dietrich, Marco Diewald, Lukas Gröbl, Lotta Immler, Louis Kübel, Sofia Lainović, Felice Lembeck, Florian Schwarz, Hans-Jürgen Stockerl, Anja Straubhaar, Helge Sturmfels, Peter Veit, Julian Wenzel, Ulrike Arnold, Margot Eisele, Angelika Fink, Vanessa Jeker, Crock Krumbiegel, Detlef Kügon, Johanna Liebeneiner, Monika Lüthi, Saskia Mallison, Kelvyn Marte, Donato Miroballi, Verena Rendtorff, Jakob Riedl, Leon Romano, Gerd Schmitz, Heinz Staufer, Käthi Staufer-Zahner, Anja Straubhaar, Louis Thiele, Martin Walch, Judith Wiesinger, Andreas Wolf, Laura Worsch
Kursbuch Track 1.50: „Kaum erwarten" von Wincent Weiss bei Vertigo Berlin / Universal Music Entertainment
Kursbuch Track 2.25: Interpretation: Chicas Kikas, Aufnahme und Postproduktion: Augusto Aguilar

Videos

Kapitel 1
Dank an Florian Hofmann, Nationalpark Schwarzwald
Idee, Kamera, Schnitt: Rainer Schwarz (bildbureau)
Musik: Autumn Leaves – audiohub GmbH

Kapitel 2
Dank an Matthias Bowling, Dominik Blacha, Repair Café Stuttgart
Idee, Kamera, Schnitt: Rainer Schwarz (bildbureau)
Sprecher: Michael Stiller
Musik: On cloud nine – audiohub GmbH

Kapitel 3
Dank an Seitenwechsel e.V. / Boxgirls Berlin e.V.
Protagonistin: Doha Taha Beydoun
Idee, Kamera & Schnitt: Elena Lehmann
Musik: Ballpoint-Art of Self, Amaranth Cove – Cracks in the Wall, Cushy – Fire Drill

Kapitel 4
Protagonist und Fotos: Markus Green
Mit freundlicher Unterstützung von: Selina Navis Co-Work Porto
Idee, Kamera, Schnitt & Animation: Elena Lehmann
Sprecher: Jan Lehmann
Musik: Porto Alegre Homebrew – Reederin', Peace Reels – At the Waterfront, Airae – Hidden Potential

Kapitel 5
Dank an die Mitglieder von Foodsharing Mainz, das Studierendenwerk Mainz und die Back-Factory Mainz
Idee, Kamera, Schnitt: Martin Höcker www.nahfilm.de
Sprecher: Andreas Gerlach

Kapitel 6
Dank an Annette Pulch und EUMETSAT für Unterstützung und das Zurverfügungstellen von Filmmaterial
Idee, Kamera, Schnitt: Martin Höcker www.nahfilm.de
Assistenz: Ulrich Lehmann
Sprecher: Andreas Gerlach
Musik: Ronald Kah „Planets-Song" www.ronaldkah.de

Kapitel 7
Dank an die Mitglieder der WG 50 plus Kloster Allerheiligenberg
Idee, Kamera, Schnitt: Martin Höcker www.nahfilm.de
Assistenz: Annette Pulch
Sprecher: Andreas Gerlach

Kapitel 8
Dank an DanceAbility Trier e.V., Ensemble BewegGrund Trier e.V., Tufa Tanz, Steve Strasser, Prof. Dr. Dr. Werner Schüßler
Protagonisten: Maja Hehlen, Anne Chérel, Gudrun Paulsen, Stefan Normann, Riana Schüßler, Thomas Stoll, Nadine Kirchen, Gisa Harig, Hans-Peter Jungbluth, Marina Idaczyk, Lisa Grosse-Baumann, Alba Grosse-Baumann
Idee, Kamera & Schnitt: Elena Lehmann
Kameraassistenz: Richard Tomkins
Musik: Udo Bohn, Toby Beard, Belvedere Castle – Million Eyes, Airae – To Clarity

Kapitel 9
Dank an Theo Grieger vom Stocherkahnteam Viaverde, Tübingen
Idee, Kamera, Schnitt: Rainer Schwarz (bildbureau)
Sprecher: Michael Stiller
Musik: All or nothing – audiohub GmbH

Kapitel 10
Protagonisten: Zainab Lüscher-El-Rai, Güneren Aksoy, Dr. Peter Flubacher, Melinda Hänni, Antke Klasen, Familie Hamadi
Mit freundlicher Unterstützung von: inter-pret Schweiz
Idee, Kamera, Schnitt: Elena Lehmann
Sprecher: Jan Lehmann
Musik: Headlund – These Waves, Mike Franklyn – How about forever

Kapitel 11
Dank an Florian Etti, Guido Schneits und Bernhard Leykauf, Staatstheater Stuttgart
Idee, Kamera, Schnitt: Rainer Schwarz (bildbureau)
Musik: Incognito – audiohub GmbH

Kapitel 12
Dank an die Mitglieder des Mainzer Tauschrings
Idee, Kamera, Schnitt: Martin Höcker www.nahfilm.de
Assistenz: Christian Offermann
Sprecher: Andreas Gerlach

Redemittel-Clips
Drehbuch: Stefanie Dengler, Paul Rusch, Helen Schmitz, Tanja Sieber
Darsteller: Emelie Pesch, Adrian Kraege, Shirin Abd El Latif
Produktion: Sebastian Berres, Köln
Musik: toy symphony by nir-maimon

Grammatik-Clips
Drehbuch: Annette Kretschmer
Produktion: media & more, Reutlingen
Geschäftsführer: Alexander Karl Müller
Aufnahmeleitung: Sigrid Kulik

Phonetik-Clips
Drehbuch und Umsetzung: Ulrike Trebesius-Bensch, Halle/Saale
Produktion: Sebastian Berres, Köln

Titelmusik zu allen Filmen: Inspiring von PR_MusicProductions, Envato Market (www.audiojungle.net)

Lösung zu Kapitel 3, Aufgabe 13a
1. Krafttraining, 2. Wandern, 3. Joggen, 4. Tanzen, 5. Walken, 6. Fahrradfahren, 7. Fußball, 8. Yoga, 9. Tennis, 10. Skifahren, 11. Reiten, 12. Schwimmen, 13. Boxen

Lösungen Kapitel 5, Aufgabe 1b
1b, 2b, 3c, 4b, 5c

Auswertung Kapitel 8, Aufgabe 1b
Zählen Sie Ihre Punkte zusammen:

1. A: 2 Punkte   B: 0 Punkte   C: 1 Punkt
2. A: 0 Punkte   B: 2 Punkte   C: 1 Punkt
3. A: 1 Punkt   B: 0 Punkte   C: 2 Punkte
4. A: 2 Punkte   B: 0 Punkte   C: 1 Punkt
5. A: 1 Punkt   B: 0 Punkte   C: 2 Punkte
6. A: 2 Punkte   B: 0 Punkte   C: 0 Punkte
7. A: 0 Punkte   B: 1 Punkt   C: 2 Punkte
8. A: 0 Punkte   B: 2 Punkte   C: 1 Punkt

14–16 Punkte: Herzlichen Glückwunsch, Sie sind ein Profi! Sie wissen wirklich, wie man gesund lebt! Sie ernähren sich gesund, hören auf die Signale Ihres Körpers und wissen, was gut für Sie ist. Machen Sie weiter so!

9–13 Punkte: Nicht schlecht. Sie leben einigermaßen gesund. Aber Sie könnten noch mehr für Ihre Gesundheit tun. Fangen Sie am besten gleich heute damit an und achten Sie auf ausreichend Bewegung und eine gesunde Ernährung. Und gehen Sie ab heute früher ins Bett.

0–8 Punkte: Bisher haben Sie sich nicht viel mit Ihrer Gesundheit beschäftigt. Damit sollten Sie unbedingt beginnen. Schon kleine Dinge können einen Unterschied machen: Gehen Sie öfter zu Fuß, fahren Sie mit dem Fahrrad und essen Sie jeden Tag etwas Obst und viel Gemüse. Versuchen Sie, jede Woche ein bisschen mehr für Ihre Gesundheit zu tun.